湘西苗族民间传统文化丛书

湘西苗族民间传统文化丛书通读本

石寿贵 ◎ 编

中南大学出版社

出版说明

罗康隆

  少数民族文化是中华民族宝贵的文化遗产，是中华文化的重要组成部分，是各民族在几千年历史发展进程中创造的重要文明成果，具有丰富的内涵。搜集、整理、出版少数民族文化丛书，不仅可以为学术研究提供真实可靠的文献资料，同时对继承和发扬各民族的优秀传统文化，振奋民族精神，增强民族团结，促进各民族的发展繁荣，意义深远。随着全球化趋势的加强和现代化进程的加快，我国的文化生态发生了巨大变化，非物质文化遗产受到越来越大的冲击。一些文化遗产正在不断消失，许多传统技艺濒临消亡，大量有历史、文化价值的珍贵实物与资料遭到毁弃或流失境外。加强我国非物质文化遗产的保护已经刻不容缓。

  苗族是中华民族大家庭中较古老的民族之一，是一个历史悠久且文化内涵独特的民族，也是一个久经磨难的民族。纵观其发展历史，是一个不断迁徙与适应新环境的历史发展过程，也是一个不断改变旧生活环境、适应新生活环境的发展历程。迁徙与适应是苗族命运的历史发展主线，也是造就苗族独特传统文化与坚韧民族精神的起源。由于苗族没有自己独立的文字，其千百年来的历史和精神都是通过苗族文化得以代代相传的。苗族传统文化在发展的过程中经历的巨大的历史社会变迁，在一定程度上影响了苗族传统文化原生态保存，这也就使对苗族传统文化的抢救成了一个迫切问题。在实际情况中，其文化特色也是十分丰富生动的。一方面，苗族人民的口头文学是极其发达的，比如内容繁多的传说与民族古歌，是苗族人民世世代代的生存、奋斗、探索的总结，更是苗族人民生活的百科全书。苗族的大量民间传说也是苗族民间文学的重要组成部分，它所蕴含的理论价值体系是深深植入苗族社会的生产、生活中的。另一方面，苗族文化中的象形符号文化也是极其发达的，这些符号成功地传递了苗族文化的信息，从而形成了苗族文化体系的又一特点。苗族人民的生活实践也是苗族传统文化产生的又一来源，形成了一整套的文化生成与执行系统，使苗族人民的文化认同感和族群意识凸显。传统文化存在的意义是一种文化多元性与文化生态多样性的有机结合，对苗族文化的保护，首先就要涉及对苗族民间传统文化的保护。

《湘西苗族民间传统文化丛书》立足苗族东部方言区，从该方言区苗族民间传统文化的原生性出发，聚焦该方言区苗族的独特文化符号，忠实地记录了该方言区苗族的文化事实，着力呈现该方言区苗族的生态、生计与生命形态，揭示出该方言区苗族的生态空间、生产空间、生活空间与苗族文化的相互作用关系。

本套丛书的出版将会对湘西苗族民间传统文化艺术的抢救和保护工作提供指导，也会为民间传统文化艺术的学术理论研究提供有益的帮助，促进民间艺术传习进入学术体系，朝着高等研究体系群整合研究方向发展；其出版将会成为铸牢中华民族共同体意识的文化互鉴素材，成为我国乡村振兴在湘西地区落实的文化素材，成为人类学、民族学、社会学、民俗学等学科在湘西地区的研究素材，成为我国非物质文化遗产——苗族巴代文化遗产保护的宝库。

（作者系吉首大学历史与文化学院院长、湖南省苗学学会第四届会长）

总 序

刘昌刚

　　苗族是一个古老的民族，也是一个世界性的民族。据 2010 年第六次全国人口普查统计，我国苗族有 940 余万人，主要分布在贵州、湖南、云南、四川、广西、湖北、重庆、海南等省区市；国外苗族约有 300 万人，主要分布于越南、老挝、泰国、缅甸、美国、法国、澳大利亚等国家。

一

　　《苗族通史》导论记载：苗族，自古以来，无论是在文臣武将、史官学子的奏章、军录和史、志、考中，还是在游侠商贾、墨客骚人的纪行、见闻和辞、赋、诗里，都被当成一个神秘的"族群"，或贬或褒。在中国历史的悠悠长河中，苗族似一江春水时涨时落，如梦幻仙境时隐时现，整个苗疆，就像一本无字文书，天机不泄。在苗族人生活的大花园中，有着宛如仙境的武陵山、缙云山、梵净山、织金洞、九龙洞以及花果山水帘洞似的黄果树大瀑布等天工杰作；在苗族的民间故事里，有着极古老的蝴蝶妈妈、枫树娘娘、竹简兄弟、花莲姐妹等类似阿凡提的美丽传说；在苗族的族群里，嫡传着槃瓠（即盘瓠）后世、三苗五族、夜郎子民、楚国臣工；在苗族的习尚中，保留着八卦占卜、易经卜算、古傩祭祀、老君法令和至今仍盛行着的苗父医方、道陵巫术、三峰苗拳……在这个盛产文化精英的民族中，走出了蓝玉、沐英、王宪章等声震全国的名将，还诞生了熊希龄、滕代远、沈从文等政治家、文学家、教育家。闻一多在《伏羲考》一文中认为延维或委蛇指伏羲，是南方苗之神。远古时期居住在东南方的人统称为夷，伏羲是古代夷部落的大首领。苗族人民中确实流传着伏羲和女娲的传说，清初陆次云的《峒溪纤志》载："苗人腊祭曰报草。祭用巫，设女娲、伏羲位。"历史学家芮逸夫在《人类学集刊》上发表的《苗族洪水故事与伏羲、女娲的传说》中说："现代的人类学者经过实地考察，才得到这是苗族传说。据此，苗族全出于伏羲、女娲。他们本为兄妹，遭遇洪水，人烟断绝，仅此二人存。他们在盘古的撮合下，结为夫妇，绵延人类。"闻一多还写过《东皇太一考》，经他考证，苗族里的伏羲就是《九歌》里的东皇太一。

《中国通史》（范文澜著，人民出版社1981年版第1册第19页）载："黄帝族与炎帝族，又与夷族、黎族、苗族的一部分逐渐融合，形成春秋时期称为华族、汉以后称为汉族的初步基础。"远古时代就居住在中国南方的苗、黎、瑶等族，都有传说和神话，可是很少见于记载。一般说来，南方各族中的神话人物是"槃瓠"。三国时徐整作《三五历纪》吸收"槃瓠"入汉族神话，"槃瓠"衍变成开天辟地的盘古氏。

在历史上，苗族为了实现民族平等，屡战屡败，但又屡败屡战，从不屈服。苗族有着悠久、灿烂的文化，为中华文化的形成和发展做出了巨大贡献，在不同的历史阶段，涌现出了许多可歌可泣的英雄人物。

苗族不愧为中华民族中的一个伟大民族，苗族文化是苗族几千年的历史积淀，其丰厚的文化底蕴成就了今天这部灿烂辉煌的历史巨著。苗族确实是一个灾难深重的民族，却又是一个勤劳、善良、富有开拓性与创造性的伟大民族。苗族还是一个世界性的民族，不断开拓和创造着新的历史文化。

历史上公认的是，九黎之苗时期的五大发明是苗族对中国文化的原创性贡献。盛襄子在其《湖南苗史述略·三苗考》中论述道："此族（苗族）为中国之古土著民族，曾建国曰三苗。对于中国文化之贡献约有五端：发明农业，奠定中国基础，一也；神道设教，维系中国人心，二也；观察星象，开辟文化园地，三也；制作兵器，汉人用以征伐，四也；订定刑罚，以辅先王礼制，五也。"

苗族历史可以分为五个时期：先民聚落期（原始社会时期）、拓土立国期（九黎时期至公元前223年楚国灭亡）、苗疆分理期（公元前223年楚国灭亡至1873年咸同起义失败）、民主革命期（1873年咸同起义失败到1949年中华人民共和国成立）、民族区域自治期（1949年中华人民共和国成立至今）。相应地，苗族历史文化大致也可以分为五个时期，且各个时期具有不尽相同的文化特征：第一期以先民聚落期为界，巫山人进化成为现代智人，形成的是原始文化，即高庙文明初期；第二期以九黎、三苗、楚国为标志，属于苗族拓土立国期，形成的是以高庙文明为代表的灿烂辉煌的苗族原典文化；第三期是以苗文化为母本，充分吸收了诸夏文化，特别是儒学思想形成高庙苗族文化；第四期是苗族历史上的民主革命期（1872 年咸同起义失败到 1949 年中华人民共和国成立），形成了以苗族文化为母本，吸收了电学、光学、化学、哲学等基本内容的东土苗汉文化与西洋文化于一体的近现代苗族文化；第五期是苗族进入民族区域自治期（1949 年中华人民共和国成立至今），此期形成的是以苗族文化为母本，进一步融合传统文化、西方文化、当代中国先进文化的当代苗族文化。

二

苗族是我国一个古老的人口众多的民族，又是一个世界性的民族。她以其悠久的历史和深厚的文化而著称于世，传承着历史文化、民族精神。由田兵主编的《苗族古歌》，马学良、今旦译注的《苗族史诗》，龙炳文整理译注的《苗族古老话》，是苗族古代的编年史和苗族百科全书，也是苗族最主要的哲学文献。

距今 7800—5300 年的高庙文明所包含的不仅是一个高庙文化遗址，其同类文化遍布亚洲大陆，其中期虽在建筑、文学和科技等方面不及苏美尔文明辉煌，却比苏美尔文明早 2300 年，初期文明程度更高，后期又不像苏美尔文明那样中断，是世界上唯一一直绵延不断、发展至今，并最终创造出辉煌华夏文明的人类文明。在高庙文化区域的常德安乡县汤家岗遗址出土有蚩尤出生档案记录盘。

苗族人民口耳相传的"苗族古歌"记载了祖先"蝴蝶妈妈"及蚩尤的出生：蝴蝶妈妈是从枫木心中变出来的。蝴蝶妈妈一生下来就要吃鱼，鱼在哪里？鱼在继尾池。继尾古塘里，鱼儿多着呢！草帽般大的瓢虫，仓柱般粗的泥鳅，穿枋般大的鲤鱼。这里的鱼给她吃，她好喜欢。一次和水上的泡沫"游方"（恋爱）怀孕后生下了 12 个蛋。后经鹤宇鸟（有的也写成鸡宇鸟）悉心孵养，12 年后，生出了雷公、龙、虎、蛇、牛和苗族的祖先姜央（一说是龙、虎、水牛、蛇、蜈蚣、雷和姜央）等 12 个兄弟。

《山海经·卷十五·大荒南经》中也记载了蚩尤与枫树以及蝴蝶妈妈的不解之缘："有宋山者，有赤蛇，名曰育蛇。有木生山上，名曰枫木。枫木，蚩尤所弃其桎梏，是为枫木。有人方齿虎尾，名曰祖状之尸。"姜央是苗族祖先，蝴蝶自然是苗族始祖了。

澳大利亚人类学家格迪斯说过："世界上有两个苦难深重而又顽强不屈的民族，他们就是中国的苗族和分散在世界各地的犹太民族。"诚如所言，苗族是一个灾难深重而又自强不息的民族。唯其灾难深重，才能在磨砺中锤炼筋骨，迸发出民族自强不屈的魂灵，撰写出民族文化的鸿篇巨制。近年来，随着国家民族政策的逐步完善，对寄寓在民族学大范畴下的民族历史文化研究逐步深入，苗族作为我国少数民族百花园中的重要一支，其悠远、丰厚的历史足迹与文化遗址逐渐为世人所知。

　　苗族口耳相传的古歌记载，苗族祖先曾经以树叶为衣、以岩洞或树巢为家、以女性为首领。从当前一些苗族地区的亲属称谓制度中，也可以看出苗族从母权制到父权制、从血缘婚到对偶婚的演变痕迹。诸如此类的种种佐证材料，无不证明着苗族的悠远历史。苗族祖先凭借优越的地理条件，辛勤开拓，先后发明了冶金术和刑罚，他们团结征伐，雄踞东方，强大的部落联盟在史书上被冠以"九黎"之称。苗族历史上闪耀夺目的九黎部落首领是战神蚩尤，他依靠坚兵利甲，纵横南北，威震天下。但是，蚩尤与同时代的炎黄部落逐鹿中原时战败，从此开启了漫长的迁徙逆旅。

　　总体来看，苗族的迁徙经历了从南到北、从北到南、从东到西、从大江大河到小江小河，乃至栖居于深山老林的迁徙轨迹。五千年前，战败的蚩尤部落大部分南渡黄河，聚集江淮，留下先祖渡"浑水河"的传说。这一支经过休养生息的苗族先人汇聚江淮，披荆斩棘，很快就一扫先祖战败的屈辱和阴霾，组建了强大的三苗集团。然而，历史的车轮总是周而复始的，他们最终还是不敌中原部落的左右夹攻，他们中的一部分到达西北并随即南下，进入川、滇、黔边区。三苗主干则被流放崇山，进入鄱阳湖、洞庭湖腹地，秦汉以来不属王化的南蛮主支蔚然成势。夏商春秋战国乃至秦汉以降的历代正史典籍，充斥着云、贵、湘地南蛮不服王化的"斑斑劣迹"。这群发端于蚩尤的苗族后裔，作为中国少数民族的重要代表，深入武陵山脉心脏，抱团行进，男耕女织，互为凭借，势力强大，他们被封建统治阶级称为武陵蛮。据史料记载，东汉以来对武陵蛮的刀兵相加不可胜数，双方各有死伤。自晋至明，苗族在湖北、河南、陕西、云南、江西、湖南、广西、贵州等地辗转往复，与封建统治者进行了长期艰苦卓绝的不屈斗争。清朝及民国，苗族驻扎在云南的一支因战火而大量迁徙至滇西边境和东南亚诸国，进而散发至欧洲、北美、澳大利亚。

　　苗族遂成为一个世界性的民族！

三

苗族同胞在与封建统治者长期的争夺征战中，不断被压缩生存空间，又不断拓展生存空间，从而形成了其民族极为独特的迁徙文化现象。苗族历史上没有文字，却保存有大量的神话传说，他们有感于迁徙繁衍途中的沧桑征程，对天地宇宙产生了原始朴素的哲理认知。每迁徙一地，他们都结合当地实际，丰富、完善本民族文化内涵，从而形成了系列以"蝴蝶""盘瓠""水牛""枫树"为表象的原始图腾文化。苗族虽然没有文字，却有丰富的口传文化，这些口传文化经后人整理，散见于贵州、湖南等地流传的《苗族古歌》《苗族古老话》《苗族史诗》等典籍，它们承载着苗族后人对祖先口耳相传的族源、英雄、历史、文化的再现使命。

苗族迁徙的历程是艰辛、苦难的，迁徙途中的光怪陆离却是迷人的。他们善于从迁徙途中寻求生命意义，又从苦难中构建人伦规范，他们赋予迁徙以非同一般的意义。他们充分利用身体、语言、穿戴、图画、建筑等媒介，表达对天地宇宙的认识、对生命意义的理解、对人伦道德的阐述、对生活艺术的想象。于是，基于迁徙现象而产生的苗族文化便变得异常丰富。苗族将天地宇宙挑绣在服饰上，得出了天圆地方的朴素见解；将历史文化唱进歌声里，延续了民族文化一以贯之的坚韧品性；将跋涉足迹画在了岩壁上，应对苦难能始终奋勇不屈。其丰富的内涵、奇特的形式、隐忍的表达，成为这个民族独特的魅力，成为这个民族极具异禀的审美旨趣。从这个层面扩而大之，苗族的历史文化，便具备了一种神秘文化的潜在魅力与内涵支撑。苗族神秘文化最为典型的表现是巴代文化现象。从隐藏的文化内涵因子分析来看，巴代文化实则是苗族生存发展、生产生活、伦理道德、物质精神等文化现象的活态传承。

苗族丰富的民族传奇经历造就了其深厚的历史文化，但其不羁的民族精神又使得这个民族成为封建统治者征伐打压的对象。甚至可以说，一部封建史，就是一部苗族的压迫屈辱史。封建统治者压迫苗族同胞惯用的手段，一是征战屠杀，二是愚昧民众，历经千年演绎，苗族同胞之于本民族历史、祖先伟大事功，慢慢忽略，甚至抹杀性遗忘。

一个伟大民族的悲哀莫过于此！

四

历经苦难，走向辉煌。中华人民共和国成立后，得益于党的民族政策，苗族与全国其他少数民族一样，依托民族区域自治法，组建了系列具有本民族特色的少数民族自治机构，千百年被压在社会底层的苗族同胞，翻身当家做主人，他们重新直面苗族的历史文化，系统挖掘、整理、提升本民族历史文化，切实找到了民族的历史价值和民族文化自信。贵州和湖南湘西武陵山区一带，自古就是封建统治阶级口中的"武陵蛮"的核心区域。这一块曾经被统治阶级视为不毛之地的蛮荒地区，如今得到了国家的高度重视，中央整合武陵山片区4省市71个县市，实施了武陵山片区扶贫攻坚战略。作为国家区域大扶贫战略中的重要组成部分，武陵山区苗族同胞的脱贫发展牵动着党中央、国务院关注的目光。武陵山区苗族同胞感恩党中央，激发内生动力，与党中央同步共振，掀起了一场轰轰烈烈的脱贫攻坚世纪大战。

苗族是湘西土家族苗族自治州两大主体民族之一，要推进湘西发展，当前基础性的工作就是要完成两大主体民族脱贫攻坚重点工作，自然，苗族承担的历史使命责无旁贷。在这样的语境下，推进湘西发展、推进苗族聚集区同胞脱贫致富，就是要充分用好、用活苗族深厚的历史文化资源，以挖掘、提升民族文化资源品质，提升民族文化自信心；要全面整合苗族民族文化资源精华，去芜存菁，把文化资源转化为现实生产力，服务于我州经济社会的发展。

正是贯彻这样的理念，湘西土家族苗族自治州立足少数民族自治地区的民族资源特色禀赋，提出了生态立州、文化强州的发展理念，围绕生态牌、文化牌打出了"全域旅游示范区建设""国内外知名生态文化公园"系列组合拳，民族文化旅游业蓬勃发展，民族地区脱贫攻坚工作突飞猛进。在具体操作层面，州委、州政府提出了以"土家探源""神秘苗乡"为载体、深入推进我州文化旅游产业发展的口号，重点挖掘和研究红色文化、巫傩文化、苗疆文化、土司文化。基于此，州政协按照服务州委、州政府中心工作和民生热点难点的履职要求，组织相关专家学者，联合相关出版机构，在申报重点课题的基础上，深度挖掘苗族历史文化，按课题整理、出版苗族历史文化丛书。

人类具有社会属性，所以才会对神话故事、掌故、文物和文献进行著录和收传。以民族出版社出版、吴荣臻主编的五卷本《苗族通史》和贵州民族出版社出版的《苗族古歌》系列著作为标志，苗学研究进入了一个新的历史时期。

湘西土家族苗族自治州政协组织牵头的《湘西苗族民间传统文化丛书》记载了苗疆文化的主要内容，是苗族文化研究的重要成果。它不但整理译注了浩如烟海的有关苗疆的历史文献，出版了史料文献丛书，还记录整理了苗族人民口传心录的苗族古歌系列、巴代文化系列等珍贵资料，并展示了当代文化研究成果。

　　党的十八大以来，以习近平同志为核心的党中央，以"一带一路"倡议为抓手，不断推进人类命运共同体建设，以实现中华民族伟大复兴的中国梦为目标，不断推进理论自信、道路自信、制度自信和文化自信。没有包括苗族文化在内的各个少数民族文化的复兴，也不会有完全的中华民族伟大复兴。

　　因此，从苗族历史文化中探寻苗族原典文化，发现新智慧、拓展新路径，从而提升民族文化自信力，服务湘西生态文化公园建设，推进精准扶贫、精准脱贫，实现乡村振兴，进而实现湘西现代化建设目标，善莫大焉！

　　此为序！

2018 年 9 月 5 日

专家序一

掀起湘西苗族巴代文化的神秘面纱

汤建军

2017 年 9 月 7 日，根据中共湖南省委安排，我在中共湘西州委做了题为"砥砺奋进的五年"的形势报告。会后，在湘西州社科联谭必四主席的陪同下，考察了一直想去的花垣县双龙镇十八洞村。出于对民族文化的好奇，考察完十八洞村后，我根据中共湖南省委网信办在花垣县挂职锻炼的范东华同志的热诚推荐，专程拜访了苗族巴代文化奇人石寿贵老先生，参观其私家苗族巴代文化陈列基地。石寿贵先生何许人也？花垣县双龙镇洞冲村人。他是本家祖传苗师"巴代雄"第 32 代掌坛师、客师"巴代扎"第 11 代掌坛师、民间正一道第 18 代掌坛师。石老先生还是湘西州第一批命名的"非物质文化遗产（以下简称'非遗'）保护"名录"苗老司"代表性传承人、湖南省第四批"非遗"名录"苗族巴代"代表性传承人、吉首大学客座教授、中国民俗学会蚩尤文化研究基地蚩尤文化研究会副会长、巴代文化学会会长。他长期从事巴代文化、道坛丧葬文化、民间习俗礼仪文化等苗族文化的挖掘搜集、整编译注及研究传承工作。一直以来，他和家人，动用全家之财力、物力和人力，经过近 50 年的全身心投入，在本家积累 32 代祖传资料的基础上，又走访了贵州、四川、湖北、湖南、重庆等周边 20 多个县市有名望的巴代坛班，通过本家厚实的资料库加上广泛搜集得来的资料，目前已整编译注出 7 大类 76 本

2500 多万字及 4000 余幅仪式彩图的《巴代文化系列丛书》，且准备编入《湘西苗族民间传统文化丛书》进行出版。这 7 大类 76 本具体包括：第一类，基础篇 10 本；第二类，苗师科仪 20 本；第三类，客师科仪 10 本；第四类，道师科仪 5 本；第五类，侧记篇 4 本；第六类，苗族古歌 14 本；第七类，历代手抄本扫描 13 本。除了书稿资料以外，石寿贵先生还建立起了 8000 多分钟的仪式影像、238 件套的巴代实物、1000 多分钟的仪式音乐、此前他人出版的有关苗族巴代民俗的藏书 200 余册以及包括一整套待出版的《湘西苗族民间传统文化丛书》在内的资料档案。此前，他还主笔出版了《苗族道场科仪汇编》《苗师通书诠释》《湘西苗族古老歌话》《湘西苗族巴代古歌》四本著作。其巴代文化研究基地已建立起巴代文化的三大仪式、两大体系、八大板块、三十七种类苗族文化数据库，成为全国乃至海内外苗族巴代文化资料最齐全系统、最翔实厚重、最丰富权威的亮点单位。"苗族巴代"在 2016 年 6 月入选第四批湖南省"非遗"保护名录。2018 年 6 月，石寿贵老先生获批为湖南省第四批非物质文化遗产保护项目"苗族巴代"代表性传承人。

走进石寿贵先生的巴代文化挖掘搜集、整编译注、研究及陈列基地，这是一栋两层楼的陈列馆，没有住人，全部都是用来作为巴代文化资料整编译注和陈列的。一楼有整编译注工作室和仪式影像投影室等，中堂为有关图片及字画陈列，文化气息扑面而来。二楼分别为巴代实物资料、文字资料陈列室和仪式腔调录音室及仪式影像资料制作室等，其中 32 个书柜全都装满了巴代书稿和实物，真可谓书山文海、千册万卷、博大精深、琳琅满目。

石老先生所收藏和陈列的巴代文化各种资料、物件和他本人的研究成果极大地震撼了我们一行人。我初步翻阅了石老先生提供的《湘西苗族巴代揭秘》一书初稿，感觉这些著述在中外学术界实属前所未闻、史无前例、绝无仅有。作者运用独特的理论体系资料、文字体系资料以及仪式符号体系资料等，全面揭露了湘西苗族巴代的奥秘，此书必将为研究苗族文化、苗族巴代文化学和中国民族学、民俗学、民族宗教学以及苗族地区摄影专家、民族文化爱好者提供线索、搭建平台与铺设道路。我当即与湘西州社科联谭必四主席商量，建议他协助和支持石老先生将《湘西苗族巴代揭秘》一书申报湖南省社科普及著作出版资助。经过专家的严格评选，该书终于获得了出版资助，在湖南教育出版社得到出版。因为这是一本在总体上全面客观、科学翔实、通俗形象地介绍苗族巴代及其文化的书，我相信此书一定会成为广大读者喜闻喜阅、喜欣喜爱的书，一定能给苗族历代祖先以慰藉，一定能更好地传播苗民族文化精华，一定能深入弘扬中华民族优秀传统文化。

2017年12月6日，我应邀在中南大学出版社宣讲党的十九大精神时，结合如何策划选题，重点推介了石寿贵先生的苗族巴代文化系列研究成果，希望中南大学出版社在前期积累的基础上，放大市场眼光，挖掘具有民族特色的文化遗产，积极扶持石老先生巴代文化成果的出版。这个建议得到了吴湘华社长及其专业策划团队的高度重视。2018年1月30日，国家出版基金资助项目公示，由中南大学出版社挖掘和策划的石寿贵编著的《巴代文化系列丛书》中的10本作为第一批《湘西苗族民间传统文化丛书》入选。该丛书以苗族巴代原生态的仪式脚本(包括仪式结构、仪式程序、仪式形态、仪式内容、仪式音乐、仪式气氛、仪式因果等)记录为主要内容，原原本本地记录了苗师科仪、客师科仪、道师绕棺戏科仪以及苗族古歌、巴代历代手抄本扫描等脚本资料，建立起了科仪的文字记录、图片静态记录、影像动态记录、历代手抄本文献记录、道具法器实物记录等资料数据库，是目前湘西苗族地区种类较为齐全、内容翔实、实物彩图丰富生动的原生态民间传统资料，充分体现了苗族博大精深、源远流长的文化内涵和艺术价值，对今后全方位、多视角、深层次研究苗族历史文化有着极其重要的价值和深远的意义。

从《湘西苗族民间传统文化丛书》中所介绍的内容来看，可以说，到目前为止，这套丛书是有关领域中内容最系统翔实、最丰富完整、最难能可贵的资料了。此套书籍如此广泛深入、全面系统、尽数囊括、笼统纳入，实为古今中外之罕见，堪称绝无仅有、弥足珍贵，也是有史以来对苗族巴代文化的全面归纳和科学总结。我想，这既是石老先生和他的祖上及其家眷以及政界、学界、社会各界对苗族文化的热爱、执着、拼搏、奋斗、支持、帮助的结果，也体现出了石寿贵老先生对苗族文化所做出的巨大贡献。这套丛书将成为苗族传统文化保护传承、研究弘扬的新起点和里程碑。用学术化的语言来说，这300余种巴代科仪就是巴代历代以来所主持苗族的祭祀仪式、习俗仪式以及各种社会活动仪式的具体内容。但仪式所表露出来的仅仅只是表面形式而已，更重要的是包含在仪式里面的文化因子与精神特质。关于这一点，石寿贵老先生在丛书中也剖析得相当清晰，他认为巴代文化的形成是苗族文化因子的作用所致。他认为：世界上所有的民族和教派都有不同于其他民族的文化因子，比如佛家的因果轮回、慈善涅槃、佛国净土，道家的五行生克、长生久视、清静无为，儒家的忠孝仁义、三纲五常、齐家治国，以及纳西族的"东巴"、羌族的"释比"、东北民族的"萨满"、土家族的"梯玛"等，无不都是严格区别于其他民族或教派的独特文化因子。由某个民族文化因子所产生出来的文化信念，在内形成了该民族的观念、性格、素质、气节和精神，在外则形成了该民族的风格、习俗、形象、身份和标志。通过内外因素的共同作用，形成支撑该民族生生不息、发展壮大、繁荣富强的不竭动力。苗族巴代文化的核心理念是人类的"自我不灭"真性，在这一文化因子的影响下，形成了"自我崇拜"或"崇拜自我、维护自我、服务自我"的人类生存哲学体系。这种理论和实践体现在苗师"巴代雄"祭祀仪式的方方面面，比如上供时所说的"我吃你吃，我喝你喝"。说过之后，还得将供品一滴不漏地吃进口中，意思为我吃就是我的祖先吃，我喝就是我的祖先喝，我就是我的祖先，我的祖先就是我，祖先虽亡，但他的血液在我的身上流淌，他的基因附在我的身上，祖先的化身就是当下的我，并且一直延续到永远，这种自我真性没有被泯灭掉。同时，苗师"巴代雄"所祭祀的对象既不是木偶，也不是神像，更不是牌位，而是活人，是舅爷或德高望重的活人。这种祭祀不同于汉文化中的灵魂崇拜、鬼神崇拜或自然崇拜，而是实实在在的、活生生的自我崇拜。这就是巴代传承古代苗族主流文化(因子)的内在实质和具体内容。无怪乎如来佛祖降生时一手指天，一手指地，所说的第一句话就是："天上地下，唯我独尊。"佛祖所说的这个"我"，指的绝非本人，而是宇宙间、世界上的真性自我。

石老先生认为，从生物学的角度来说，世界上一切有生命的动植物的活动都是维护自我生存的活动，维护自我毋庸置疑。从人类学的角度来说，人类的真性自我不生不灭，世间人类自身的一切活动都是围绕有利于自我生存和发展这个主旨来开展的，背离了这个主旨的一切活动都是没有任何价值和意义的活动。从社会科学的角度来说，人类社会所有的科普项目、科学文化，都是从有利于人类自我生存和发展这个主题来展开的，如果离开了这条主线，科普也就没有了任何价值和意义。从人类生存哲学的角度来说，其主要的逻辑范畴，也是紧紧地把握人类这个大的自我群体的生存和发展目标去立论拓展的，自我生存成为最大的逻辑范畴；从民族学的角度来说，每个要维护自己生生不息、发展壮大的民族，都要有自己强势优越、高超独特、先进优秀的文化来作支撑，而要得到这种文化支撑的主体便是这个民族大的自我。

石老先生还说，从维护小的生命、个体的小自我到维护大的人类、群体的大自我，是生物世界始终都绕不开的总话题。因而，自我不灭、自我崇拜或崇拜自我、服务自我、维护自我，在历史上早就成为巴代文化的核心理念。正是苗师"巴代雄"所奉行的这个"自我不灭论"宗旨教义，所行持的"自我崇拜"的教条教法，涵盖了极具广泛意义的人类学、民族学以及哲学文化领域中的人类求生存发展、求幸福美好的理想追求。也正是这种自我真性崇拜的文化因子,才形成了我们的民族文化自信,锻造了民族的灵魂素质,成就了民族的精神气节,才能坚定民族自生自存、自立自强的信念意识,产生出民族生生不息、发展壮大的永生力量。这就充分说明,苗族的巴代文化,既不是信鬼信神的巫鬼文化,也不是重巫尚鬼的巫傩文化,而是从基因实质的文化信念到灵魂素质、意识气魄的锻造殿堂,是彻头彻尾的精神文化,这就是巴代文化和巫鬼文化、巫傩文化的本质区别所在。

乡土的草根文化是民族传统文化体系的基因库,只要正向、确切、适宜地打开这个基因库,我们就能找到民族的根和魂,感触到民族文化的神和命。巴代作为古代苗族主流文化的传承者,作为一个族群社会民众的集体意识,作为支撑古代苗族生存发展、生生不息的强大的精神支柱和崇高的文化图腾,作为苗族发展史、文明史曾经的符号,作为中华民族文化大一统中的亮丽一簇,很少被较为全面系统、正向正位地披露过。

巴代是古代苗族祭祀仪式、习俗仪式、各种社会活动仪式这三大仪式的主持者,更是苗族主流文化的传承者。因为苗族在历史上频繁迁徙、没有文字、不属王化、封闭保守等因素,再加上历史条件的限制与束缚,为了民族的生存和发展,苗族先人机灵地以巴代所主持的三大仪式为本民族的显性文化表象,来传承苗族文化的原生基因、本根元素、全准信息等这些只可意会、不可言传的隐性文化实质。又因这三大仪式的主持者叫巴代,故其所传承、主导、影响的苗族主流文化又被称为巴代文化,巴代也就自然而然地成为聚集古代苗族的哲学家、法学家、思想家、社会活动家、心理学家、医学家、史学家、语言学家、文学家、理论家、艺术家、易学家、曲艺家、音乐家、舞蹈家、农业学家等诸大家之精华于一身的上层文化人,自古以来就一直受到苗族人民的信任、崇敬和尊重。

巴代文化简单说来就是三大仪式、两大体系、八大板块和三十七种文化。其包括了苗族生存发展、生产生活、伦理道德、物质精神等从里到表、方方面面、各个领域的文化。巴代文化必定成为有效地记录与传承苗族文化的大乘载体、百科全书以及活态化石,必定成为带领苗族人民从远古一直走到近代的精神支柱和家园,必定成为苗族文化的根、魂、神、质、形、命的基因实质,必定成为具有苗族代表性的文化符号与文化品牌,必定成为苗族优秀的传统文化、神秘湘西的基本要素。

石老先生委托我为他的丛书写篇序言,因为我的专业不是民族学研究,不能从专业角度给予中肯评价,为读者做好向导,所以我很为难,但又不好拒绝石老先生。工作之余，我花了很多时间认真学习他的相关著述，总感觉高手在民间，这些文字是历代苗族文化精华之沉淀，文字之中透着苗族人的独特智慧，浸润着石老先生及历代巴代们的心血智慧，更体现出了石老先生及其家人一生为传承苗族文化所承载的常人难以想象的、难以忍受的艰辛、曲折、困苦、执着和担当。

这次参观虽然不到两个小时，却发现了苗族巴代文化的正宗传人。遇见石老先生，我感觉自己十分幸运，亦深感自己有责任、有义务为湘西苗族巴代文化及其传人积极推荐，努力让深藏民间的优秀民族文化遗产能够公开出版。石老先生的心愿已了，感恩与我们一样有这种情结的评审专家和出版单位对《湘西苗族民间传统文化丛书》的厚爱和支持。我相信，大家努力促成这些书籍公开出版，必将揭开湘西苗族巴代文化的神秘面纱，必将开启苗族巴代文化保护传承、研究弘扬、推介宣传的热潮，也必将引发湘西苗族巴代文化旅游的高潮。

略表数言，抛砖引玉，是为序。

（作者系湖南省社会科学院党组成员、副院长，湖南省省情研究会会长、研究员）

专家序二

罗康隆

　　我来湘西20年，不论是在学校，还是在村落，听到当地苗语最多的就是"巴代"（分"巴代雄"与"巴代扎"）。起初，我也不懂巴代的系统内涵，只知道巴代是湘西苗族的"祭师"，但经过20年来循序渐进的认识与理解，我深知，湘西苗族的"巴代"，并非用"祭师"一词就可以简单替代。

　　说实在的，我是通过《湘西苗族调查报告》和《湘西苗族实地调查报告》这两本书来了解湘西的巴代文化的。1933年5月，国立中央研究院的凌纯声、芮逸夫来湘西苗区调查，三个月后凌纯声、芮逸夫离开湘西，形成了《湘西苗族调查报告》（2003年12月由民族出版社出版）。该书聚焦于对湘西苗族文化的展示，通过实地摄影、图画素描、民间文物搜集，甚至影片拍摄，加上文字资料的说明等，再现了当时湘西苗族社会文化的真实图景，其中包含了不少关于湘西苗族巴代的资料。

　　当时，湘西乾州人石启贵担任该调查组的顾问，协助凌纯声、芮逸夫在苗区展开调查。凌纯声、芮逸夫离开湘西时邀请石启贵代为继续调查，并请国立中央研究院聘石启贵为湘西苗族补充调查员，从此，石启贵正式走上了苗族研究工作的道路。经过多年的走访调查，石启贵于1940年完成了《湘西苗族实地调查报告》（2008年由湖南人民出版社出版）。在该书第十章"宗教信仰"中，他用了11节篇幅来介绍湘西苗族的民间信仰。2009年由中央民族大学"985工程"中国少数民族非物质文化研究与保护中心与台湾"中央研究院"历史语言研究所联合整理，在民族出版社出版了《民国时期湘南苗族调查实录（1~8卷）（套装全10册）》，包括民国习俗卷、椎猪卷、文学卷、接龙卷、祭日月神卷、祭祀神辞汉译卷、还傩愿卷、椎牛卷（上）、椎牛卷（中）、椎牛卷(下)。由是，人们对湘西苗族"巴代"有了更加系统的了解。

我作为苗族的一员，虽然不说苗语了，但对苗族文化仍然充满着热情与期待。在我主持学校民族学学科建设之初，就将苗族文化列为重点调查与研究领域，利用课余时间行走在湘西的腊尔山区苗族地区，对苗族文化展开调查，主编了《五溪文化研究》丛书和《文化与田野》人类学图文系列丛书。在此期间结识了不少巴代，其中就有花垣县董马库的石寿贵。此后，我几次到石寿贵家中拜访，得知他不仅从事巴代活动，而且还长期整理湘西苗族的巴代资料，对湘西苗族巴代有着系统的了解和较深的理解。

我被石寿贵收集巴代资料的精神所感动，决定在民族学学科建设中与他建立学术合作关系，首先给他配备了一台台式电脑和一台摄像机，可以用来改变以往纯手写的不便，更可以将巴代的活动以图片与影视的方式记录下来。此后，我也多次邀请他到吉首大学进行学术交流。在台湾"中央研究院"康豹教授主持的"深耕计划"中，石寿贵更是积极主动，多次对他所理解的"巴代"进行阐释。他认为湘西苗族的巴代是一种文化，巴代是古代苗族祭祀仪式、习俗仪式、各种社会活动仪式这三大仪式的主持者，是苗族文化的传承载体之一，是湘西苗族"百科全书"的构造者。

巴代文化成为苗族文化的根、魂、神、质、形、命的基因实质。这部《湘西苗族民间传统文化丛书》含 7 大类 76 本 2500 多万字及 4000 余幅仪式彩图，还有 8000 多分钟仪式影像、238 件套巴代实物、1000 多分钟仪式音乐等，形成了巴代文化资料数据库。这些资料弥足珍贵，以苗族巴代仪式结构、仪式程序、仪式形态、仪式内容、仪式音乐、仪式气氛、仪式因果为主要内容进行记录。这是作者在本家 32 代祖传所积累丰厚资料的基础上，通过近 50 年对贵州、四川、湖南、湖北、重庆等省市周边有名望的巴代坛班走访交流，行程达 10 万多公里，耗资 40 余万元，竭尽全家之精力、人力、财力、物力，对巴代文化资料进行挖掘、搜集与整理所形成的资料汇编。

这些资料的样本存于吉首大学历史与文化学院民间文献室，我安排人员对这批资料进行了扫描，准备在 2015 年整理出版，并召开过几次有关出版事宜的会议，但由于种种原因未能出版。今天，它将由中南大学出版社申请到的国家出版基金资助出版，也算是了结了我多年来的一个心愿，这是苗族文化史上的一件大好事。这将促进苗族传统文化的保护，极大地促进民族精神的传承和发扬，有助于加强、保护与弘扬传统文化，对落实党和国家加强文化大发展战略有着特殊的使命与价值。

（作者系吉首大学历史与文化学院院长、湖南省苗学学会第四届会长）

概　述

　　《湘西苗族民间传统文化丛书》以苗族巴代原生态的仪式脚本(包括仪式结构、仪式程序、仪式形态、仪式内容、仪式音乐、仪式气氛、仪式因果等)记录为主要内容,原原本本地记录了苗师科仪、客师科仪、道师绕棺戏科仪以及苗族古歌、巴代历代手抄本扫描等脚本资料,建立起了科仪文字记录、图片静态记录、影像动态记录、历代手抄本文献记录、道具法器实物记录等资料数据库,为抢救、保护、传承、研究这些濒临灭绝的苗族传统文化打牢了基础,搭建了平台,提供了必需的条件。

　　巴代是古代苗族祭祀仪式、习俗仪式、各种社会活动仪式这三大仪式的主持者,也是苗族主流文化的传承载体之一。古代苗族在涿鹿之战后因为频繁迁徙、分散各地、没有文字、不属王化、封闭保守等因素,形成了具有显性文化表象和隐性文化实质这二元文化的特殊架构。基于历史条件的限制与束缚,为了民族的生存和发展,苗族先人机灵地以巴代所主持的三大仪式为本民族的显性文化表象,来传承苗族文化的原生基因、本根元素、全准信息等这些只可意会、不可言传的隐性文化实质。因为三大仪式的主持者叫巴代,故其所传承、主导、影响的苗族主流文化又被称为巴代文化,巴代也就自然而然地成为聚集古代苗族的哲学家、史学家、宗教家等诸大家之精华于一身的上层文化人,自古以来就一直受到苗族人民的信任、崇敬和尊重。

　　巴代文化简单说来就是三大仪式、两大体系、八大板块和三十七种文化。其包括了苗族生存发展、生产生活、伦理道德、物质精神等从里到表、方方面面各个领域的文化。巴代文化必定成为有效地记录与传承苗族文化的大乘载体、百科全书以及活态化石，必定成为带领苗族人民从远古一直走到近代的精神支柱和家园，必定成为苗族文化的根、魂、神、质、形、命的基因实质，必定成为具有苗族代表性的文化符号与文化品牌，必定成为苗族优秀的传统文化之一、神秘湘西的基本要素。

苗族的巴代文化与纳西族的东巴文化、羌族的释比文化、东北民族的萨满文化、汉族的儒家文化、藏族的甘朱尔等一样，是中华文明五千年的文化成分和民族文化大花园中的亮丽一簇，是苗族文化的本源井和柱标石。巴代文化的定位是苗族文化的全面归纳、科学总结与文明升华。

近代以来，由于种种原因，巴代文化濒临灭绝。为了抢救这种苗族传统文化，笔者在本家 32 代祖传所积累丰厚资料的基础上，又通过近 50 年以来对贵州、四川、湖南、湖北、重庆等省市周边有名望的巴代坛班走访交流，行程 10 多万公里，耗资 40 余万元，竭尽全家之精力、人力、财力、物力，全身心投入巴代文化资料的挖掘、搜集、整编译注、保护传承工作中，到目前已形成了 7 大类 76 本 2500 多万字及 4000 余幅仪式彩图的《湘西苗族民间传统文化丛书》(以下简称《丛书》) 有待出版，建立起了《丛书》以及 8000 多分钟的仪式影像、238 件套的巴代实物、1000 多分钟的仪式音乐等巴代文化资料数据库。该《丛书》已成为当今海内外唯一的苗族巴代文化资源库。

7 大类 76 本 2500 多万字及 4000 余幅仪式彩图的《丛书》在学术界也称得上是鸿篇巨制了。为了使读者能够在大体上了解这套《丛书》的基本内容，在此以概述的形式来逐集进行简介是很有必要的。

这套洋洋大观的《丛书》，是一个严谨而完整的不可分割的体系，按内容属性可分为 7 大类型。因整套《丛书》的出版分批进行，在出版过程中根据实际情况对《丛书》结构做了适当调整，调整后的内容具体如下：

第一类：基础篇。分别是：《许愿标志》《手诀》《巴代法水》《巴代道具法器》《文疏表章》《纸扎纸剪》《巴代音乐》《巴代仪式图片汇编》《湘西苗族民间传统文化丛书通读本》等。

第二类：苗师科仪。分别是：《接龙》(第一、二册)，《汉译苗师通鉴》(第一、二、三册)，《苗师通鉴》(第一、二、三、四、五、六、七、八册)，《苗师"不青"敬日月车祖神科仪》(第一、二、三册)，《敬家祖》《敬雷神》《吃猪》《土昂找新亡》。

第三类：客师科仪。分别是：《客师科仪》(第一、二、三、四、五、六、七、八、九、十册)。

第四类：道师科仪。分别是：《道师科仪》(第一、二、三、四、五册)。

第五类：侧记篇之守护者。

第六类：苗族古歌。分别是：《古杂歌》，《古礼歌》，《古阴歌》，《古灰歌》，《古仪歌》，《古玩歌》，《古堂歌》，《古红歌》，《古蓝歌》，《古白歌》，《古人歌》，《汉译苗族古歌》(第一、二册)。

第七类：历代手抄本扫描。

本套《丛书》的出版将为抢救、保护、传承、研究这些濒临灭绝的苗族传统文化打牢基础、搭建平台和提供必需的条件；为研究苗族文化,特别是研究苗族巴代文化学、民族学、民俗学、民族宗教学等,以及这些学科的完善和建设做出贡献；为研究、关注苗族文化的专家学者以及来苗族地区的摄影者提供线索与方便。《丛书》的出版,将有力地填补苗族巴代文化学领域里的空缺和促进苗族传统文明、文化体系的完整,使苗族巴代文化成为中华民族文化大花园中的亮丽一簇。

石寿贵
2020 年秋于中国苗族巴代文化研究中心

前　言

　　《湘西苗族民间传统文化丛书》以巴代文化为主线，以苗族巴代原生态的仪式脚本(包括仪式结构、仪式形态、仪式内容、仪式音乐、仪式气氛、仪式因果等)记录为主要内容，原原本本地记录了苗师科仪、客师科仪、道师绕棺戏科仪以及苗族古歌、巴代历代手抄本扫描等脚本资料，建立起了科仪文字记录、图片静态记录、影像动态记录、历代手抄本文献记录、道具法器实物记录等资料数据库，为抢救、保护、传承、研究这些濒临灭绝的苗族民间传统文化打牢了基础，搭建了平台，提供了必需的条件。

　　巴代是古代苗族祭祀仪式、习俗仪式、各种社会活动仪式三大仪式的主持者，也是苗族主流文化的传承载体之一。古代苗族因为在涿鹿之战后频繁迁徙、分散各地、没有文字、不属王化、封闭保守等，形成了具有显性文化表象和隐性文化实质这二元文化的特殊架构。基于历史条件的限制与束缚，为了民族的生存和发展，苗族先人机灵地以巴代所主持的三大仪式为本民族的显性文化表象，来传承苗族文化的原生基因、本根元素、全准信息等这些只可意会、不可言传的隐性文化实质。因为这三大仪式的主持者叫做巴代，故其所传承、主导、影响的苗族主流文化又被称为巴代文化，巴代也就自然而然地成为聚集古代苗族的哲学家、史学家、宗教家等诸大家之精华于一身的上层文化人，自古以来就一直受到苗族人民的信任、崇敬和尊重。

　　巴代文化简单来说就是三大仪式、两大体系、八大板块和三十七种文化。其包括了苗族生存发展、生产生活、伦理道德、物质精神从里到表、方方面面的各个领域的文化。巴代文化必定成为有效记录与传承苗族文化的大乘载体、百科全书以及活态化石，成为带领苗族人民从远古一直走到近代的精神支柱和精神家园，成为苗族文化的根、魂、神、质、形、命的基因实质，成为具有苗族代表性的文化符号与文化品牌，成为苗族优秀的传统文化之一、神秘湘西的基本要素。

苗族的巴代文化与纳西族的东巴文化、羌族的释比文化、东北民族的萨满文化、汉族的儒家文化、藏族的甘珠尔等一样，是中华文明五千年的文化成分和民族文化大花园中的亮丽一簇，是苗族文化的本源井和柱标石。巴代文化是苗族文化的全面归纳、科学总结与文明升华。

近代以来，由于种种原因，巴代文化濒临灭绝。为了抢救这种苗族传统文化，笔者在本家 32 代祖传所积累丰厚资料的基础上，又通过近 50 年以来对贵州、四川、湖南、湖北、重庆等省市周边有名望的巴代坛班走访交流，行程 10 多万公里，耗资 40 余万元，竭尽全家之精力、人力、财力、物力，全身心投入巴代文化资料的挖掘、搜集、整编译注、保护传承工作中。截至目前，已形成 7 大类 76 本 273 册 2500 多万字及 4000 余幅仪式彩图的《湘西苗族民间传统文化丛书》(以下简称《丛书》)有待出版，建立起 8000 多分钟的仪式影像、238 件套的巴代实物、1000 多分钟的仪式音乐等巴代文化资料数据库。《湘西苗族民间传统文化丛书通读本》是这套《丛书》基础篇中的第一本。为了使读者能够在大体上了解这套《丛书》的内容，本书将以导读的形式逐本进行简述。

本书采用汉字记音、苗文、意译三者相结合的方式整理，从而使不懂苗文的读者也能读出，然后再整体地体会其中意思。需要说明的是，虽然采用汉字记音，但有很多的苗语发音用汉字是不能标记准确的。爱唱苗歌的人能够将汉字记音作为提示，较准确地读唱出来，而不懂苗语的人按汉字记音来读苗歌就不能十分确切了。而且，记音的汉字是按本地方言的读音记的，若用普通话的音去读就又不准确了。苗语中有六个声调：第一声用"d"表示，第二声用"b"表示，第三声用"x"表示，第四声用"l"表示，第五声用"t"表示，第六声用"s"表示。所以，同一个汉字记音在不同的句子里便会因音调不同而体现为不同的苗文。而且，同一个汉字记音是有可能有很多不同的意思的，如以汉字"内"记的音便有多种词意：ned－母，nenb－蛇，hneb－日，nex－人，nous－下蛋的下，noux－稻谷，noul－捉、擒，nenl－韧，nes－问，hned－弓，neul－流，leit－干枯，nes－软……（请参阅民族出版社2009年出版的《民国时期湘西苗族调查实录——习俗卷》）为了保持古歌的韵味，用苗语唱起来是歌，用汉语唱起来也是歌，笔者在意译苗语歌词时，尽量保持了歌曲的形式，而没有完全将所有的苗语词汇译为汉语，请读者朋友们理解。

本套《丛书》的出版，将为抢救、保护、传承、研究这些濒临灭绝的苗族民间传统文化打牢基础、搭建平台和提供必需的条件；为研究苗族文化，特别是研究苗族巴代文化学、民族学、民俗学、民族宗教学等，以及这些学科的完善和建设做出巨大贡献；为研究、关注苗族文化的专家学者以及来苗族地区的摄影者们提供线索与便利。《丛书》的出版，将有力地填补苗族巴代文化学领域里的空缺，有利于促进苗族传统文明、苗族文化体系的完整，使苗族巴代文化成为中华民族文化大花园中的亮丽一簇。

目　录

第一章　基础篇

一、湘西苗族民间传统文化丛书通读本

《湘西苗族民间传统文化丛书通读本》（以下简称通读本）根据《丛书》的内容属性，具体从以下七个方面对《丛书》内容进行概述。

(一) 基础篇

分别是：1. 湘西苗族民间传统文化丛书通读本；2. 许愿标志；3. 巴代道具法器；4. 巴代法水；5. 文疏表章；6. 纸扎纸剪；7. 手诀；8. 巴代音乐；9. 巴代仪式图片。因为以上内容为苗师"巴代雄"、客师"巴代扎"、道师"巴代年"三者所共有，故而将其列为本套《丛书》的基础篇来加以定位和编辑。

(二) 苗师科仪汇编

分别是：1. 吃猪敬元祖神 1 本；2. 敬日月车祖神 3 本；3. 敬家祖 1 本；4. 苗师通鉴 8 本；5. 招新故亡灵入祖籍 1 本；6. 祭雷神 1 本；7. 接龙 2 本；8. 苗师通鉴汉译版 3 本。以上 20 种内容全部都是苗师"巴代雄"所主持的祭祀仪式。尚有祭村祖 1～2 册，椎牛 1～7 册，苗师小祭 1～8 册，尚未脱稿，不包括在内。

(三) 客师 172 堂科仪汇编

分别是：1. 科仪 1～科仪 19 合编；2. 科仪 20～科仪 30 合编；3. 科仪 31～科仪 54 合编；4. 科仪 55～科仪 64 合编；5. 科仪 65～科仪 83 合编；6. 科

仪 84 ~ 科仪 90 合编；7. 科仪 91 ~ 科仪 101 合编；8. 科仪 102 ~ 科仪 105 合编；9. 科仪 106 ~ 科仪 110 合编；10. 还傩愿 46 堂科仪汇编；11. 客师通鉴；12. 傩面具汇编。以上 12 种是客师"巴代扎"祭祀科仪汇编的内容，在本册《通读》里面将按细科进行简要的介绍。

(四) 道师 171 堂科仪汇编

分别是：1. 科仪 1 ~ 科仪 35 合编；2. 科仪 36 ~ 科仪 71 合编；3. 科仪 72 ~ 科仪 110 合编；4. 科仪 111 ~ 科仪 143 合编；5. 科仪 144 ~ 科仪 171 合编。以上 5 种内容全部都是道师"巴代年"所行持的仪式。因其在苗区内是以丧堂为戏台，以棺木为中心，以哀念和超荐亡魂为主要内容，围绕棺木所展演的一种哀悼地戏，其教旨教条、教规教义、内容形式等亦佛亦道，兼佛兼道，似佛似道，但又非佛非道，故佛教不认它们，道教也不认它们，属于民间白文化类型，乡间将其称为"绕棺戏班子"或"绕棺戏坛班"。《通读本》将对这 171 堂科仪逐一简介，以使读者能大概地了解其内容。

(五) 侧记篇

巴代文化的守护者。以书籍记载、各种报刊登载以及各种诗词赞颂一辈子坚守巴代文化挖掘、搜集、研究传承者的事迹。

(六) 苗族古歌

分别是：1. 古灰歌；2. 古红歌；3. 古蓝歌；4. 古白歌；5. 古人歌上册；6. 古人歌下册；7. 古杂歌；8. 古礼歌；9. 古堂歌；10. 古玩歌；11. 古仪歌；12. 古阴歌；13. 古歌汉译版上册；14. 古歌汉译版下册。苗族古歌的定义是以已故(作古)人物及事件来界定的，凡是古人所作所唱的歌都可称为古歌，包括开天辟地、历代迁徙、历朝人物故事等内容。本册将对这些古歌的内容与形式进行简要的概述。

(七) 历代手抄本扫描 (巴代历史文献)

分别是：第 1 集 10 册；第 2 集 7 册；第 3 集 8 册；第 4 集 8 册；第 5 集 10 册；第 6 集 8 册；第 7 集 5 册；第 8 集 11 册；第 9 集 10 册；第 10 集 4 册；第 11 集 10 册；第 12 集 8 册；第 13 集 7 册；第 14 集 9 册；第 15 集 9 册；第 16 集 8 册；第 17 集 7 册；第 18 集 8 册；第 19 集 6 册；第 20 集 10 册；第 21 集 10 册；第 22 集 3 册。

历代手抄本是巴代仪式资料的源头和根基。古代苗族在历史上没有形成统一全民族的文字，直到近代特别是明清以后，由于苗汉杂居而形成文化交融，湘西苗人才开始学习汉字，因此，湘西巴代的历代手抄本最古时段只能是明末至民国时期。再者，巴代教规严明，曾有"六耳不传"的说法，即有六只耳(三个人)同时在场时不传，更何况写成文字。因此，巴代历代手抄本少之又少，非常珍贵。再加上近代历史种种因素的影响，特别是"文化大革命"时期破旧立新、抄家焚书以后，存留下来的手抄本更是难得，在当今稀有。本册将对以上 22 集手抄本内容进行简介。

以上是对《湘西苗族民间传统文化丛书通读本》的基本内容介绍。

二、许愿标志

在过去那个医疗卫生科技条件不发达的年代，人们一旦发现有了疾病伤痛，或在用药久治不愈的前提下，便想到要向有关神灵许愿以求保佑其病痊愈、身体康复，这便是平时俗话所说的神药两解。对于神愿，传统上有着十分细致的规定：各种事件、各类病情、各种乞求都有各神来管，有着十分严格的针对性。也就是说，各事有各愿，各愿求各神，各神须各供，各神有各神的特定的愿标物来叩许，敬神的地方和场所都有细致的分别。许愿不只凭口头表达，而且要有一种特定的物体来作为把凭(凭证)和标志，我们权且将这种标志凭证物称作"愿标"。许愿的时候，先把这种特定的凭证物做好，并通过口头对此凭证物进行心愿的表述，然后将此愿标摆放在传统所规定的地方。到还愿时，进行了钩愿法事之后，将此愿标销毁焚化，才算了结了这种心愿。

本册所介绍的各种愿标多达 20 余种。每种都标有神愿的名称、别名、苗名以及许此神愿的原因。

通过本册的阅读，我们可以看到苗族的先人在过去那漫长的历史岁月里，科学不发达，缺医少药，在恶劣凶险的环境中生活，其中天灾人祸、战争残杀、水火刀兵、疾病苦难不知夺走了多少人的生命，贫穷困苦、饥寒交迫、痛苦挣扎的悲惨情形随处可见。人类不容易，苗族人民更不容易，历经了多重挫折才熬到了科技发达、盛世太平的今天。本册所载的只是神愿当中的一部分。

前人患病之后，首先想到的当然是用药医治，在几经大小名医良药治疗仍然不见效果，甚至越治越重的前提下，才考虑到是否有什么坏的因素在作祟，才使得良药无效，久治不愈。在前人的眼中，鬼神就是这不良因素的代号，于是前人便按照不同的病情、症状、现象给这些不良的因素取了各种鬼神、恶煞的名字，比如山鬼、洞神、坛神、傩神、白虎煞、五鬼煞等等。这样，在人们的意境中便出现了庞大多杂的鬼神系统和世界，形成了万物有灵的巫傩文化，成为巴代文化的一个不小的组成部分。

《查病书》是过去人们用来查对这些不良因素的一种工具书，这种查法不下40余种，因为这是广泛收集各地各处民间底本综合整编而成的一本小册子，并非一家之言，其中难免有些自相矛盾、互为否认的情况出现，之所以一并列出，为的是创造一个好让读者能有相互对照、综合参考的条件，便于考究和权衡。

过去前人对照患者的得病日期或加重日期和病情、症状而查出所要祭祀的鬼神之后，并非马上祭祀，而是先请巴代或者自己制作该神愿标，焚香烧纸向该神许愿，待到病人果然如期痊愈，一般的小型规模的祭祀才来还愿，而大或中型规模的祭祀如椎牛、椎猪、傩祭等则还可以推迟还愿，待到数年或数十年之后家中再有人患病，并且再找《查病书》时向此神求祭并通过推愿仪式果然如期痊愈之后才来还愿，并非如此前的一些书本所言那样，苗家人一有病就来祭祀鬼神的，这是不对的。

三、巴代道具法器

《巴代的法器道具》所介绍的既有客师"巴代扎"所用的法器道具，也有苗师"巴代雄"所用的法器道具。

客师"巴代扎"的法器道具有百余种，本册已收入的便有98种之多。在这98种法器道具的名录中，并不包括其大种类中的分支细目，如在铜钹的名录中就有饶钹、大钹、铰子等名目，在角号中便有牛角、长号、唢呐等名目。

苗师"巴代雄"的法器道具有60余种，本书收入51种。同样是只提种类，没分细目，比如蜂蜡糠香这一种类便分有蜂蜡、蜂窝、粗糠、纸钱等，布条衣这一种类便有黑、青、黄等行坛、坐坛、交牲、呈供等不同规格的布条衣多种。

在上面所介绍的149件(套)法器道具中,每件都标有名称、别名、苗名、规格以及相关的内容如材质、制作方法、原根、诀咒及在仪式中的用法等,特别是对这些法器道具的相关历史根源、文化实质、传说故事、时代背景、社会环境、民族观念等也进行了深入客观的剖析,作出了不同程度的考究和论证。

四、巴代法水

法水是法坛巴代用在仪式中加持祭祀、在平日里给人驱邪、治疗身心疾病的一种法物。一碗普通、平常的清水,通过巴代用有关法语、诀咒加持之后,即能产生出一种特殊的功效与作用。据说通过法语诀咒施化过的清水,吞下后即能消化掉卡在喉咙中的骨头或鱼刺;用此水能吞下尖锐硬质的竹签;用此水漱口能吃火籽而不伤口舌;用此水湿手之后能端起烧得通红的铁犁铧口而不伤手;用此水湿脚后能光着脚板踩踏多块烧得通红的金属片而不伤脚板;让病人喝下所化之水后能治好肚痛等疾病;突然晕倒甚至猝死用化过之水去喷可救活好转;被毒蛇咬伤用此水治疗可得痊愈;等等。民间流传就是这样一碗普通平常的清水,通过巴代施以诀咒加持、比画叨念之后,即可产生神奇之功效。

本册已搜集到的巴代法水共117碗,其中客师111碗、苗师6碗。在介绍到每碗法水的时候,除了有相关的诀咒,在下面还有相应的说明。这些法水在过去都是秘不外传的,比如"六耳不传"(现场若有3个人,即6只耳朵就不传)等的规定是相当严格的,但如今世道变了,再不整理,就只能灭绝,彻底失传了。

咒语是一种咒骂人的语言,而神咒则是一种神秘的语言,主要是讲给神听的。神咒是巴代在主持祭祀、习俗以及社会活动这三大仪式时所使用的一种特殊语言。这种语言浓缩了祭祀的内容,简化了祭祀的程序,使祭祀的目标更加集中、明确和突出,效果更加理想、显著和喜人。比如"藏身咒",一开始就是"藏我身、变我身",直接进入主题,再通过简单的几句话,就立即点出了"人看不知,鬼看不见"这个目的,最后用"吾奉太上老君急急如律令"来收尾,进一步加强咒语的神秘效果。神咒从能听得懂的语言到不可思议的神语,把从内容到目的、从理想到目标、从凡世到神境有机地整合起来,从而达到了简洁而完整、摄心定念之目的。

本册所编整的巴代神咒有 300 余宗，大体分为两大类。第一类为仪式性神咒，即穿插连带在巴代所主持的祭祀仪式、习俗仪式以及各种社会活动仪式这三大仪式中所持用的各种神咒，比如"化锣鼓咒、安老君殿神咒"等，因其是在三大仪式中必须应用的神咒，故名仪式性神咒；第二类为独立性神咒，也可以说非仪式性神咒，比如"杀毒疮神咒、治肚痛神咒、止血咒、取吓咒、化刺咒、和合咒"等，因其是未连带在仪式中，完全可以针对某件事而单独应用的神咒，故名独立性神咒。在本集所编整的 300 余宗巴代神咒中，全面而系统地收载了巴代法坛的各种神咒，其内容基本上涵盖了本地苗族巴代法坛所主持三大仪式以及平日生活所遇所需所用的方方面面。

无论是法水还是神咒，其功效都被民间传说得神乎其神，其实都是不科学的，本书出版的目的仅仅是搜集与还原这一民间传统文化的原貌，让读者对此有所了解。

五、文疏表章

文疏表章是巴代在主持苗族的祭祀仪式、习俗仪式以及各种社会活动仪式中用来表达诉求与诚意、升华心境、净化心态、坚定信念的一种文书。

祭祀的首要条件就是诚心，有了诚心才会有感应。这种感应首先能使人感觉到舒服和满意，如孔子所说的"祭神在，祭神如神在"一样，发于内心。为了把这种心态充分地表露出来，于是在文疏中便多处提到了"诚惶诚恐""诚心虔备""百拜上进"等字样，用这种心态做完了这件事情，了却了一桩心愿，满意了，舒服了，就有感应了。

本册所编录的巴代仪式文疏表章共有十大类，分别为文疏类、申文类、奏章类、牒文类、榜文类、状文类、吊挂类、对联类、门额类和神位类。由于篇幅有限，每种类别只能编入部分内容作为代表，以供学者考究。里面词汇古朴、术语稀有、文风独特、格式新奇、结构非凡、花样繁多，且用词简练、对仗工整、韵律优美、内容丰富，解读之后无不令人感叹不已，回味无穷，是研究人类学、民族学，特别是苗族的巴代文化学领域中不可多得的珍贵资料。

六、纸扎纸剪

纸扎纸剪是巴代在仪式中扎制祭祀坛场、布置神坛所应用的一种剪扎工艺。本册《纸扎纸剪》所收载的图案，在扎功方面，大型规模上的有"还傩愿"仪式中的傩堂扎制、"上刀梯"仪式中的街场扎制、"开天门"及"法坛管兵"仪式中的法桥扎制、"保洞斋"仪式中的 36 桌神坛扎制、"祭奠"仪式中的金山银山、金童玉女、灵堂灵屋扎制等；中型规模上的有"追魂"仪式中的愿标扎制、"净宅"仪式中的斋坛扎制、"接龙"仪式中的龙堂龙街龙屋扎制、"净宅"扎制、"接龙"仪式中的龙堂龙街龙屋扎制等；小型规模上的扎功有很多，在此就不一一列举了。在剪功上，各种花纹图案多达 100 余种，有吊卦类、门额类、神联类、格子花类、植物类、动物类、匾牌类、日月星辰类、工具器物类、捆边类等。

七、手诀

巴代手诀是巴代在主持苗族三大仪式中用来表形、表意、表义的一种手语、捷径和方法，是巴代向外界传递信息、跨越语言障碍的一种符号，是巴代与人与心进行交际沟通、塑化神境的一种方式。这种手语符号的方式和方法，体现了早期人类智慧和古代文化素质。巴代手诀作为一种文化基因、元素和信息被巴代代复一代地传承了下来，直到今天仍然没有失去它的本质和价值。

巴代手诀有苗师手诀与客师手诀两大类别，到目前为止，据尚不完全的统计，我们已挖掘、搜集、整编译注出苗师"巴代雄"手诀 267 种，客师"巴代扎"手诀 1007 种，共计 1274 种，一并载入《巴代手诀》文稿中。当然，这些仅仅只是巴代手诀中的一部分，由于篇幅的关系，余下的部分我们以后再作介绍。

八、巴代音乐

巴代音乐包括苗师"巴代雄"音乐、客师"巴代扎"音乐、道师"巴代年"音乐以及由巴代所行持的在仪式中用乐器所伴奏出的曲牌音乐等多种类别，是一个十分庞大的体系和广阔的空间。

巴代的打击器乐主要是法器、道具。通过这些法器如号角、锣鼓、刀剑、旗幡等，把我们一次次带回古代战争、围猎、喜庆、迁徙等场面之中，我们通过这些器乐，便可聆听到人类古代的音符。

本册所搜集到的巴代音乐有苗师"巴代雄"唱腔 30 种，客师"巴代扎"唱腔 27 种，道师"巴代年"唱腔 104 种，部分打击乐曲牌 50 种，牛角号 21 种，一共 232 种之多。当然，这仅仅是大海中的一滴水，要做到全面总结，还需要我们付出上百倍的人力、物力和财力才能做到。就目前来说，我们已经竭尽全力了，我们所能做到的，只有这些了。

九、巴代仪式图片

本册包括巴代仪式 10 堂，图片 420 幅。

1. 还傩愿 23 幅；2. 祭村祖 13 幅；3. 祭王爷 33 幅；4. 上刀梯 41 幅；5. 开天门 59 幅；6. 送苗师升天 52 幅；7. 杀草鬼 43 幅；8. 隔伤亡鬼 69 幅；9. 赶天狗 23 幅；10. 吃猪 64 幅。

第二章　苗师科仪汇编

一、吃猪敬元祖神科仪

吃猪有堂屋吃猪(龙琶堂屋)、火炉神壁吃猪(龙琶夯告)、椎牛吃猪(龙琶尼)、接龙吃猪(龙琶绒)、众寨吃猪(龙琶苟让)、吃棒棒猪(龙琶豆)以及吃娘猪(送内琶)等多种类型的祭祀。在这诸多祭祀类型中,则以堂屋吃猪最具有代表性、普遍性和广泛性。

堂屋吃猪共有43节仪式程序:1.起根法语。2.讲原因。3.说日子。4.讲摆桌子。5.讲摆碗。6.讲砍竹。7.讲剪纸。8.讲摆布。9.讲摆祖屋。10.讲买猪。11.讲找供肉。12.请巴代。13.请法坛祖师。14.收魔消灾。15.藏魂。16.抬供具供品。17.堵漏。18.上神堂。19.复述原因。20.补力添气。21.收灾祸。22.倒回凡间。23.安神。24.请祖神。25.请山祖。26.请土地。27.赎魂。28.系魂。29.敬干酒。30.送干酒。31.交牲。32.扫猪怪。33.上熟酒。34.送祖神。35.送熟酒。36.送山祖。37.送山祖酒。38.倒祭坛。39.合死猪。40.敬饭。41.送家祖。42.送饭酒肉。43.送祖师毕。

堂屋吃猪所敬奉的元祖神名号叫作"拔囊竹岭,浓①囊竹共。拔囊苟岭,浓囊苟共",意译为"最古的女,最老的男。古道的女,老路的男"。

---

① 浓:汉字注苗音,这里的"浓"读吉首方言音,不读普通话。

二、敬日月车祖神科仪

苗语把圆形而且在动的物体叫作"青",即车(轮)的意思。因为太阳和月亮的形状都是圆的,总是不停地在天上走动,于是人们便将太阳称为日车(阳车),将月亮称为月车(阴车)。太阳和月亮原始自然就有了宇宙自然中最古最老的车之意,人们便将她们称为车祖。因此,苗家才将敬奉日、月神又称为敬车祖神。

敬日、月(车祖)神又分为敬日车祖神(阳车祖神)和敬月车祖神(阴车祖神)两种,敬日车祖神苗语称为"不青内"(青内),敬月车祖神苗语称为"不青忙"(青忙)。敬日车祖神(青内)在白天进行,敬月车祖神(青忙)在夜晚进行。

敬日、月车祖神之目的主要有三:其一,在先人吃血赌誓之时,所请来为凭作证、受理监督的神灵主要有日月山川、岳渎湖海等,在这神灵中以日月为大,并且无时无刻不在监督知晓人间的一举一动、一言一行。如今要消灾解难、消疾退病,必须要请日月等神前来受领供奉,为户主隔去先人往昔所赌誓过的毒咒,洗去先人往日所吃过的赌血,唯有如此才能从根本上消除疾病灾难的侵扰,达到清吉平安之目的。其二,天地之间唯有日、月光辉最强最大,人间的邪魔妖鬼、魑魅魍魉、凶神恶煞等这些躲在阴暗角落里专门从事祸害、捣乱、卑劣、低贱的鬼魅是见不得光的,敬奉日、月神便是企图借助日、月之光芒来驱散鬼魅,达到康复平安、清泰吉利之目的。其三,车有载运移走的功能。在敬奉日、月车祖神的祭仪中有一堂专门喊怪异的法事,意思是把户主家中所有的怪异凶兆、鬼魅恶煞都喊来集合,请上日、月树,上到日、月车,运载背走丢弃于日穴月洞、天涯海角(苗语谓之"哭内哭那"或"竹豆康内"),永不回头,如此才能使家中的灾难疾病断根。

敬日月车祖神的仪式程序共有44节。1.封纸(封头青)。2.收祚。3.起根。4.讲原因。5.讲立车柱。6.讲买羊。7.请师。8.驱瘟除灾。9.化堂变体。10.上车神堂。11.复述。12.神堂保佑。13.简收灾难。14.请神下界。15.安神。16.隔诅洗咒(他内)。17.敬交牲酒(龙梅斩)。18.阳界保佑。19.收灾害。20.敬大桌酒供。21.敬小桌酒供。22.送交牲酒。23.喂羊水。24.交牲。25.喊蛊怪(奈急青)。26.洗血咒(他青)。27.上熟供(龙梅兄)讲供。28. 补气加寿。29. 收瘟难。30. 敬大桌 1～3 碗酒。31. 赐福烧纸堤。32. 敬 4～6 碗酒。33. 于门外烧坏纸堤。34. 敬 7～9 碗酒。35. 敬小桌 1～3 碗酒。36. 撒愿标。37. 敬 4～6 碗酒。38. 砍车柱。39. 敬血。40. 送神。41. 送余供。42. 定阴断阳。43. 闭阴还阳。44. 送师收场。

不管是敬奉日车祖神还是月车祖神，都得安设一大一小的两个坛。大坛有大坛的祖神名号，小坛有小坛的祖神名号，敬日车祖神则请日车祖神的名号，敬月车祖神则请月车祖神的名号。以上所提的区别，在实际祭祀仪式中是不能混淆的，要严格地将其区别开来。为了使行者明确，故将各种区别的祖神名号及其意译逐一介绍如下。

(一) 日车祖神 (青内)

大桌的日车祖神的名号为"拔竹岭豆几内，浓竹林且吉虐"。意译为"最古的白天女车祖，最老的白日男车神"。

小桌的日车祖神的名号为"内棍青，骂棍留。内和和，骂格格。纠舍斗妻郎苟，弄力郎绒。偷楼归容，松梅千曹"。意译为"娘车祖，爷车神。娘忙忙，爷急急。九层赶鬼走山，消灾走岭。赶鬼归穴，消灾归洞"。

(二) 月车祖神 (青忙)

大桌的月车祖神的名号为"拔竹岭豆布目，浓竹林且则厄"。意译为"最古的晚上女车祖，最老的夜里男车神"。

小桌的月车祖神的名号为"内棍青，骂棍留。内和和，骂格格。炯舍斗妻郎苟，弄力郎绒。偷楼归容，松梅千曹"。意译为"娘车祖，爷车神。娘忙忙，爷急急。七层赶鬼走山，消灾走岭。赶鬼归穴，消灾归洞"。

(三) 求子车祖神 (莎德莎嘎)

求子车祖神的名号为"扛浓扛帕，扛德扛嘎，扛德郎剖，扛嘎郎乜"。意译为"送儿送女，送子送孙，送子娘娘，送孙婆婆"。

三、敬家祖科仪

敬家祖有接着吃猪之后做的仪式。神坛设在地楼板上的火炉边尽头神壁下面。供品有块粑或散个粑、肉或猪肚肠或猪头上盖、白酒等。科仪有敬热粑、根基法事(请神)、起祖先屋、献供、送神等五堂法事。具体程序有16节。1.敬热粑。2.讲原因。3.说日子、办供。4.请师。5.收除魔怪。6.藏身。7.堵漏落。8.上家祖堂。9.复述起根。10.通呈保佑。11.简收灾难。12.倒凡请祖、安神。13.起祖屋。14.敬酒割粑。15.送家祖。16.送师倒祭场。

四、苗师通鉴(第一册~第八册)

据目前不完全统计,苗师"巴代雄"所主持的祭祀仪式就有46堂之多(原来整编为45堂),这46堂仪式又是由48种基本模式组成的。其中的"堂"指的是祭祀科仪种类,如《椎牛科仪》《接龙科仪》等,而基本模式指的是仪式的具体内容,如"说香""讲原因""请师""请神""通呈保佑""驱鬼除怪""遣煞""藏身收祚""交生交熟""敬献供品""送神""拆坛"等。大体上来说,苗师"巴代雄"的46堂科仪的神辞内容都是由这些基本模式组成的,在具体的某堂科仪中,按其祭祀的场地、时间、原因、神名、诉求(目的)等实际情况,将这些基本模式组合成整堂仪式的科仪神辞。比如"敬酒",在苗师"巴代雄"所主持的46堂科仪中,几乎每堂都有"敬酒"这个环节,每种祭祀都离不开敬酒,只是接受供酒的对象不同而已。换句话说,在苗师"巴代雄"所主持的46堂科仪中,都由这些基本模式的神辞组成,只是组合的形式或前或后、或多或少而已。因此,用巴代术语来说,这些通用的基本模式就被称为"通鉴"。

《苗师通鉴》共分8册,总共收载了48种不同内容的基本模式通用神辞,属于《丛书》苗师篇中第5类《苗师通鉴》1~8册的内容。其中:

第一册收载了"焚香""烧线香""收祚藏身""护堂""原因""择日、设坛""借供桌""摆供碗具""砍竹、破篾、剪纸""买供猪""请巴代""请祖师""灭鬼",共13种;

第二册收载了"遣灾驱祸""消灾灭煞""退灾""去请祖神""保佑福寿",共5种;

第三册收载了"请神下凡""赐福赐寿""解枷脱锁""维系魂保安布""赎魂""交牲",共6种。

第四册收载了"悔过""敬入堂酒""交剩余的酒""祝酒词""神名",共5种。

第五册收载了"敬上熟酒""送上熟酒""拆坛",共3种。

第六册收载了"敬饭""送家祖神""打扫屋(上部)",共3种。

第七册收载了"打扫屋(下部)""祖坛请师""封牢井""开牢井放邪师""巴代回坛""椎牛起根(上部)",共6种。

第八册收载了"椎牛起根(下部)""嘱咐神的话""雷神古根""担保悔过""隔诅咒""隔血诅咒""认错雷款"共7种。

在具体介绍每种通用神辞之前,我们都会以简述的形式先向读者进行解读。

五、招新故亡灵入祖籍科仪

在苗族人的习俗观念中,人死亡之后,灵魂有如两三岁婴儿般大小,其体由一种透明的气体组成,能随物变色,凡间阳人既看不见,也摸不着,飘飘荡荡,居无定所。这种亡灵不受软硬物体之控制,不受远近距离之隔绝,一切皆可随意而往返,随念而来去。它以气为餐,以味为食,但要有阳人对其心怀供念并吹气奠送方能得享,否则难获餐饮,只有忍受饥饿。

人们悯念亡灵无依无靠,不知其在阴间是何等的不能适应,又恐阴间环境恶劣,以大欺小,以强欺弱,魑魅魍魉,凶鬼恶魔,弱肉强食,如何忍受。又阴间幻境极多,时而霹雳震天,山崩地裂;时而天火猛燃,天枯地焦;时而狼蛇吞啖,无处躲藏,等等。幻境种种,如何应付,此时何人照料亡灵,以至孝家揪心至极。而传说此时的祖宗在家中有人亡故的情况下,他们十分惧怕哭丧哀号,尤怕无常凶鬼,早已逃往他乡别里、他州别县,使得新故亡灵找不见他们,而他们也不知要去何处寻找新故亡灵,两者互不相逢,如何照料安慰。于是在把亡人安葬上山的当晚或最迟不能再过三天的时间内必须要宴请巴代来家举行招亡灵、安家祖的"土昂"祭祀法事,以求得新故亡灵跟上其家祖宗,其家祖宗也能带上新故亡灵,使得其体入土为安、其魂入祖为宜。

具体祭祀仪式程序一共有15节。1.起根。2.讲死人。3.隔凶。4.请师。5.收灾除魔。6.藏魂。7.找亡。8.引亡下界。9.除死神。10.敬亡人饭。11.洗手。12.劈竹筒。13.送神。14.送供。15.送师、倒祭场。

六、祭雷神科仪

    雷神,苗语称为"阿剖打耸"。天上打雷称为"阿剖抱陇",即爷爷打鼓。这与汉族所称呼的雷公爷或雷神爷基本相似。传说雷神除了司管雨水之外,还管人间的天理良心等事,比如不孝父母、喝风骂雨、欺神灭像、腐烂粮食、暴殄天物、作恶霸道、克扣升斗、短斤少两、欺负弱小、用鸡粪种瓜菜、用雷劈树做牛栏、拿雷霹树当柴火等。若有触犯,轻者或让其家人生恶疮毒疱,久药不愈,或劈其家树木,以为警告(传说劈四次树木后便要劈人),重者则会直接劈人。

    祭祀雷神的原因有多种,其中的主要原因是害怕当事人的言行触犯了雷公爷,从而导致各种灾难发生。此如其家的树木被雷劈;家里有人患有毒疱毒疮、伤灾等,且经多个药匠、多种药物久治不愈,通过照水碗或问卜得知是雷神爷降灾,经许愿并如期痊愈者,便要敬奉雷神;家中反复出现阴光、干柱梁木长菌、娘猪母狗吃崽、猪狗无故反复狂吠乱叫、空中滴血、飞鸟当面猝死、幻影幻象、耳鸣如雷等凶兆怪异者,也有敬奉雷神之举。再者就是久旱不雨,乡民求雨者也有敬奉雷神之举。

    在敬神仪式中所有的食品中不许放盐,不许讲盐和鸡。敬神过后三日内户主都要忌盐莫吃,原摆在外的鸡、盐等物可取回,但不能吃。

    仪式程序共有26节:1.洗场地(净坛)。2.起根。3.讲各种原因。4.说日子、设坛、办供。5.买猪。6.找肉。7.请师。8.驱瘟遣魔。9.藏身。10.上雷神堂。11.神堂保佑。12.间收灾难。13.请神下界。14.敬交牲酒(龙梅斩)。15.送交牲酒。16.喂猪水。17.交牲。18.讲雷古根。19.认错(用错)。20.上熟、讲供、补气收灾。21.断愿(卡色都欧)。22.送雷神。23.送酒。24.定阴阳。25.闭光还阳。26.送师、拆坛。

七、接龙科仪

龙，为苗族人民所信奉的吉祥物之一，认为龙神可以庇佑人丁，庇佑发家致富，可以保佑富贵双全，可以保佑兴旺发达，等等。总之，一切有利于人类的生存和发展，如人们所说的福、禄、寿、喜，人丁、金钱和仆奴，权力、名声和地位，财产、处境和寿诞等，一切好事的出现，一切理想与愿望的实现，都离不开龙的庇佑，龙是传统观念中最吉祥的代表物。

在湘西苗族村寨里，过去每家每户的堂屋都有龙穴一处，名曰"酷绒"，即龙堂。内置一碗，装有一些碎金或碎银，碗内盛满清水，名曰"窝这绒"。上盖一块岩板，凿有黑白鱼"太极图"的图案，名曰"板柔绒"，即龙岩。整个设施称为"标绒标潮、标乖标令"，即龙屋龙宅、龙堂龙殿，专门用来安奉"便方便告绒剖绒娘、绒内绒骂、绒得绒嘎"，即五方五位龙公龙母、龙娘龙爷、龙子龙孙。

在安置这龙堂的时候，户主必须要举行"然绒"即接龙仪式，并且每三年就要举行一次，在九年之内举行三次之后才算圆满。之后可根据需求，或十年八年再做都行。

接龙要用一头猪、一块肉、一桌豆腐、一两百斤的糯米打糍粑、一只花鸡、青油、香纸蜡烛、白酒等做供品。要在堂屋中铺一新晒席，在晒席上铺三层新织的丝绸花布。在布上摆一纸扎的龙屋，屋内点青油灯。龙屋外按五方摆设，每方各有两捆新稻草把，草把上按方插五色龙旗。草把行内接连堆放两路糍粑，名曰龙街粑。五方有五个大粑，大粑上有用糍粑捏成龙形状一条，谓之"龙粑"。五方外各点青油灯一盏，蜡烛一对。五方五位插有五色纸五束，下有香米一碗，酒肉各一碗。龙屋前方陈设新绸缎花衣花裙、金银项圈、胸挂花串、指戒耳环等物。晒席前边沿地下有烧蜂香烟的香碗一个，再接摆巴代的竹柝、蚩尤铃、骨卦等物，巴代坐在前面，背朝大门敲竹柝、诵神辞。

苗师接龙要两夜一天的时间。第一天晚上剪纸、扎龙屋，到半夜时小请龙神。第二天清早摆设祭场，早饭后中请龙神，中午再去水边大请龙神。晚上安龙、送祖师完毕。具体程序有43节。第一天晚上半夜包括：1. 烧纸请师。2. 说香。3. 说原因。3. 讲粑供。4. 请师。5. 驱瘟灾。6. 化堂变体。7. 喊龙。8.敬贡。9.告歇。当天(第二天清早)包括：10.水井接龙。11.门外对白迎龙。13.抛粑。14.堂屋启神。15.说香。16.说求富。17.讲设坛(砍竹、剪纸、扎龙屋、灯烛、供粑、酒、纸钱、白米、绸缎布帛、金银首饰、美貌男女)。18.买猪。19.供鸡。20.请师。21.讲供。22.驱魔除灾。23.化堂变体。24.上龙神堂。25.复述。26.龙堂保佑。27.简收灾害。28.请龙降临。29.安神。30.请龙脉土地。31.敬交牲酒肉。32.喂猪水。33.交猪。34.上熟。35.保佑。36.收灾。37.敬酒。38.送酒。39.交鸡。40.安五方龙。41.敬鸡杂。42.送师。43.回坛。

第三章　客师科仪 178 堂汇编

一、科仪 1 ~ 19 合编

1. 祭虎王神

当人们肚肠剧痛难忍、良药无效时，便会祭祀虎王神。

祭虎王神的仪式也极为简单：在夜晚人静时，将一把大圆箕摆在门外屋檐下，面朝东方。内摆五柱糍粑、五沓纸钱、一块刀头肉，上插筷子，三炷香插在中间的香米上，一碗小炒肉，三碗酒。仪式不点灯，在巴代和办供人陪神吃供品时，先要用手抓挠圆箕几下，使其发出沙沙声。而后，人们还要边吃边作虎狼声轻嚎，以示虎狼争抢吞食的情景。

2. 祭保猪神

传说苗族在古代有一对夫妇擅长养猪，经他们饲养的牲畜无瘟无病，特别是小猪发展得又多又快，因而后来他们被追认为保猪神。一旦小崽猪染患痢疾，屙红屙白，小猪又处在喂奶期，不便给药，人们在祭祀他们之后，小猪的病果然得好。于是，这种祭祀便代复一代地流传了下来。

3. 祭守牛神

传说苗族在古代的一个大湖泊边 (到底是黄河流域或者是洞庭澎蠡有待考察)，有年春季，耕牛遭瘟疫死亡过半，苗族祖先显灵，化身成四五个人来用一种叫牛舌草的药医治，治一头好一头，最后治好了周边村寨所有的病牛之后，他们便走了。人们问他们名姓的时候，他们说是守牛护马的人，没有什么名姓。后来人们将其称为守牛神，在牛病经久治而不愈时敬奉他们还真的不药而愈了，于是苗乡便有祭奉守牛神的做法并沿袭至今。

4. 祭雅溪三王爷

雅溪三王，又叫作雅溪天王。雅溪三王叫镇远王、靖远王、绥远王。因是三弟兄，故本地人将其合称为三王，即今湖南湘西吉首市雅溪(市内小地名)天王庙内所供奉的三大王爷神。

乡间祭奉三王的原因多为肚子突然剧痛不止，或突然倒地、口吐白沫、不省人事等，认为是受到王爷兵马之冲踏所致。

传说雅溪王爷阴阳两管，凡当地欺心昧己、欺诈横夺、仗势欺人等一应坏事，都可求神公判，理亏者会遭到责罚。近处者可去庙中敬奉，远处者可于家门外设坛祭奉。

5. 烧纸求财

人们在猪羊牛马生病厌食或在将要出卖六畜或要谋求某种财利之前，都会请巴代来烧纸求财。仪式在堂屋内大门一边举行。一张饭桌，朝外摆(巴代坐时面向门外)，纸钱4沓，再摆香米利什，插三炷香，中间用盘子装一块煮熟了的杀口肉，撒上一点盐，上插一双筷子，左边摆菜刀一把，用来割肉敬财神。

6. 祭西北桥神

传统观念认为，西北方为八卦之"乾"卦，乾之为天、为老人，而小孩与老人反串，其所居之地与天反串，导致小孩患病，如不将误上西北桥的小孩神魂给拉回来，恐其小命难保，所以要敬西北桥神，让西北桥神将小孩的神魂退回来，使其安康长寿。

7. 喊魂

喊魂又可叫作招生魂、找生魂，指有的人在受到山风、寒气、突如其来的惊吓或路过凶山险水处，回家后发冷发热，心律失常，在医药无效的情况下，过去人们便会认为是其魂失落在山坡野外所致。这样，苗乡传统的做法就是请巴代来家为其喊魂，通过巴代仪式把其所失落的魂魄给找回来。

8. 发亲

发亲者，按照苗族的习俗惯例，即结婚前一天，婆家的兄弟族人前去娘家迎接新娘及娘家正客前来婆家。于第二天凌晨吉时，新娘一行人从娘家动脚出门之前，在娘家堂屋所举行的一种出发仪式。目的有三：其一，保护新娘及一行送亲的人在行走夜路途中的安全。其二，向祖先及父母举行离别仪式。其三，娘婆两家都要发达兴旺。接亲的人来时，要准备两只火把：在发亲时，由巴代将两只火把同时于娘家火炕点燃，然后留一把放在娘家火炕内，另一把让接亲的人带走去婆家，一来沿途照明，并以火光驱走鬼魅，二来以此喻示新娘将去婆家做发做旺。

9. 祭保生神

传说苗寨古时由于医疗卫生不发达，曾有同一寨人在同一天便有四个产妇在生小男孩时死亡，这四个小男孩长大后立志报答慈母深恩，在一生中对周围远近的产妇都关心同情。他们的关爱行为拯救了不少的难产妇女。他们死后便被公认为保生神，苗乡多在产育时祭祀他们。

另外，平时若有人肚子痛，良药无效、久治不愈的，过去也有祭此神的做法。

10. 解煞

解煞者，指解除凶煞。传说小儿关煞如雷公关、落井关、断肠关、急脚关、鸡飞关、取命关、四柱关、阎王关、水火关、断桥关、无情关、浴盆关、血盆关、坐命关、和尚关、短命关、天吊关、鬼门关、金锁关、四季关、铁蛇关、将军箭、断肠关、夜啼关、克亲煞、撞命关、雷公关、天狗关、烫火煞、丧车煞等。

除小儿关煞外，还有命局神煞如日刃煞、孤鸾煞、八专淫煞、九鬼妨碍煞、天刑煞、咸池煞、血刃煞、九刀八砍煞、飞廉煞、受死煞、雷霆煞、戈锋煞、冰消煞、六厄煞、自缢煞、亡神煞、指背煞、破碎煞、埋儿煞、吞陷煞、卷舌煞、灾煞、重婚煞、呻吟煞、克嗣煞、天罗地网、五鬼煞、劫煞、桃花煞、官符煞、白虎煞、勾绞煞、贯索煞等几十种。

解煞之目的据说是可使犯了神煞的人获得吉利平安。

11. 用水牛头求财

用水牛头求财是苗家椎牛大典最后一堂仪式，由客师"巴代扎"主持，名曰"用水牛头求大财"。目的是为户主求大财大喜。传说古代此堂仪式全归苗师"巴代雄"主持，后来有了客师之后，为了表示让客礼仪，才改由客师"巴代扎"主持。

12. 接亲

接亲是接新娘进屋的一种仪式，苗语叫作"岁秋"。其含义有三：其一，新娘及一行人等在来的路上，恐有一些晦气暗中跟随。其二，保护一堂客众的平安健康。其三，稳定新娘与婆家人搞好关系的心态。

13. 出枢

出枢是指将亡人棺木抬出大门外的一种仪式，苗语叫作"兵班"。按照苗族的习俗惯例，安葬当天凌晨吉时，即要出枢。出枢的含义有三：其一，把孝家眷属以及在场人等的生魂从亡人的棺木中扫出。其二，把孝家的五瘟百怪、灾星祸害以及亡人魂魄一起扫进棺木，随棺一起抬出门外。其三，保护棺柩平安上山及抬丧人等的安全。用此仪式一来告诫抬丧众人多加小心，注意安全，二来坚定抬丧众人的信心，加强团结协作，排除艰难险阻，使棺木能够安全到达墓地。

14. 安葬

安葬是将亡人棺木安葬入坟墓的一种仪式，苗语叫作"良内"。安葬仪式的程序有 11 节。其一，在新坟穴之旁边先找个比较平坦的空地设坛摆供。其二，收邪师在此牢井之内，用纸钱团扎住洞口，以防有邪师邪法捉弄和捣乱。其三，藏住自己的魂魄性命。其四，在新开挖的坟穴内烧大量的纸钱，有的乡村还要加烧油麻槁，此举叫作"热井"。其五，下井用大米画八卦。其六，用诀咒定鸡、放鸡啄穴场中画卦的大米，以看后人吉利的情况。其七，放棺木入坟穴，然后用罗盘"分经拨向"。其八，念《祝龙经》、撒"衣禄米"。其九，扫魂。巴代手执"引魂旗幡"，站在棺木左边念"扫魂咒"，将生魂扫出，死魂扫入。其十，孝子开挖新土填穴。孝子以左脚跪在地上，用挖锄挖坟后三锄新土，每挖一锄，哭爹或妈一声，取一坨土摆在棺盖之上。待其立起之后，众人便可垒岩砌坟了。其十一，巴代开牢井放邪师，然后烧纸奠酒，送神回府。

15. 打扫屋

家宅内若反复出现一些反常现象，比如鸡啄蛋、猪吃崽、母鸡啼鸣、堂屋无故滴血、老鼠纺车、米桶长菌、屋内不时出现幻影、别家特别是外姓人未满月的妇人进入家内等，这些现象如果是不止一次地反复出现的话，传统观念会认为是怪异凶兆，如不及时赶除，将会给家人带来灾祸。另外，有的人户在搬迁新屋前，也得要打扫之后再住进去；有的在建成新房后，也得经过打扫之后再住进去；有的在买得新房时，也得通过打扫之后再住进去；等等。

16. 打扫丧堂

凡是家中有人死亡，埋葬上山之后，当天便要把在停丧期间的死神亡鬼、丧堂晦气、麻衣孝服、哭丧哀号、凶星恶煞等不良的因素打扫出门，全部送走，去掉家中阴森气氛，升华正气，以求从今之后，合家眷属男女老少，能够和从前一祥，起居出入，清吉平安，康泰吉利。

17. 解羊刃

羊刃是命局中所带有的凶煞，又叫作"阳刃"。凡是命犯羊刃的人，如八字中没有吉神化解的，多半性格刚烈，脾气暴躁，不怒自威，做事急躁，容易铸成大错。这些仅仅只是小事，严重时会因某些小事情而导致血光伤亡，皮破血流，粉身碎骨。解羊刃者，就是为了避免这些恶事发生。在过去，人们多信此说，而"解羊刃"的仪式也多有举行。

解羊刃要在坛前用 24 根小竹子绞尾扎 12 道竹门，每道竹门边摆一小凳。到解洗时，要把主坛大桌上的 12 碗米和 12 块牌位拿来摆在凳子上，各插 3 炷香，还要摆一打鸡蛋（共 12 个鸡蛋），在凳上摆几张纸钱。要一门一门地解洗。解洗时，信人跪在竹门中，用一个盆子装少许清水、摆一把剪刀，摆在信人身后，巴代身穿红衣，披一根白帕子，一把长刀摆在门边。再用一把梳子套上麻索，巴代在信人一侧，左手拿梳子、右手牵麻线，从信人头上梳到身下，最后剪一点麻线放入水盆里，表示灾难解脱。解完一门，烧几张纸钱和牌位，拆去竹门，再去下一门解。直到解完 12 门为止。走到坛前，总解之后，念《解冤经》。完事后要将水盆、梳子、麻线丢在天星眼孔内或溪河边让水冲走。

18. 禳星

传统观念认为，凡间世上的每一个人，都由天上的一颗星斗管理，每人都有一颗星斗，人们将其称为"本命星主"，该人一生所经受的吉凶祸福都由天上的这颗星斗注定，与这颗星斗有直接的关系。因此，人们在遇到较大的灾难祸害，特别是一些久治不愈、良药无效的疑难顽病时，在投天无路、投地无门的情况之下，便会请巴代来家给其举行"禳星"仪式，敬奉本命星主，把坏的因素隔去，把好的因素招来，也就是人们常说的"凶星退位，吉星降临"，俗话又叫作"移星换斗"，以求脱灾脱难，健康吉利。当然，也有一些人为了向上、趋优而禳星，比如为了财运、功名、官职等。

19. 阳解三十六条

传统观念认为，人们若患上顽疾恶病，经过久治不愈，良药无效，而且又祭祀了一些该要祭祀的神而终不见效的情况之下，定是此人的前世或今生曾经造作了某种恶孽而遭到报应。这些恶孽有三十六种，不知是犯了其中的某种或多种，所以要请巴代来将这三十六种全部解去，再去用药，病人的病才能好，因而称为"阳解三十六条"。

二、科仪20~30合编

20. 解洗伤亡

传统观念认为，凡是破皮流血而死亡的，不管伤口大小，在身体的什么部位，又不论其伤是不是导致死亡的原因，只要在死亡的时候见血、有伤口的（如身上的疱疮等），都以伤亡鬼论，其魂魄、其名号都不被列入祖籍。由于古老的传统观念排斥与忌讳伤亡鬼，到后来苗汉杂居而形成文化交融之后，由于良心的发现与谴责，先人们才用客师"巴代扎"的祭祀仪式方式来进行协调与和解，于是便产生了"解洗伤亡鬼"的祭祀仪式。通过解洗的方式，其从人们所排斥、忌讳、歧视的丑鬼转变成为好魂好神，可以列入祖籍，百无禁忌。

21. 燃蜡

燃蜡所敬奉的对象是天上的二十四位诸天菩萨，其最高神圣当然也是玉皇。这是一科由巴代主持的，既包含佛教、道教，又包含巴代教及本地宗教等方面内容的仪式。

人们为了解脱灾星，祈求幸福，如退病、隔瘟疫湿气、消天灾地难、求升官、旺财运、增福延寿、家道兴隆、当境平安等，便可由一家一户或多家多户甚至于全村全寨或数村数寨，自由组合共同出资来启建燃蜡法会。

22. 烧包化财

家中亲人去世之后，特别是安葬上山之后，亡者留给人们的只是生者思维中的印象，于是人们便通过烧包化财的方式来安慰自己这个脑海中的印象，用此方式来寄托哀思。所谓的"送钱给亡者"也是通过将纸钱焚烧的场面印象来回馈给自己脑海中的亡者，这种"亡者"与"烧纸"仅仅只是客观现象，而生者自己本身是主观的，是受益的主体。换句话说，敬神也好，烧包化财也好，清明时节上坟烧纸也好，这些都是活人做给活人看的，而不是活人做给死人看的。因此，从某种意义上来说，这烧纸钱、化财烧包实际上是自己烧送自己，是一种自己安慰自己的做法，这种做法仅仅只在自己的脑海中起作用、在自己印象中受用而已。

亲人死后，人们在十分无奈而又极度哀思的情况之下，企图烧化纸钱来敬送亡者，从而达到自我安慰的效果。

23. 买阴地

普天之下，每处每地都是有业主的。过去的传统观念认为，在人们思维世界的阴间世界里，也与阳间的地属地权现象一样，阴间的土地总的来讲归属"承天效法、后土皇地祇"管辖，但在具体的地权上则归各地的土地神管理。

在苗族人的传统观念里，凡是要葬坟、起新屋、建祠堂庙宇等用地时，除了要和地主人(业主)协商好之外，还得向该处的土地神购买才行。否则的话，使用人会受到神灵的责罚，或使用后会不发不旺。

仪式开始前，巴代要事先写好《买山文契》，届时要用地信人跪在筛前背香盘，待巴代念完文契之后才能起身，将文契合纸钱一起烧化，并将鸡毛和白米划定围界，然后送神。

24. 除凶

除凶是指解除凶气或洗涤晦气的一种仪式。凡是猝死或凶死过人的地方，特别是因为被杀死、滚倒死、吊颈死、溺水死、服毒死、猝死等场所，虽然尸体已搬离去或已安葬上山，但事后人们还认为其凶气未散，或其凶死的灵魂仍然坐守其处，所以要请巴代做法事来予以解除及洗荡其死魂及凶气，使这地方干净，日后才不会再出现凶事。

25. 谢灶

灶神，又被人们称为东厨司命、灶王菩萨、灶君神、灶王爷等，传说手下有五方五帝灶君、运柴烧火郎君、挑水运粮、烹饪掌勺司命等三十六位灶君神，专门掌管一家人的伙食饭菜、营养生气、养生保命等事。后来又逐步演变成为掌管一家人的福禄功过、祸福利害等事。传说其神有一恶一善两个坛罐，其家人凡做恶事的装在恶罐，做善事的装在善罐。恶事做多了，罐子装满了，叫作"恶罐满盈"，就要遭到恶报，受到惩罚了。其人就会得恶病、遭灾难。灶神有"受一家香火，保一屋康泰，察一家人善恶，奏一家功过"的功能与权力。故人们在敬灶神时将蜜糖沾在灶口，以让其能"上天言好事，回宫降吉祥"。隐恶扬善，让一家人都能得到福利。

26. 安家先

安家先又叫安家堂香火、福德正神。苗族的家先本来是安奉在地楼板尽头的中柱下神壁前的火炉边的，苗语叫作"夯告"，其祭祀仪式是由苗师"巴代雄"用纯苗语神辞来主持的，苗语称为"西向"。但是到后来苗汉杂居而形成文化大交融之后，在祭祀行列中出现了客师"巴代扎"。由于历史文化的发展和社会环境的改变，渐渐地也有一些苗族姓氏的人开始安奉"小神龛"了，其火炉神壁"夯告"仍然是"大神龛"。

安家先有很多规矩：其一，必须是老坛弟子。其二，写家先牌位的人最好是一个远处人，之后不来家里，免得祖先受罪。其三，若请不得远处人来书写牌位，那就必须要买一支新笔来写，写好之后，此笔不能拿走，而是将笔插于神龛香炉之中，让笔与家先合为一处，免得有宾主大小之分。其四，写牌位时，其红纸要干燥，水墨浓淡要适中，绝对不能有涂墨、笔画颠倒、字不工整等现象。字体工整、清秀、威严、雄壮为最好，只宜正楷，不用草体。其五，在写"天地国亲师位"时要用繁体，不用简体。同时还有"天不盖地、地不离土、国不开口、师不出头、位不偏斜"之要求。若天字写大了，一家人旺不起来，被天盖得太重太死了。地若离土，表示之后一家人发不起来，地离开了土，只有石头，粮食生不起来，没有财富。国（君）不开口，笔画若没有连接起来，即是国开了口，预示以后一家人口嘴不断，漏散财产，贫困潦倒，日子不好过。师不出头，师若出头，则学生永远没有用处的日子。位若偏斜，则预示之后一家人没大没小，会有颠倒是非、喧宾夺主的坏处。根据以上要求，在书写家仙牌位的时候，要求勿动邪念、莫有杂意、一心专注、一气呵成。当然，也得要有主家的运气旺相配合才行。

27. 祭财神

传说中的财神有三官神、文财神、武财神、四官神、门财神、路财神、招财进宝财神多种。人们为了满足求财的欲望，达到旺财之目的，便会祭祀财神。在祭祀财神的时候，人们一般都不分是敬奉哪位对象、哪尊财神，反正只要是财神就敬奉。

敬奉财神的仪式可简可繁。简者只需虔诚恭敬，洗手上香三炷、在心里思念或在口中默念所求，作礼而退即可。繁者得要准备斋荤二供、香蜡灯烛、净水香茶、刀头酒礼、香米利什、五供财仪等，再口述、通呈保佑、上疏呈情。有自己敬者，也有请巴代来敬者。

28. 安太岁神

据说太岁为本年本岁权力最大、职位最高的神，故称为太岁神。如有犯太岁、冲太岁、刑太岁、害太岁的生肖者，都要安太岁来保佑吉利平安。如子年出生的人，子年便是此人的本命年，也就是太岁年。在这子年出生的人的一生中，每隔十二年便会碰到一个子年，在碰到这个子年的时候，人们便会将此年讲成"本命年"，逢到本命年就是人们所说的"犯太岁"了。根据事物"同性排斥、异性吸引"的原理，子年生的人以后凡是碰上子年，便会形成子年生的人和后来的这个子年两者相互排斥、相互抵触、相争相斗的情况，而此年的这个子是值年太岁,是权力最大、职位最高的值班神,原先子年出生的人斗不过他,结果往往都是犯太岁的人受伤,惹灾当祸。所以俗话说:"太岁是尊神,犯了有难星。"又说:"太岁当头坐,无灾必有祸。"因此,凡是犯了太岁,都要安奉太岁,意为向他低头,供奉他,向他表明:不与他争斗,使他不降灾难,祸害自己。

29. 送年猪

送年猪就是在过年前杀年猪时,将年猪交送给家祖神的一种仪式。湘西苗族人家在杀年猪时,都要先请巴代来"交牲",把猪交送给主家祖先。然后在开杀口出血时,用几张纸钱涂上些猪血,放在地下焚烧纸钱再送一次。

猪杀死后,将肠肝肚肺等猪杂及猪血下锅煮熟,在吃喝之前先装一碗下杂肉汤、一碗饭、一碗酒摆在地楼板上火炉边中柱神壁(夯告)下,烧香烧纸敬给家祖先吃,然后众人才可进餐。

30. 大赎魂

大赎魂又叫破洞追魂,苗语称为"料归洞",是一种破岩打洞、追魂翻案的中型祭祀。破洞追魂指乡人特别是小孩子,在上坡时来到或经过一些山洞的附近,回去后当晚就发冷发热,心动乱跳,急缓不等,出现幻影幻像,见神见鬼,乱讲胡话,高烧持续不退,良药无效。这种疾病在过去的传说中认为是被洞鬼所抛撒的天罗地网捉去魂魄所致,于是便要请巴代来家举行破洞追魂(也叫作大赎魂"料归峒")的祭祀仪式。

三、科仪 31～54 合编

31. 众寨议款

古代苗寨的规款是由全村民众共议出来的,议款的方法是由寨中德高望重的长者或者"巴代"召集大众到村中坪场空地集中,由"巴代"主持议款仪式。

事前,由有意议款的人群四处放话,征集大众意见,众望所归后,由一些年轻人抬箩筐去各家各户收集米粮,集中到一块,用米粮来换取供品、香纸及鸡、猫、酒肉等物,到时候好用。届时,于空坪中摆一张大桌,桌上陈设大鼓一面,鼓前摆上刀头酒礼。于大桌前摆四张饭桌,每桌上各有一碗香米、一碗肉、一碗酒,分别供养天、地、水、阳四类神众。同时还分别为"天款桌""地款桌""人款桌""物款桌"的象征。一般而言,天款桌所议的是一些有关保护村寨、抵御外敌入侵的条款;地款桌所议的是全村修筑一些有益村寨如修桥铺路的条款;人款桌所议的是一些有关全村人际道德、防盗、防火、防水灾害的条款;物款桌所议的是一些与护山、护龙脉、护林、护稼等有关的条款。

32. 隔邪师

传说湘西过去的邪师是很厉害的,邪师可以捉弄得杀死修净但未开膛破肚的猪羊跑走;可以用一根缠头帕子变成一条大蛇上树吃桃子(摘桃子);可以把两只草鞋抛上天空让其不停地翻滚打架;可以用刷条揪打木凳行走;可以用白纸剪成鲤鱼放进水盆中变成活鱼,并在锅中用来下饭;可以差遣鬼神搬运东西;可以变幻物象;可以让外地的死尸自己走路回家;可以用马鞭揪打两个大树蔸让其变成水牛打架;可以在茅草房顶上烧火;可以让水碾房里的碾盘跑出岩槽,追赶守碾子的人;可以让猪圈里的猪在关紧圈门的情况下随时跑到圈外;可以隐身藏体;等等。总之,中邪之后,一些平常根本不可能发生和出现的奇怪现象都有可能发生和出现。

中邪之后,会严重地影响人的为人处事、起居饮食,给当事人的生活、健康以及事业带来很大的妨碍与危害。因此,过去人们就会请巴代来家举行"隔邪师"仪式,苗语将此叫作"茶穷茶抖"("穷"字读第四声)。

33. 赎魂

赎魂苗语叫作"料归"。病人在受到山风、寒气、突如其来的惊吓或路过凶山险水处,回家后发冷发热、心律失常且医药无效的情况下,过去人们便会认为是其魂失落在山坡野外所致。这样,苗乡传统的做法就是请巴代来家为其喊魂,即通过巴代仪式将其所失落的魂魄给找回来。

传说山鬼是那些没有后代儿女或是后代死绝了的人,由于没有后人供养香火,没有火炉神壁"夯告"可居,才沦落为孤魂野鬼。他们为了得到吃喝,占山野洞穴溪河涧潭为居住地,专捉拿一些运气差的人来讨吃讨喝。巴代敬奉这些山鬼之后,山鬼就放病人魂魄归附其身,病人的病就好了。当然,这仅仅只是传说,而且还是几千年以来的传说。

34. 筒骨烧纸

传说古代有四个兄弟分别叫作"四关老大、四关老二、四关老三、四关老四",他们的姓氏却不知道。因为他们的父母亲生活在腿骨病频发的年代,出于孝心,他们四处求医访药为父母医病。他们的艰辛和决心感动了神仙,神仙便于梦境指示他们用猪筒骨煮汤来治。他们按照神仙的讲法,以骨痛用骨医的中医法则，果然治好了父母的腿骨病。他们还用此法治好了周围很多人的类似疾病，死后因此被人们追封为神。因为不知道他们的姓氏，人们只好称其为"四关一姓、四关二姓、四关三姓、四关四姓"。后出于对他们的尊敬，将"关"改称为"官"，追认其为医官。

人们在染患了腿骨病、软骨病、关节炎等疾病时，在久治不愈、良药无效的情况下，都会请巴代来祭祀他们。

35.土地寄儿

土地寄儿是因为小孩八字的五行缺土，所以要寄送土地神来补土，保佑小孩健康成长。届时，选择在小孩出生地的东北方向或西南方向之村外岔路口举行，因为东北方属于"艮"卦，艮卦为山为土，属土的方位。西南方属于"坤"卦，坤卦为地为土。此二方皆属于土的方位，故只有到此二方去寄拜才可补土，这是传统的做法。

36.古树寄儿

按照传统做法，一些小孩出生之后，若八字五行缺木者，就会出现一些胆肝、头颈、四肢、关节、经脉、眼目、神经等方面的疾病，在灾星接连、身体不健康、久治不愈的情况下，人们就会请巴代将其寄给老木或古树，以达到补木之目的。

古树寄儿在小孩出生地的东方东南方向之村外丛林或古树下。因为从八卦方位来看，东方属于"震"卦，震卦为雷、属木，东方属于"甲乙木"的方位。而东南方属于"巽"卦，巽卦为风、属木。此二方皆属于木的方位，因为小孩八字的五行缺木，故只有到此二方去寄拜才可补木，这是传统的做法。

37.井泉寄儿

井泉寄儿苗语叫作"记闹流吾"。一些小孩出生之后，由于八字五行缺水，就会出现一些膀胱、肾、胫、足、头、肝、耳等部位的疾病，在灾星接连、身体不健康、久治不愈的情况下，人们就会请巴代将其寄给北方的大井或大溪河湖泊等水域，以达到补水之目的。补水之后，小孩就会减少灾星，少生疾病，健康起来。这是在过去生理科学不发达、医疗卫生条件落后年代里的做法。

井泉寄儿在小孩出生地的北方之井泉湖泊边，因为从八卦方位来看，此方属于"坎"卦，坎卦为水，北方属于"壬子癸水"的方位。因为小孩八字的五行缺水，故只有到此方去寄拜才可补水，这是传统的做法。

38.炭窑寄儿

炭窑寄儿苗语叫作"记闹酷遥特"或"记闹酷遥瓦"。据说小孩的生辰八字中的五行若是缺火的话，就会出现小肠、心脏、肩、血液、经血、舌、脸部、牙、腹等部位的疾病，并且灾星接连，身体不健康，在良药无效、久治不愈的情况下，人们就会请巴代将其寄给南方的瓦窑或者炭窑等火类设施物，以达到补火之目的。

炭窑或瓦窑寄儿在小孩出生地的南方之瓦、炭窑边举行，因为从八卦方位来看，南方属于"离"卦，离卦为火，属于"丙丁巳午"的方位。因为小孩八字的五行缺火，故只有到此方去寄拜才可补火，这是传统的做法。

39. 铁铺寄儿

按照过去传统的说法，小孩的生辰八字中的五行若是缺金的话，就会出现肠、肺、脐、股、皮肤、气管、经血等方面的疾病，并且灾星接连，身体不健康，在良药无效、久治不愈的情况下，人们就会请巴代将其寄给西方或西北方的铁匠铺、金银铺等金类设施物，以达到补金之目的。

铁铺寄儿应该在小孩出生地的西方或西北方向举行。因为从八卦方位来看，西方属于"兑"卦，兑卦为"泽"，属金，西方属于"庚辛申酉"的方位。而西北方属于"干"卦，干卦为"天"，亦属金。因为小孩八字的五行缺金，故只有到西方或西北方去寄拜铁匠铺或金铺之类的设施物才可补金。

40. 架天桥求子

架天桥求子是指那些结婚多年而没有生育的夫妇，男命出现在年月日时的天干中的"正官七杀"、女命的"伤官食神"，如坐落在空亡的位置，以及时柱干支(时柱为子孙宫)犯了"天上大空亡"时，就有必要"架天桥接子"，因为子孙落空亡了，要架天桥才能接到，这是旧时代中国人的传统观念。为了求得贵子，于是四处寻医求药来治疗，同时还要去找仙娘"扛仙"，请星士卜课算命，求神问佛，抽签问卦，在各种结论都同归于要"架天桥方能得子"的前提下，才请巴代来家举行"架天桥求子"的仪式。架天桥除了求子之外，也在讨不得婆娘，求婚姻成就的情形下使用。

41. 架木桥求子

过去有些结婚多年而没有生育以及四柱八字中的子孙十神落空亡的夫妇，为了求得贵子，于是就请巴代来家举行"架木桥求子"的仪式，认为能接得贵子，因为木空了，要架木桥才能接到。

在孩子出生的年月日时中，以"才"为父，以"印"为母。四柱中的财星或者印星又属木，而此小孩的八字五行又偏偏缺木者，要架木桥以接近其父或其母，这样才能保证小孩少惹灾星，多享健康。还有的人八字缺"才"，在传统命学中，男命不但以"才"为父，而且还有"正才为妻、偏才为妾"的说法。

同样的道理，如果男命才星属木，且木又偏不出现或落空亡者，其人便会找不到对象，讨不到婆娘，需要架木桥来促使姻缘快些成功。

42.架岩桥

这里所说的架岩桥包括修大石弓桥和铺架石板桥两种，其中石板桥又包括石板真桥和小石板路桥。

一些家业较大的富人，为了求得有子续后，出大钱请岩匠为其修架石弓桥，让受河水阻隔的道路畅通无阻。一些家业较小的人户，虽然结婚多年，却仍然不见孕育，求医问药很久都没有生效，想架大桥又缺银钱，结果只好在小溪小沟处架些大且厚的石板桥，让大家都为其讲好话，颂功德，借以达到感神感人、促孕见养之目的。一些贫困的人户，为了求子，在算命扛仙、求神问卜的启示下，需要架岩桥才能得子，而又无经济实力，只有采取折中的办法，找一块长2.2米或2.8米，宽1.2米的岩板，用钢钻在板面钻上5路或7路直线条，再把岩板抬到有水的溪沟口边铺在路面上，以示架桥，借以达到感神感人、促孕见养之目的。

43.案桌寄狗

八字中的狗在术语上称为"戌"，这个狗在六十甲子中共有五只，即甲戌、丙戌、戊戌、庚戌和壬戌。这五只狗都属于阳狗，也就是公狗。如果在人的"四柱"中出现两只以上，且又是上下紧挨而没有隔离者，就要到市场肉行的案板去寄狗了。

主家事先要准备好三块骨头、一块刀头肉、一瓶酒、一碗饭、一只公鸡、香米利什、信香冥钱等物。选用属兔的日子，因为"卯"与"戌"合，用这些日子去寄狗，狗才会安心不闹事。

44.洞穴寄蛇

八字中的蛇在术语上称为"巳"，这个蛇在六十甲子中共有五条，即乙巳、丁巳、己巳、辛巳和癸巳。这五条蛇都属于阴蛇，也就是母蛇。如果在人的"四柱"中出现两条以上，且又是左右紧挨而没有隔离者，就要到岩洞或土穴旁边去寄蛇了。

主家事先要准备好五只鸡蛋、一块刀头肉、一瓶酒、七柱糍粑、香米利什、信香冥钱以及一只公鸡。选用属猴的日子，因为"申"与"巳"合，用这些日子去寄蛇，蛇才会相安无事。

45.山洞寄虎

山洞寄虎，指的是把命局多余的虎寄到深山老林的岩洞里去的一种仪式。

八字中的虎在术语上称为"寅"，这个寅在六十甲子中共有五只，即甲寅、丙寅、戊寅、庚寅和壬寅。这五只猛虎都属于阳虎，也就是公虎。如果在人的"四柱"中出现两只以上，且又是左右紧挨而没有隔离者，就要到老木青山的岩洞等处去寄虎了。

主家事先要准备好五片肉（如三指大）、一块刀头肉、一瓶酒、七柱糍粑、香米利什、信香冥钱以及一只公鸡。选用属猪的日子，因为"亥"与"寅"合，用这些日子去寄虎，虎才会相安无事。

46. 悬崖寄猴

悬崖寄猴，指的是把命局中多余的猴寄到悬崖上，如本地没有悬崖，则可寄到大果木树上的一种仪式。八字中的猴在术语上称为"申"，这个申在六十甲子中共有五只，即甲申、丙申、戊申、庚申和壬申。这五只顽猴都属于阳猴，也就是公猴。如果在人的"四柱"中出现两只以上，且又是左右紧挨而没有隔离者，就要到老木青山的悬崖山洞、果木果树等处去寄猴了。

主家事先要准备好五果（五种果实如桃、板栗等）、一块刀头肉、一瓶酒、七柱糍粑、香米利什、信香冥钱以及一只公鸡。选用属蛇的日子，因为"巳"与"申"合，用这些日子去寄猴，猴才会相安无事。

47. 年饭敬祖师

年饭敬祖师苗语又叫作"将棍空"。大年三十，煮好年夜饭之后，巴代得先在法坛前的供桌上摆五碗饭、三碗肉、三碗酒。烧九炷香，三炷插在上坛大炉中，三炷插在下坛中炉内，三炷插在大门边的小炉上。同时，在上坛的两边各挂一束长纸钱、一束纸马，在大门外两边各挂一束大长纸钱。烧香之后，巴代手拿笒子站于桌前，作三个揖之后即可请祖师。敬了年饭之后即可烧化纸钱送祖师们上天宫。

48. 新年迎祖师

到了新年初三，巴代家在早早地煮好夜饭之后，得先在法坛前的供桌上摆五碗饭、三碗肉、三碗酒。烧九炷香，三炷插在上坛大炉中，三炷插在下坛中炉内，三炷插在大门边的小炉上。巴代手拿笒子站于桌前，作三个揖之后即可请祖师。祖师等神回到法坛之后，即通呈保佑、敬送吃喝。之后，将挂在上坛两边的一束长纸钱、一束纸马烧在下坛前，也将大门左边所挂的那一束大长纸钱烧在大门边。留下右边所挂的上坛纸束、纸马以及大门所挂的纸束等到正月十五"大月半"晚上再烧。

49. 解牢狱枷锁

凡是因犯罪、遭冤枉等而被绳索捆绑过的人，获释之后要请巴代来家为其举行"解牢狱枷锁"的仪式，苗语将此叫作"他数他那"。传统观念认为，其人的阳锁(枷锁)阳索(绳索)虽然已经被解开了(指捆绑肉体的锁或索)，但是阴锁阴索(捆绑魂魄的思想上的锁或索)仍然存在，如不请巴代来为其解锁脱索的话，此人将翻不起身，仍然被晦气笼罩着，或不健康，如四肢无力、萎靡不振、饭茶无味等，或运气不好、求谋不遂等。开锁解索的仪式有三个地方可以举行：一是可在"上刀梯"仪式中的老君殿内举行。二是可在巴代的"法堂宝殿"(祖师法坛前)举行。三是可在信士(当事人)主家的堂屋举行。

50.祭云雄王

传说云雄王是山鬼中最凶的鬼王，山鬼是那些没有后代儿女的人，由于没有后人供香火，才沦落为了孤魂野鬼。他们为了要得到吃喝，占山野洞穴溪河涧潭为居住地，专捉拿一些运气差的人来讨吃讨喝，待敬奉之后，才肯放人魂魄归附其身。祭云雄王苗语叫作"下家儒"，指的是有的人在受到山风、寒气、突如其来的惊吓或路过凶山险水处，回家后发冷发热、心律失常、医药无效的情况下，过去人们认为是其魂被山鬼扣去了或中了山鬼所放的药所致。这样，苗乡传统的做法就是请巴代来家为其解鬼难、追魂，把其所失落的魂魄给追回来或把所中的药解除去，病才会好。

51.填空

填空一般有填九空、填六甲空、填米粮空、填五鬼空、填截路空、填破祖空、填克害空等，指的是在人的八字命局中，犯有空亡的，即使你拼命地去勤干苦作，事业、功名还是难以成就，所得的钱财聚不住，造成"左手得钱右手走"甚至入不敷出，让人穷困潦倒，破败冷退。据说需要填空，把所犯的空亡填满填实，然后才能事业有成，进财可聚。还有这样的说法：若在时柱逢空者，其子嗣难得；若在日支逢空者，其妻室难求；若在月柱逢空者，其兄弟无靠；若在年柱逢空者，其祖业破败。总之，架空就不得力，逢空则会漏，得不到手，即使到手，东西也会失去。还有，命局中有空亡者，若空凶神则吉，若空吉神则凶。这些都是理念性的逻辑，是传统观念中的说法。

52.解丧门

俗话说"丧门丧门，不顺人情。不丧自己，就丧亲人。丧门地支地丧星，孝服不免恸哭声"，指的就是犯了丧门星会带来的祸害。

丧门星在本命年之第三位。如子年生人，一年在子，为"太岁"年；二年在丑，为"太阳"年；三年在寅，为"丧门"年。若逢丧门星值年，如果大运吉利，遇此年运则没有什么祸害。如果大运不吉，再遇此年运就惨了。所以，历朝历代以来，民间都有解丧门星的说法与做法。

53. 解五鬼星

俗话说："五鬼五个头，十人看见九人愁。阎王见了要拱手，判官见了要低头。"值年遇此事不顺，官鬼小人犯难休。

五鬼在本命年之第五位。如子年生人，一年在子，为"太岁"年；二年在丑，为"太阳"年；三年在寅，为"丧门"年；四年在卯，为"勾绞"年；五年在辰，为"五鬼"年。但凡碰上五鬼值年，如果大运吉利，遇此年运则没有什么祸害。如果大运不吉，再遇此五鬼值年，其年将驳杂不堪，明着的一面没有什么，但在暗地里挑拨是非、颠三倒四的人特别多。好心不得好报，办好事却得不到好的结果。五鬼预示着小人，有"当面说好话，背后乱捣鬼"的效用。

54. 赶白虎鬼

传说《封神演义》中的飞廉和恶难，死后被封为白虎星，主宰人间灾难祸害，主要是血光伤灾、残疾破相。正如俗话所说："白虎当堂坐，无灾必有祸。行年若值此，财了锅又破。飞廉白虎张桂芳，封神榜上把名扬。家下口舌驳杂事，无鬼都要闹一场。"可见，白虎煞的祸害不小，所以，历朝历代以来，民间都有解五鬼星的说法与做法。赶白虎鬼又叫作"解白虎"，八字中的"白虎"是和"飞廉"在一起的。还有，俗话所说的"左青龙，右白虎"，指的是天上二十八宿的东方七宿和西方七宿。东方七宿为"青龙"星，西方七宿为"白虎"星。传说青龙为吉神，白虎为凶神，哪家若是轮到白虎当值其宅向时，就会出现驳杂多事，具体表现在是非曲直、官司口舌东起西伏、接连不断，或者遭不预之灾、突发之难，如死猪死羊，失财破米，使人伤心之至、烦恼至极、度日如年、不堪忍受。人的命局中和运程中若值此神，也会使人遭到不白之冤、伤残之难。赶白虎煞，就是把这些灾难祸害解除去掉，这是民间传统的做法。

四、科仪 55～64 合编

55. 祭罗孔大王

在湘西山区，将凹进去的洞或穴称为"孔"，其孔多是井泉、潭湖之处，多有水出，为水域之地。凡是掉入池塘潭湖死亡的，就会成为落孔鬼，成为占据此水域的大王，实际上就是水鬼，苗语将此叫作"归窝"或"归吾"。有一种为专管井泉潭湖、土孔或岩孔的山鬼。凡有人经过此地，见其井泉潭湖阴森恐惧者，会染上冷热无常的疾病，轻者如感冒，重者如伤寒。在久治不愈、良药无效的情况下，就会请巴代来为其敬此"落孔大王"，以求病愈。还有另一种说法为：过去在洞庭澎蠡地方，有一姓罗之人，住在一口大井旁边，他有三个兄弟，专门用苗医草药给人治病，由于治疗伤寒感冒有其特效验方，有起死回生的工夫，治好了很多病人，因而死后被封为神，凡是得此病者，便会到井水边设供敬他们，以求病愈。

56.祭波己大将

传说在历史上与外部部落战争的四位弟兄，他们在沙漠上与敌人战斗，士兵们被沙尘吹痛了眼睛，怕光、怕风，这四位将领在仙人的指示下，叫他们不吃荤腥，斋戒后用杨柳树叶煮水，冷却后用来洗眼睛，用桃叶开水内服，之后果真不痛了，后来为了纪念他们，将其追封为"波己大将"。之后，人们一旦眼痛，在久治不愈、良药无效甚至越治越严重的情况下，便会祭祀他们，以求眼病痊愈。

57.祭跳天波己大将

祭跳天波己大将，苗语叫作"出吾己嘎从"。传说的原因如下：第一，家中在短时间内反复出现凶兆怪异的。第二，家中遭到不白之冤，反复采取各种措施而仍无法解脱者。第三，本村在"敬村宗寨祖"（洗斗冬）时逐家打簖保平安时由于其家打不得顺簖而问出的要举行此堂仪式方能消灾免难的。第四，家中经常出现口嘴不断、是非不明的事情，后经明白是家中的成员在无意中踩着了他家的仪式场子的，也要举行此堂仪式"送灾"。第五，家中有人坐牢打板的，过去也有举行此堂仪式来"减罪"的做法。

58.祭成簿大爷

成簿大爷，有的坛也称作"程簿大爷"，传说有三位，其名号为："第一成簿大爷，第二掌簿掌愿，第三成簿大爷、掌簿掌愿。"至于成簿大爷是何许人也，上代祖师爷们没有交代清楚，只知道这三位尊神是专门掌管"头痛鬼"的头目，人们得了头痛病之后，要祭他们才能好。祭成簿大爷，苗语叫作"出棍抓虐"，这是一堂专门为祈好头痛，特别是偏头痛（又叫"偏头疯"）的仪式。

59.祭过路神祇

不明病因的疑难杂症，指没有具体的部位有病，只是感觉饮食无味，茶饭不思，四肢无力，浑身疲劳，萎靡不振。人欲治而又没有地方下手，吃了各种各样的药都不见好转，治了一年半载都不见成效，欲生不适却又欲死不能的这种疾病，传统观念认为是种了"游魂"邪症，其魂魄随"过往神灵，过路神祇"飘游到很远的地方去了，只有求这些"过往神灵，过路神祇"给带回来，归附到病人身上，这疑难杂症才能好转痊愈。

祭过路神祇苗语叫作"出棍抓白"，是为了祈好不明病因的疑难杂症所举行的一堂仪式。

60. 祭破天阎罗大姓

隔口嘴指家下人眷有意无意地发无名火，自家人不理解自家人，无论小事大事、有理无理都要争吵相骂，甚至于升级争斗，相互仇视成冤，这种局面不是原来就有的，只是发生在这一两年间。据说这些口嘴归"破天阎罗大姓"管，并且有九位神灵。有了这种情况，经父母兄弟，房族叔伯，六戚六眷甚至于后辈舅爷来调解劝阻仍然无效者，过去一般都会采用祭"破天阎罗大姓"的仪式来解决。

61. 祭波针阁堂大姓

传说古时候有名叫波针年堂的老人有五个儿子，这五个儿子都非常能说会道，伶牙俐齿。论口才这老人远远不是他五个儿子的对手，眼看儿子都已长大，要分家了，这老汉急得无法，昼思夜想，最后终于想出了一个计策：先饿他们三天三夜，到了分家产的这一天，当众把家产分成五份，打了一大槽糯米粑，做成五个像斗笠大的糍粑，要他们戴在头上，旋转轮流着吃，哪个先吃完哪个先捡，这样才不至于相争先后和好坏。这五个兄弟由于头上都戴着糍粑，只顾吃，谁也看不见谁，于是都在想，父亲为何这样呢？这样煞费苦心为的是什么？最后都想通了：是不是因为我等利嘴贪财(吃)的缘故，惹得父亲如此作为，我们真是太对不住老人的一片慈心了。于是都有所开悟，最后都不要家产而跑去吃斋修行去了。因而，后世才流传有用斋粑封制口嘴的做法。

62. 祭年鸡大姓

祭年鸡大姓，苗语叫作"出告竹嘎"。这是用针线缝鸡嘴以达到封口嘴的一堂仪式。凡是与家外仇家所发的带有官司性质的口角，包括仇家和在一边明或暗挑拨、教唆、斗霸的人在内。在受到一些莫须有的不白之冤后，对方倚仗权势，强词夺理或巧立名目、强加罪行，自己心知肚明是受冤屈而又无法解释清楚之时，过去就有用缝鸡嘴的方式企图来堵住对方的恶口。

63. 祭年鱼大姓

凡是发生在有关女人、水、鱼、出门在外等方面的官司口舌，包括仇家和在一边明里或暗中挑拨、教唆、斗霸的人在内。过去在受到一些莫须有的不白之冤后，对方倚仗权势，强词夺理或巧立名目、强加罪行，自己心知肚明是受冤屈而又无法洗白之时，就有用扎鱼嘴的方式企图来堵住对方的栽赃。祭年鱼大姓，苗语叫作"出告竹缪"，是用木扎子塞住鱼嘴以达到封口嘴的一堂仪式。

64. 十二桌早斋

早斋十二桌，属于洗屋净宅的仪式之一。敬奉斋神的原因很多，其中最常见的原因有三种：其一，洗屋。凡是新起的房屋，要通过敬斋神——洗屋以后才能住进去，这样做才觉得平安吉利。其二，洗怪。凡是在屋内发生了异常的凶兆怪异之后，比如母鸡打鸣、猪吃儿、现幻影、鸡啄蛋、屋内有异姓人同房、月婆子走入等，要洗怪才能保平安吉利。其三，患恶疮。

所谓斋神，其对于荤腥的忌讳是非常严格的，从日子来说，只能用属马、羊、兔的日子来祭祀。从人物来说，家里的人不能有伤口，其家不能有牲畜下儿。从物质来说，家里不能有鱼肉蛋类的荤腥物，都要拿出家外面。从祭场来说，凡在场的人要处处小心，千万不能见血，其细节细到不能用力抓痒，吃供粑时不能直接吃，怕嘴内有牙血带出，要用手掰成小块塞进嘴里……忌讳血肉荤腥之严，让人几乎难以接受。忌荤，是本堂仪式的最大特点。

五、科仪 65～83 合编

65. 祭年堂大姓

祭年堂大姓，苗语叫作"出告竹琶"。之所以举行本堂仪式，是因为家中有人遭了官司，并被关进牢狱中，但还没有定罪行。举行此堂仪式，为的是减轻人犯的罪行，能获得贵人赦免，早日获得释放或者轻判。故而苗族的先人们将此堂仪式(出告竹琶)说成翻牢及平口嘴，是用猪做供牲来减轻牢狱之灾，封扎口嘴的一堂仪式。

66. 祭秋灵百拷

祭秋灵百拷又叫作封百口，苗语叫作"抱百考"或"封百考"。其原因有两种：一是指家里出丑之后，有的人已知道了，有的人还不知道，恐怕人们到处乱传乱讲，于是就用此堂仪式企图把百口百嘴打散，以免乱传乱讲，搞得臭名远扬。二是家中有闹离婚的媳妇，无事找事闹，其家恐怕受到外面坏人的挑拨、教唆，于是就用此堂仪式企图来把坏人斗口打散、封住，以免出大乱子。

67. 竹门隔伤亡鬼

按湘西苗族的传统观念，凡是破皮流血而死亡的，不管伤口大小、在身体的什么部位，又不论其伤是不是导致死亡的原因，只要在死亡的时候见血、有伤口的(如身上的疱疮等)，都以伤亡鬼论；凡是在外(家门以外的任何地方)，如路途、田地、山野等处饿死、病死、猝死等，不管有没有伤口，不管见不见血，不管是否正常死亡，都以伤亡鬼论；又溺水死的、滚坡坎死的、雷打死的、服毒死的、吊颈死的、难产死的、蛇虫虎狼咬死的、火烧死的、刀砍枪打死的、战死的、车碾马踏死的等，都以伤亡鬼论。

此堂仪式是指埋葬伤亡者上山之时，恐猖鬼回转家里，在送葬的人们回家的必经之路上，用两根长约5至6米的竹子(砍竹时不去枝丫)相互绞起尾部的枝丫之后，插在路的两边，成为一道竹门，让人们从此门经过回家，其意在于唯恐伤亡鬼跟随人们回来，要把伤亡鬼隔在竹门之外，不准回转家里。

竹门隔伤亡鬼，苗语叫作"纠竹吹茶"，是阻隔伤亡鬼回转的一种仪式。

68. 钉桃符

桃符，即在桃树制作的板上用朱砂画上神符。钉桃符又叫作钉符，苗语叫作"钱图瓜"或者"炯吼"，是一堂小隔伤亡鬼的仪式。其将桃符钉在地下，以达到驱邪除煞、保安护吉之目的。原因有以下几点：其一，家中有孕妇者，唯恐伤亡鬼来捣乱，故在产妇即将临产前，要先在家中钉桃符，使伤亡鬼拢不了边，求得产妇顺产。其二，凡是有人跌打损伤、撞伤了脚或手、扭伤了腰、关节疼痛等一应伤灾，久治不愈、良药无效者，都被认为是伤亡鬼所做的祟，都要在家里钉桃符来隔伤亡鬼。其三，寨上的猪狗跑到门边甚至堂屋来拉屎撒尿、恶蛇进家、蚂蚁进户等现象，过去也被看作是伤亡鬼要来兴灾作祸的前兆，也要在家里钉桃符来隔伤亡鬼。届时，先要砍来一根桃树，长约8寸许，下端削尖，将其削成板状，用朱砂书"五雷符"在上面。再用长方形黄纸和朱砂书"五雷符"一张。在大门外中间位置，先找一木棒削尖之后，在地上打一孔，到时好把桃符钉在此孔内。

69. 洽向赶猖鬼

在湘西苗族人的传统观念里，一切血光之灾、破皮流血、滚坡滚岭、蛇啄虎咬、难产落难、落水掉崖、车碾马踏、牛抵猪吃等都是伤亡鬼作祟，于是人们对伤亡鬼恨之入骨、怕得要命。

"洽向"是苗语，又叫作"洽棍向翘""几崩斗""吉记打陇""吉记答兰""高棍向巧"等。其中"洽向"的意译为赶猖；"洽棍向翘"为赶伤亡鬼；"几崩斗"为翁火籽("翁"为方言,翁火籽意为盖火籽);"高棍向巧"为罩伤亡鬼("罩"为方言,意为用饭篓将鬼罩住,即捉住);"吉记打陇""吉记答兰"为赶老鼠、赶邪妖。这些都是捉伤亡鬼、赶伤亡鬼的意思。本堂仪式是一堂赶、捉伤亡鬼的仪式。

70.山洞安伤亡鬼

按湘西苗族的传统观念,凡是因伤而亡(非正常死亡)的,都叫作伤亡鬼,而伤亡鬼是不能被列入祖籍的,传说祖先也十分惧怕,一旦列入祖籍,祖先会分离四散,不保佑儿孙了。而伤亡鬼对于后代儿孙,往往就是使儿孙到处受血光伤灾的祸害,一旦家祖行列中有伤亡鬼的话,其家儿孙将会代代出伤亡者。

家中出现伤亡鬼之后,如果是辈分小的,就通过"隔伤亡""打扫屋"等仪式将其赶出家门,请上纸船,遣送到天星眼、溪河、深潭等处,让其漂流去那大海大洋去安身,不许回头转面。如果是辈分大的,人们就会采取"安外家先"或将其安到山野岩洞去的做法,让其在本地本境能有一个安身之处。

山洞安伤亡鬼又叫"安丑魂",苗语叫作"酷便安棍向巧",是把伤亡鬼安置在山野岩洞的一种仪式。

71.安外家先

按湘西苗族的传统观念,凡是在外地死亡以及因血光、服毒死亡的父母魂魄是不能安进家内的,只能用一个长一尺五、宽五寸、厚三寸的小木箱钉在大门外一边的元柱中来安置。所以安外家先又叫"安丑祖",苗语叫作"半地安棍向",是把在外地死亡以及因血光、服毒死亡的亡者魂魄安置在门外屋檐下的一个小箱子内的一种仪式。

72.解秽

传统观念认为,以下几种情况都会给人带来污秽。其一,踩踏了别家的"跳天波己"(苗语称"抓照吾格嘎从")、踩踏了产妇生小孩的血气(俗语叫"踩生")、踩踏了别人"吃忌肉"场所等。其二,看见了同姓的人背"忌肉"过路、看见了他人做爱或非礼、看见了飞鸟猝死当面、看见了动物猝死当道等。其三,误把洗死人的盆子抬进家门、把别家未满月小孩的布片抬进自家、别家未满月的产妇进入自家、把埋入土多年的棺材抬进家里、把吊颈死的绳索放进家里等。其四,野外的飞鸟进家、外姓人在家中同房、外姓人在家中生小孩等。

解秽,又叫解洗秽气、解晦气、解邪气等,苗语叫作"茶巧茶假",是解除邪气晦气的一种仪式。

73. 巴代出坛

客师"巴代扎"的法坛是安设在其家堂屋后壁中的，俗称"三清玉皇宝坛"或"法堂宝殿、老堂久殿"，简称"法坛"。其中上坛是专门安奉巴代历代宗本祖师，苗语叫作"棍空棍得"，俗称为"上坛七千祖师"宝座的场所。下坛是"巴代扎"这个"兵马大元帅"统领阴兵阴将，停兵养马，也就是"下坛八万兵马"的大本营。法坛过去是苗乡内最神圣、庄严的地方，因为其除了安置上天的尊神如玉皇大帝、太上老君等之外，尚有各种"武猖"、天王、神兵神将，神圣的架构与排场使得人们肃然起敬。

巴代出坛实际是请动祖师和发兵前去主持仪式。

74. 巴代回坛

巴代为信士们主持敬奉神灵的仪式之时，一般是不付工钱的，只是拿走一些属于巴代应该拿走的供品而已。对于巴代应该纳受的、回坛敬祖师供品一般都有非常严格的规定。巴代从祭主家拿走的这些供品，不能直接食用。祭祀一结束，巴代必须立即回家。一回到家里，得把带回来的供品摆在法坛前的神桌上，先烧九炷香，三炷插在上坛大炉中、三炷插在下坛中炉内、三炷插在大门边的门炉上，然后烧纸，巴代手拿筶子站于桌前，作三个揖之后即可请祖师回坛受领供品。敬师安位之后，巴代自己及家人才能食用，这就是俗称的"回坛"。

75. 神名称号

神名称号，巴代师徒们将其叫作"葡棍"，即神灵的名字。这些名号等于我们人间的人名一样，喊到某某某即叫到此人，不能混淆和乱喊。在苗族的苗师"巴代雄"和客师"巴代扎"所主持的220余堂祭祀仪式中，每堂仪式都分别有其不同的主题、原因、形式、作法、供仪、场所、神辞及其神灵的称谓和具体名号。关于神名称号不许乱讲乱说、乱读乱诵的事情，历史上还有一则笑话传说：以前，有一个巴代的孩子于过年时听见巴代师徒们学教神名时的一些话语，暗记在心，后来与村上的小伙们到坡上放牛，他们好玩，学着巴代祭祀的样子，用泥块做糍粑，用泥碗盛田水当酒，用树叶当纸束，用岩板当供桌，讲诵起他所记得的神名，结果回到家中便发冷发热，见影见幻，良药无效，越医越沉，几乎丧命。之后其父问起是在哪里得病，小孩才吐露实情。后来用真供真仪举行了该堂祭祀，病情才得好转。关于在非祭祀场所，非特殊时段内讲诵神名而惹灾的故事还有很多，否则人们不会这样虔诚惶恐地如此讲究这些忌讳。这些故事说明，在过去那个落后的时代里，神名的确有其神秘的成分。

神名分家神和野神、上神和外神、善神与恶鬼等种类，笼统地来说只有家神和外神这两大类。其界线是以家内、家外和善神、恶神来划分的。家内神大多为庇佑家人福禄寿喜的神，是善神、是上神、是家神、是福神。人们敬奉这些神灵的时候，都是在大门以内的屋里设坛祭祀，原则上称为家神。这些家内神约有三十六堂之多，故又称为"三十六堂之神"。

另一类为外神，即家外之神，以家门槛为界线来划分。此类神约有七十二堂之多，因为其管辖地和坐处都是在家外的山野各处，又可称为"七十二庙之鬼"。人们有事敬奉这些鬼神的时候，一般都是在家门之外设坛祭祀，原则上称为"外神"。客师"巴代扎"所祭祀的"三十六堂之神""七十二庙之鬼"共有190余堂之多，这些科仪概述每堂都有其具体的神名及坐处(籍贯地址)，这些神名及其坐处在每堂具体的祭祀中都有体现，形成了有请神、敬神、送神的一整套体系，并非人们想象中那样的、胡编乱造的。这些神名平时被巴代分堂抄录在一本《神名通书》里面，收藏得很深、保存得很好，非掌门传人不得轻易出示。

76. 解洗凶秽

凶秽指在发生伤亡的血腥现场，污血沾染了手脚或身体；在火灾或水灾现场接触过了亡人；被虎狼所伤害；等等。还有，如遇见了凶兆怪异也会认为是撞见了凶秽，比如撞见了男女交媾、蛇交尾、天空滴血、鸟死当面等，这些都会被认为是凶秽，会影响该人的健康或运势，会给后来的生活带来阻碍和麻烦。因此，要请巴代为其解洗凶秽，以求得到心灵上的解脱。

解洗凶秽苗语称为"茶巧"，指人在一些发生凶灾恶难的地方受了污染之后，恐怕后来遭受横祸凶灾，于是就请巴代来为其解洗。

77. 叩许傩愿

叩许傩愿是指信士家中屡屡出现凶兆怪异、有人生病或求子，为了消除凶灾、病愈或求得贵子，向傩神许下傩愿的一种仪式。

许傩愿时，先在堂屋摆好一张饭桌，在桌子靠屋后的一边摆上三沓一指厚的纸钱。再于前面摆一方升，内置香米，上插愿标，愿标前插三根香及红钱利什，油灯一盏。方升前摆三碗茶(过去用热水泡桃叶代替)即可。

78. 祭婆婆神

按苗族的传统习惯，家中小孩多由老婆婆照护带看，若家中小孩经常染患疾病或经常跌倒弄得满身伤疤，多会认为是婆婆神不负责任，不照护好小孩所致。因此，一些小孩反复患病、身体状况不好的，或经过反复医治，年长日久不见效果，并且经过度关解除小儿关煞仍然不好的，祭婆婆神之后便可好转。

祭婆婆神苗语叫作"出棍娘共"，是因家中小孩经常患病而举行的一种科仪。

79.十保护

在过去，凡是得了一些内科疾病如糖尿病、肾病、心脏病、肝炎、肺炎、肺结核(痨病)、胆囊炎等，黄皮寡瘦、萎弱难熬，长年累月药石无效，且又经过多种祭祀仍无好转的，便有举行"十保护"仪式的必要了。

十保护又叫"十保佛"，苗语称为"棍吉候"或"棍吉卡"，是因家有久病不愈的重症病人而举行的一种仪式。

80.起工仪式

新开屋场时，要请巴代先生前来敬土府神、敬龙神、敬八卦大神、下罗盘分径定向等，求土府龙神保佑发丁财、致富贵。求八卦大神主要是求个好的坐向，前后左右都要坐到吉利线上，如此便能大发大旺、大通大顺、大富大贵、大吉大利。同时，用鸡防煞，求在工期内不出事故，保证安全。

巴代在起工仪式中有5个目的：①敬奉土地龙神，以保佑主家大发大旺。②用罗盘分径定向，使其屋场前后左右都坐在吉利位置。③用鸡防煞以保证工期内安全，不出事故。④掌握动工时间并主持动工开挖仪式。⑤掌握下脚时间并主持下脚岩仪式。

81.祭土府

传统观念认为，凡是户主在平宅基地、破土动工的日子为"土府日""土禁日""土忌日""土忌""地隔""山隔"等这些伤害土神的日子，都会给主家带来灾星祸害，因而在竣工之后便要祭土府求其谅解并保佑吉利。

祭土府时，要先在地面上用石灰画出太极图，在周边再画出八卦符号。方位可按实地坐向来画，也可按背朝门、面朝内的方向站定，以右上角为东，为震卦；右下角为南，为离卦；左下角为西，为兑卦；左上角为北，为坎卦。祭土府仪式的供品包括斋荤二供，另外还要生朱砂粉一包，埋在五方五位以加强土气。

82.谢墓

这里的谢墓所谢的不是新坟，而是葬后多年甚至是几代人的古墓，并且又是间隔较长时间没有祭扫的坟墓。传统观念认为：坟墓久未扫祭，其守墓魂魄漂浮远离；在远古逃亡迁徙时一般都会伴有腥风血雨、杀戮械斗，亡魂也会惊逃四散，不敢守居坟墓。因而在安定之后要去祭扫古墓，要举行"谢墓"仪式才行。

还有，在搬迁无主的坟墓时，也要首先举行谢墓仪式之后才能搬迁。迁入新地之后还要举行"安坟龙"等仪式才行。

谢墓又叫作祭坟、奠谢坟墓、祭古墓等，苗语叫作"西从"或"出棍从"。

83. 接坟龙

传统观念认为：人之房屋坐宅是活人所居，称为阳宅；坟墓为死人所居，称为阴宅。不管是阳宅还是阴宅，其作用都可使人得利：对于亡人，传说最大的得利也只是尸体不烂、血色如生而已；而活人得利则可财大气粗、位高权重、光宗耀祖、封妻荫子，更有甚者可旺九族，带动一方。

接坟龙，顾名思义，即坟墓接龙神，让亡人合起龙神，所产生出来的龙气朝向亡人的子孙。接坟龙的原因大约有三：其一，坟墓葬后多年，其子孙不发不旺，结婚多年不生不育，财源阻滞，该得不获，甚至有的连遭官非口舌，家运败落，大有"屋漏又遭连夜雨，破船又遇打头风"之势者，过去时代便会有接坟龙之举。其二，其家因显赫或因纠纷结仇而遭对手嫉妒、仇家陷害，被暗中破坏祖坟之风水，或下铜钉、或淋狗血、或淋芝麻油、或钉木刀等，一经发现，马上要取出忌物，之后便要接坟龙以免遭祸害。其三，祖坟经年未维护而垮塌，重新垒砌整修后，便要接坟龙以继合龙气。

六、科仪 84～90 合编

84. 谢土

苗乡所说的谢土指的是小规模的接龙仪式。苗乡曾有"接不起龙也可谢土"的说法，同时还有接连谢三年土便可抵得上接一堂龙的说法，由此可见，这里所说的谢土并非奠谢土府，而只是单纯为了发财旺福所举行的求财祈福仪式。

谢土又可叫作"安龙谢土"，苗语叫作"塞偷"，是指用刀头肉、豆腐、糍粑、酒茶作为主要供品的一种求财仪式。其特定的日期只在农历二、八月间，特别是二月之内属猪的日子，过去苗乡农家几乎都要请巴代来家举行谢土仪式，以求旺财增福。

85～86. 苗师接龙科仪

过去苗家有五谷不丰、六畜不旺、广种薄收、多劳少得、家运不兴、财源不旺者，欲求家运兴旺而举行接龙仪式。因为龙神是苗家人心目中吉祥、如意、富贵、荣华、福禄、名气、安康、吉利、发达、兴旺的化身，一旦有了求富贵显达的欲望之后，苗家人便会生起要祭祀龙神的念头，叩许接龙大愿，举行接龙祭祀。

接龙仪式程序有：①头天晚上半夜时分在主家的堂屋中龙岩上设坛小请龙神。即在夜深人静时，趁大家熟睡之机（阳气未动之时）悄悄地把他们的龙神请来，安置在户主家的龙穴里面，待到第二天再来大请大敬。②第二天清早于户主家堂屋设置龙堂、祭坛，早饭后即正式中请龙神，通呈保佑之后敬交牲酒肉，交生猪，即可杀猪办供。③水边接龙即大请龙神。巴代、香蜡师、乐队、身穿华服的青年男女打伞执旗，一行人前去村寨的东方水井或河流湖泊接龙回家，回到屋外唱答迎接龙神辞时，撒龙粑。④晚上安龙，用刀头酒礼、清油煎糍粑、花鸡白米安五方龙，摆法与前夜之小请仪式相似。安龙后烧交龙屋，然后送祖师等神。

87. 入殓盖棺

盖棺又称为"掩棺"，仪式在棺木前举行。巴代先生烧香纸、请师藏身，然后再拿"招魂旗"扫魂。

按照传统观念，人们对于死亡是恐惧的，害怕在盖棺之时把生人的魂魄或者把丧家的福禄寿喜盖进棺木中随着亡者一并埋葬，如果这样，在上山安葬亡人之后岂不又要死人或者贫穷破败？出于此种考虑，前人设此堂科仪，意为通过盖棺仪式来把生魂或丧家的福禄寿喜之气扫出，把亡人的魂魄及灾殃祸害扫入棺内一并埋葬，以求日后平安吉利。

88. 解天罗地网

解天罗地网又叫作"解罗网煞"，苗语称为"布锁他那"，指的是四柱八字中犯有天罗地网者，即命运被罗网网住，难以兴旺发达，严重者有吃官司、受牢狱之灾祸。天罗地网反映在人身上为奇病凶灾或脚链手铐，容易被捕入牢狱。

89. 祭祀古墓鬼魂

从历史中我们得知，苗族是一个在远古的涿鹿之战后不断迁徙，且又十分尊重祖先的民族。人们从一个地方迁徙到另一个地方，迁出之后其祖坟常常没有人打理和祭扫，往往得再过一两代人之后才回去祭扫祖坟。在这种前提下，就不能只是单纯地去烧香烧纸来祭扫，而是要通过招魂等手段，把亡魂招来之后再进行祭扫。苗家人的传统观念认为，坟墓久未扫祭，其守墓魂魄漂浮远离，同时，远古逃亡迁徙时一般都会伴有腥风血雨、杀戮械斗，亡魂也会惊逃四散，不敢居守坟墓。因此，在安定之后去祭扫古墓之时要举行

"谢墓"仪式。

此外，在搬迁无主的坟墓时，也要先举行谢墓仪式之后才能搬迁，迁入新地之后同样也要举行"安坟龙"等仪式才行。

90.大隔伤亡

大隔伤亡鬼是隔伤亡鬼系列中规模最大的仪式，苗语称之为"出棍西卡"，是苗乡保持得比较完整的蚩尤戏之一。

按传统习惯，凡家中有人因伤死亡的，埋上山时，必须要在回来的路上请巴代，竖竹门、用诀法隔离，安葬的人从山上回来，都要经过竹门，经过隔除，伤亡鬼魂才不会跟着这些人一起回来。

回来以后，要做这堂仪式，把伤亡鬼隔得远远的。同时，在治丧期间所有接触过死者的人，所有抬丧安葬的人，都要通过巴代法水洗手，才能解除伤亡鬼缠身。仪式最显著的特征有十处。

其一，仪式的前面部分先要在大门边起马并打扫屋。打扫屋时，要有两个人用锅底黑灰画脸抹面、身披被单、头戴斗笠、手拿梭镖站在巴代的两旁。苗语称为"不抱拢嘎、不嘎图闹"。是为三苗九黎神将的原形，简称"神将"。

其二，在打扫屋时，巴代身穿红衣，在头戴铁三脚之后，扎上棕片、捆上冠扎，倒披蓑衣，左手摇师刀请神，请三次到边之后，师刀交与他人拿着，转而用左手拿扣鬼的饭笼子，右手拿长刀，满屋打跟斗，猛踏脚，扣赶伤亡鬼。

其三，在满屋打扫赶鬼之时，除了巴代和神将三人外，还要一人抛开千兵布随后，一人吹牛角，一人打锣，一人打鼓，一人烧炮(扯开鞭炮一个一个地放)，一人撒灰，一人打火把，一人撒五谷。满屋弥漫着刀光剑影、杀声连天、火炮轰鸣、鼓角交织、杀气腾腾的气氛。

其四，在打扫屋出来后一行人去门外祭场的半道上，还要用一笼稻草、一个草把人堆在一起，巴代在前赶扣，两个神将用梭镖刺杀稻草人，打火把的人放火焚烧稻草笼与草把人，火炮炸向草堆，一行人围转三圈之后才可离开走向坪场上的祭坛，到祭坛后也要围绕祭坛转一圈，吹角三声，方可歇息。

其五，在祭坛起法事之后，两位神将要一直跟在巴代身边，直到杀牲以后，接得羊血喷在二人的身上和所拿的梭镖上，见红之后才能在神坛前放下梭镖，解下被套和斗笠歇息。

其六，交牲前，巴代在踩九州发兵之后，要两个神将站在祭坛之前，巴代打手诀在这二人身上，这二人就成了千军万马的化身。

其七，交牲时，巴代先围绕祭坛边赶边扣、神将二人跟后边喊边刺杀、刀手牵着羊子跟在其后，圈外撒灰、放炮不停。众人绕一圈之后，刀手即牵羊子去杀，待众人绕坛转了三圈之后，刀手马上就要将一碗羊血送到祭坛上。

其八，巴代要二位神将并排地面对神坛站在祭坛前，手执梭镖，拉低斗笠挡住脸面，巴代拿起羊血碗，将血喝进口中，猛踏一脚，将血喷在梭镖上面，象征着神将伤亡鬼刺杀死了，梭镖见血。

其九，祭坛分主坛和副坛两个。主坛与副坛中间的空地下的四个角，各插有一根竹竿篾口，篾口上摆三个糍粑，竹竿篾口下篾块缝中夹一束长纸钱。

其十，在上熟供的时候，主坛七碗饭，副坛五碗饭，特殊要求是：饭煮好之后，要装在一个木甑子里，摆上背篓，要一个中年妇女背来祭坛中，并装饭上供。

七、科仪 91~101 合编

91~92.开天门送亡师科仪上·下册

传说巴代教(客师)是鸿君老祖所传的三大弟子中的太上老君教门弟子，称为"玉皇正教、老君门下弟子"。在《封神演义》的"诛仙阵、十绝阵"中发生摩擦，通天教主被太上老君打了几扁拐，为泄心头之恨，他立誓要太上老君的弟子死后都要下地狱受罪。因为巴代教(客师)是太上老君所传，于是，凡是巴代在逝世时都要举行"开天门、闭地府、送亡师升天"的仪式活动，以摆脱通天教主之流的追捕捉拿，以免被打入地狱。

落气之时，一般的巴代都不忘昏、不慌乱、不痛苦，是十分清醒和安静的，巴代自有"度身诀法"，这是他们自我保护的一种举措。

巴代落气前后，其家眷人等一律不许哭出声音，更不许放火炮，怕的是一旦弄出声音，会引来邪魔外道趁机骚扰，特别是地狱鬼卒将亡师魂魄摄入地狱。

烧了"散神"钱之后，即可举行"小开天门"仪式了。小开之后，先装点亡师坐堂，然后才能举行"大开天门"的仪式。

通过大开之后，一般都要举行"打先锋""踩草""安葬"等仪式才算完毕。

93. 度亡师绕棺

　　玄门绕棺科仪是指巴代死亡后，在开天门送亡师、打先锋之后所举行的绕棺法事。

　　开天门送亡师上下册介绍了有关诀法和咒语，本册将专门介绍有关玄门绕棺的科仪内容以及有关的文疏表章。

　　玄门绕棺包括：玉帝幡、取水科、开咽喉、解秽、安灵、绕棺请神科、玄门绕棺上中下三卷、玄门解结科、玄门开辟五方科仪概述、下朝语、出枢起丧科等十二大科仪。

　　文疏表科仪包括：①通行申文；②三清申文；③玉帝奏科仪概述；④晓谕牒文；⑤高脚牌示；⑥知会牒文；⑦踩草牒文；⑧开路行丧牒文；⑨随丧牒文；⑩下井牒文。共十道文疏。

94. 玄门度亡师

　　解度，指人生在世，违背伦理道德做事，与他人结仇结怨，称为"罪业""冤孽"。人死之后，这些冤魂会来纠缠亡魂，促使其坠入恶道。这些所造的"因"，将结出报应的"果"。因此，要借助天尊之神力，为亡魂解脱这些罪孽。通过这些仪式，提醒人们遵守伦理道德，恪守人性，不要损人利己；明白人生在世，哪些事情可做可行，哪些事情不可做不可行；明白哪些言行对人类生存有利，哪些言行对人类生存不利；使人们明白这些道理，不做坏事，将犯罪杜绝于萌芽时期，尽量降低社会犯罪概率，避免犯罪的发生，引导人们走向人生的正确道路，从而构建一个团结和谐的人类社会。

95. 造化净水

　　造水又名"造化净水"，苗语称为"买吾"。客师"巴代扎"凡是在要敲打锣鼓进行祭祀的法事科仪中所必行持的第一堂仪式。

　　请水的原因主要有四：其一，水为去污除垢之物，为了达到祭祀坛场及诸般供品洁净无染，在敬神之先就要去请（取）来井泉之水，洁净坛场以及诸般供品。其二，水能淹物，亦能藏物。为了使祭祀顺利进行，因而在祭祀之前就要请水来淹盖坛场，使外面的鬼神不能进入场内。其三，龙神是巴代教的护法神之一，如龙、雷、虎、符等。请水来了，龙王来了，凶神恶煞、魑魅魍魉就会闻风丧胆，逃之夭夭，祭坛周边也就安全了。其四，传统观念认为，方隅周边有无数的鬼神，如不通过水之渗透，传达安隅之信息，这些鬼神就不免受到惊扰，因此，"请水"往往又与"安隅"同呼，术语上称为"请水安隅"或"神水安隅"。

96. 封结神坛界

封结神坛界，是画围界、画警戒线的意思。为了使祭祀场所安全，不受到山怪强神、魑魅魍魉等邪魔外道的侵袭、干扰、捣乱和破坏，于是就以法坛的神兵神将、神法神诀为依托，在祭祀场所的四周外围划出围界，即警戒线，以此来隔挡邪魔外道、邪神邪鬼、邪师邪教、邪法邪诀，不准其进入场内，以确保祭祀活动的顺利进行。

97. 玄坛请神

玄坛指的是武道场。苗乡在过去时代曾经有过的七七四十九天"文武道场"，其中的所谓文道场的仪式由苗道师所主持，所谓武道场的仪式则由客师"巴代扎"来主持，一文一武，交叉进行，这就是具有苗乡特色的文武道场。

还有，在苗乡的道教宫观里，每逢正月初九玉皇大帝生日，三月初三娘娘戴花等宗教节日，宫观庙祠里都会延请巴代去做庙会，在过去道人很少的情况下，巴代便会代替道人前去主持，届时就得使用此请神科典请神祈福。

此请神科典源于什么时代，传于何处，又是何人所传，全已无从考查，只是在巴代文献里发现此科典，因而转载，以供后人传阅。

98. 立五方神坛

传统观念认为，大凡属于祭祀敬神之处，其阴性气氛是十分浓厚的，为了使这些阴性气氛转而能保佑信士吉利平安，就要通过立五方神坛来加强坛场的吉利因素。立五方神坛又叫"立五堂"，苗语叫作"戎堂""卡得"或"吉卡堂棍"，这是巴代以诀法咒语建立起来以保护祭祀坛场的一种举措。

99. 造兵造法

客师"巴代扎"是以武教的形态来主持仪式的，比如在道具法器方面有锣鼓角号、长刀马鞭、帅旗令旗等，在神辞中有"发兵、发统兵帅旗、踩九州、破岩打洞、追魂翻案、扫荡凶秽"等内容；在手诀中有"大小金刀、大小将军、三元将军、四员枷栲、五营兵马、六丁六甲、七千雄兵、八万猛将、武猖兵马、武哨大弁"等。客师从里到表、由外到内处处体现出苗族有关的军事方面的内容与成分。因此，巴代在祭祀之初，得先要通过"造兵"这样一种仪式，把巴代所要运用的兵将神员、军粮马料给筹备好，这就是所谓的"造兵"。

这造兵仪式中的一个核心问题，还是围绕"自我"这一中心来进行的。造兵先从造身开始，比如：

此身此身非凡身，

出身出打娘怀内，出身出打娘怀身。

一岁二岁娘怀内，三岁四岁下地行。

大姐姊妹提茶来贺喜，王母大仙安小名。

穿了黄裙安了名，

后来长大年七岁，送去学堂攻书文。

先读天地玄黄起，连读四书共五经。

十样规书都读了，委我做个交钱人。

上去交钱钱也过，下来度纸纸也明。

通是强良不服者，师郎发在坐坛神。

弟子造身元毕了，擂锣擂鼓又来临。

造好自身之后，才去造衣、冠、旗、号等。如果连自身(自我)都不存在，去搞其他也就没有任何价值和意义了。

造兵场的程序是先造马、造桥，接着是报兵、安隅，然后是造身、衣、冠、锣、鼓、旗、号、鞭、刀等法物，最后才是再鸣锣安隅、压邪收场。

100.发疏文

客师"巴代扎"的文疏表章多达八十余道，比如"请神疏、下马疏、上熟疏、三清申、求晴表、燃蜡疏、祈安表、送神疏、玉皇表"等，每敬一种文疏表章，都要通过这种"发文"科仪来投递。

发疏文又可叫作"发功曹"，传说这"功曹"是客师"巴代扎"教下专门负责投递文疏表章的神员，而功曹神据说又是由本坊土神来充当的，发功曹就是要把巴代法坛向天、地、水、阳四界各宫神祇递送阳间户主敬神祈福消灾的一种文书，因而发疏文(发功曹)是巴代发送文书的一种科仪。

101.上刀梯科仪甲篇

(参阅上刀梯科仪乙篇的内容)

八、科仪 102～105 合编

102.上刀梯科仪乙篇

上刀梯，既是一种祭祀活动，又是一种社会性质的民间玩年庆节的活动。玩年庆节，一般是每年正月初一至十五之间的欢庆玩乐新年的活动和农历立秋节时的"赶秋"活动，如果不是上刀梯的玩年庆节活动则只有几项，一旦是上刀梯的玩年庆节活动则非常齐全了，应有尽有，从这个意义上来说，上刀梯是最齐全、最完美的玩年庆节社会活动了。

上刀梯还有一个原因，那就是巴代在安坛或度法的时候，得举行上刀梯的祭祀活动。此外，巴代行教的对象是社会大众，而行教的基础必须是"信"。如果不信，谁还会去做这些？如果没有相信，谁还会去请巴代？而信的前提必须是"法术"与"灵验"，用通俗的语言来说就是"本事"，衡量你有没有本事，第一是看师父教得全不全，你自己学得完不完，能不能得到社会大众的见证；第二是看你在实践中过不过得去，能不能有所作为。而今，某巴代学业已成，师父也教完了，徒弟也学齐了，可以独立行教了，要安坛，要度法就要举上刀梯的祭祀，一来通过师父带领徒弟打锣打鼓，抬旗吹号在上天的街道游行，让天上街市的各部门都看到这支游街的队伍，知道并承认某巴代今天要度法；游街后再在太上老君堂殿传法，从而得到太上老君的认可；再通过徒弟上刀梯到三十三天昊天金阙朝拜玉皇大帝，同时，让玉皇大帝也认可这巴代弟子的资格。打赤脚踩在刀刃上不伤脚，（有的还穿插举行"摸油锅、滚刺床、踩铧口"等绝技表演）这岂不是都过关了吗？二来通过"迁街求同"（即游街上刀梯）让阳间人山人海的观众见了，大家都知道某巴代今天已穿街上刀梯安坛度法，学法得全，学艺得到，今后可以独立行教了，大家可以放心地请他去做巴代、主持祭仪。

上刀梯时所布置的"街道"有好几种名称，其街道的图形也不一样，如"玉皇街""老君街""王母街""筵前街"等。这些都是天上的街道，与今天城市中的"长安街""唐人街"等是一样的含义。比如"玉皇街"是三十三天昊天金阙至尊玉皇上帝所住的地方范围内的街道，而"老君街"是太上老君道德天尊所住的兜率宫范围内的街道。这些街道的版块图形是不一样的，巴代事先砍来竹子，破成米把长的竹块，在三分之二的地上缠绕上五色剪口纸，下端削尖，以便插入地下，要制作几百上千根这样的花条，俗称为"街标"或"街条"，然后按照巴代科本老书所画的街道图形线条，每隔一尺五左右插一根，使之连成一线，从而代表天上某处范围内的街道。

刀梯柱一般设在老君殿对面的地方，多为南北之向，即从老君殿走过去便可上刀梯，到顶上翻过来时正好面向老君殿，这样才好高声朗诵朝礼词拜玉皇，因而多为南北之向，老君殿坐北方，刀梯柱在南方，上登顶端翻过去后正好面北礼拜玉皇。

从上面的程序及其做法中，我们不难看出苗族的"人神合一、天人合一、阴阳合一"的思想观念。古人设教，无非是为世人所用，假借神天以服务于人，通过两天三夜的时间，穿了三次街，上了一回刀梯，把观念中的天堂街市、神府衙门给活灵活现地布置出来，让人们看得清楚和明白。从营造出来的气氛中吸收对人类有益的精华和元素，来为人类消除灾难，制造欢乐，排除干扰，树立战胜困难的勇气和信心，这无疑也是人类生存文化的一大板块。

103～104. 敬寨祖科仪

敬寨祖全称为"敬村宗寨祖"，苗语叫作"西斗冬"。湘西苗族传统观念认为，村寨的第一个开发并居住的夫妇就是村寨的祖先，因为此村的人户都是他发起来的，都是他的子孙。他在生前是这块地盘的业主，死后成为管理这块地盘的神，即管理这块地盘的"土地神"。其实他们就是本村寨的"村宗寨祖"，也就是一寨人的祖先，苗语称为"阿剖"。这与汉文化中的土地、城隍的含义是有所不同的。又，此村的第一对先人来这里的时候，原始古木参天，荆棘丛林遍地，全是原始景象。当时不可能有木房来居住，只有用岩块砌墙，用岩板盖在上面遮风挡雨来居住。经过漫长的历史岁月，社会进步了，人类发展了，人户满村满寨了，原始古木没有了，人们住上木房子了，每家每户都把自己的"七代祖公、八代祖婆"安奉在地楼板上火炉边的中柱下，而把远古时期村寨的祖先安奉在村中古树丛中的岩板屋内，全村寨的人都来供奉。因而苗乡村寨的土地堂都得定位在古树丛中，又必须得用岩板起屋来安奉，以这种模式来还原他们远古时期的那种环境和状态，同时也凸显出教育人们要保护好人类赖以生存的生态环境这种意义，这就是远古时期人类居住环境的"活化石"。

苗家人认为，这村宗寨祖之所以能在远古时期那种虎狼成群、没有医药卫生、缺衣少食的条件下存活下来并且不断地发展壮大，直到当今的满村满寨，幸福美满，正是因为他们有天生的自我保护能力、生存能力和掌控能力，用过去话来说，就是"神力"。这种神力能够掌控虎狼虫蛇，使其不伤人畜；这种神力能够抵制外侵，维护村寨的平安；这种神力能够控制瘟疫、火灾和是非口嘴，使村寨吉利；这种神力能够消疾去病，延年益寿；这种神力能够发达兴旺，使村寨能有顽强的生命力，并不断地发展和壮大；这种神力能够维护村寨的团结和谐，等等。总之，这种神力能够驱瘟除灾、维护平安吉利。因而，一旦村寨中反复多次出现人畜瘟疫、虎狼伤人畜、火灾、与外界纠纷、因伤而亡、村内不团结等情况的时候，村中德高望重的人就会出面组织、收集钱米、筹办供品并请巴代来举行敬奉村宗寨祖活动。

敬奉村宗寨祖必须得在此村此寨最早最老，也就是此村寨的第一个屋场内举行第一堂法事，俗称"老屋场起马"。然后一行人抬着供品供具由老屋场出发前去土地堂祭奉。

巴代祭祀的时候，要一个寨内德高望重的人坐在巴代的左边代表土地神领受供奉，一个登记名册的人坐在巴代的右边唱报名册。众人则忙着打扫土地堂环境，修剪古树，砌封围墙，整铺平台，修理土地岩屋，栽培优质树种，等等。大家打柴担水，埋锅造饭，巴代交牲后才能杀猪。吃供饭时，大家在野外或站或坐，或蹲或靠陪当坊土地共进餐饮，喜笑欢乐，一派吉祥和睦气氛。通过这种方式，这种场面，这种活动，平时有些隔阂、纠纷矛盾的，此时一扫而光，烟消云散。因为通过这种活动，大家明白了：我们是一寨人，我们有一个共同的祖先，是真真切切的一家人啊！通过这些气氛和形式，增强了团结和谐的因素，加强了相亲相爱的凝聚力，加深了民族情感，增强了战胜困难的决心和意志。

祭祀村宗寨祖是苗乡的一项公益活动。

105. 法坛管只度法

巴代法坛是巴代安设在其家堂屋后壁中的祖师坛，俗称"三清玉皇宝坛"或"法堂宝殿、老堂久殿"，简称"法坛"，是专门安奉巴代历代祖师的场所。

法坛管兵是巴代每年过年都要举行的仪式，苗语叫作"休棍见"，巴代术语叫作放兵拜节，放马拜年。管兵时，要先请人用红纸写好上下坛，吊晖吊挂、神联、文疏表章等项，剪好长钱纸马，把整个法坛布置一新。

放兵的仪式程序大体为：叩师化财、造水铺坛、敲角请神、立堂造堂、隔(结)界、坐兵场、调法主、交牲供、排法、踩九州、发兵发小旗、发帅旗、凌晨3点擂鼓，开下坛，一闻鸡叫时就接回二十分兵马回坛，收小武猖旗一面回坛，赏兵赏马，休息。

收兵的仪式程序大体为：叩师化财、造水铺坛、敲角请神、立堂造堂、隔(结)界、坐兵场、调法主、交牲、排法、度法、踩九州、收兵收小旗、收帅旗、交鸡、用左右鸡腿骨血眼高低定阴阳。上熟，赏兵赏马，休息。等到凌晨1点擂鼓，敬煎粑，保堂保殿，封下坛休息。

法坛度法是在法坛之前的堂屋中举行的。度法的仪式程序大体为：①用桃叶水净身，然后换上新衣并在颈项上系上手牌红布带；②将度法师的手牌架在两块扑着的筶子上面，并要新巴代脚跟踩在手牌上面站好；③度法师叩师鸣角，两旁鼓锣角号齐鸣；④度法师端起供品围绕新巴代转圈，交纳供品；⑤度法师用圣水喷洒新巴代以示法水灌身；⑥度法师在新巴代身后踩九州，用三十六诀附上新巴代的法身以促起跳；⑦起跳后由六个人将新巴代抱起翻跟斗；⑧翻跟斗后退车，用香火烧点新巴代的舌头。

新巴代通过度法仪式之后，就可成为正式的巴代了。

九、科仪 106～110 合编

106.塞岗短路

塞岗短路是指苗乡内有人因伤而死亡之后，被传统观念认为是非正常死亡的伤亡鬼，伤亡鬼是不能列入祖籍的，必须将其魂魄遣送他方。按传统习惯，凡家中有人因伤死亡的，埋上山时，必须要在回来的半路上请巴代，竖竹门、用诀法隔离，安葬的人从山上回来，都要经过竹门，经过隔除，伤亡鬼魂才不跟着这些人一起回来。

回来以后，要做塞岗短路的仪式，把伤亡鬼隔到阳州以西、阴州一县去，永远不能回来。把伤亡鬼可能回来的道路阻断，叫塞岗短路。同时，在仪式中所有接触过死者的人，所有抬丧安葬的人都要通过巴代化水洗手，才能解除伤亡鬼缠身的嫌疑，远离伤亡鬼的祸害。

塞岗短路祭祀事先要写很多的神符，共分为两类。一类是专门贴在堂屋五方的五道神符，一类是贴在整个屋里所有门窗上方的神符。用这些神符把伤亡鬼隔断，让它永远回不来。

107.驱打草鬼婆

驱打草鬼苗语的称谓是"他期"，又可叫作"大够大期"。意思为有人得了顽疾病痛，如一些肚子痛之类的疾病，如胃病、肝病、肠结扭、水股疮等；一些五官科疾病如眼、耳、鼻病痛等；一些无名肿毒疾病如对口疮、脓疱疮、寸耳疮等；一些跌打损伤、关节痛、骨质增生、腰椎间盘突出等疾病，特别是当遇到某妇人之后发作，用药无效，久治不愈甚至于越治越痛、越医越重的疾病，人们便会认为是着"草鬼婆"放蛊了，于是，便会去找"仙娘"扛仙、看水碗，仙娘也讲是被人放蛊了，在这种情况下，人们便会悄悄地去请巴代来家里"他期"，举行驱赶蛊鬼、打杀草鬼婆的仪式。

这些所谓的放蛊方式当然是无稽之谈。至于蛊到底是什么样子，除了代代相传的说法之外，事实人物谁也没有见过，当然更是子虚乌有的东西了。

108.祭公安神

祭公安神是苗疆村寨内保清吉平安的一种仪式，又叫作"祭飞山神"，苗语称之为"出土排"。举行仪式的原因主要有以下五种：其一，其家有凶兆怪异。其二，家中有人身受重伤，生命垂危，认为是因伤亡鬼，即我们平时所说的魑魅魍魉、凶神恶煞、邪魔妖鬼作祟所导致，因而要举行这堂仪式来把伤亡鬼赶走，使其不再纠病重伤者，以达到增强良药医治的疗效。其三，家中有人因伤死亡，处在夏秋之季节，因有蚊虫叮咬而见血、不能举行短隔伤亡的斋坛仪式，而在埋人上山之后又必须马上把那些与伤亡者尸体接触以及抬丧上山安葬的人们解除凶秽晦气、洗手净身以保平安的仪式的，必须举行此堂大隔伤亡鬼的仪式。其四，家中有孕妇难产，传统观念认为有伤亡鬼纠缠作祟，才使产妇遭受大难，于是便扣许大隔伤亡鬼的神愿，在顺利生产之后，便要还愿而举行此堂大隔伤亡鬼的祭祀仪式。

其神名为"第一飞山公居杨令公，第二飞山公居杨令婆。杨一杨二，杨三杨四杨五将军，过山土地，过路将军。下坛土地，五句三言。拿愿郎子，收愿郎君"。神名中的"飞山公居杨令公"，就是唐末城步杨氏第一世祖杨再思，杨再思袭取飞山（今靖州飞山）后，成为"飞山蛮"首领，统领十峒。他老到八十岁时，还能带兵打仗。由于他治军资政有方，深得民心，亡故之后曾有诗赞叹。

109. 敬何州老爷

敬何州老爷是附在公安神仪式后面的一堂法事。屋外坪场的仪式结束之后，还要回到屋里举行"为苟屡""皂达小"的祭祀仪式。届时，巴代要跪着请神，同时还要一个擂钵在旁边伴奏，巴代喊一声"含爷——"擂钵人要附和一声"窝尾——"并擂五六下擂钵。该仪式的神名为"第一戴金偷王，彭家巴总，何州老爷呕金。第二戴金偷王，彭家巴总，何州老爷呕银。第三戴金偷王，彭家巴总，何州老爷呕金呕银。拿愿郎子，收愿郎君。出马出在保靖州，保靖县，窝桌窝入，窝梅窝草，水平下寨，千年本堂，万年本殿。"

110. 祭年古大姓

祭年古大姓，苗语叫作"出告竹昂"，是用肉来封口嘴的一堂仪式。凡是家人与外人发生一些口角言语，官司口舌，都是由于当年遇逢"勾绞星""贯索星""指背煞""隔角煞"等凶星值年，给岁运带来驳杂麻烦、伤透脑筋的事情。如勾绞贯索星所说的："运入勾绞与贯索，要打官司头遇着。牵牵连连来到县，要费银钱才得脱。"另外，也有的是由于在"三碧方"（俗话所说的"是非"方）的位置逢冲犯忌而导致的不管有事无事、大事小事都会与人发无名火，与人发生争执吵闹，本来就不是什么大事，但于无形中大家都发起火来，无事闹成了有事，小事闹成了大事，弄得伤心烦恼度日如年的情况下，就要进行用肉封口嘴(告竹昂)的仪式来化解。

十、傩堂科仪

傩堂还傩愿是傩文化的具体内容和形式。

关于傩文化的起源,有的认为是在巫鬼文化的基础上发展而成的巫傩文化,也有的认为先是在战争中画脸涂面取胜于对方而形成军傩,然后传入宫中形成宫傩,最后才传到民间而成乡傩,如此种种,各有其说。

湘西苗族的傩祭有着一套系统完整的、科目繁多的仪规,虽然各县坛班有所差别,但从整体上来说,还是保持着高度的统一性。

传说在"宇宙洪荒"的远古时代,雷神"告耸"和天神"告毕"相互斗法,告耸要劈死告毕。结果告毕把告耸抓住并将其关在铁仓里。便要去很远的地方挑盐巴回来淹死告耸,留下他的一儿一女守屋,告耸从告毕儿女手上骗得了柴棒之后,用神力吹燃,得了火种,便劈开铁仓飞腾上天,大施雷威,大雨倾盆浇注了九天九夜,从而导致了满天洪水,灾难致使人类灭绝,当时只有告毕的一儿一女坐在瓜内随水飘荡方才得以幸存。洪水消退后,告毕回来,为了繁衍人类,要其兄妹成婚。告毕便在南山顶上抛下一根劈破成了两块的竹子,到山脚时这两块竹片合成了一根。然后再到东山顶上一前一后地滚下两扇磨盘,到山脚时这两扇磨盘自然重叠合拢。在这种天意下促其兄妹成婚,婚后孕生一肉团,被其兄用刀切割成一百四十八片丢弃依附于四野的自然物上而化成了一百四十八姓种人类,人们便将其称为"阿剖阿乜",即傩公傩娘。关于这些传说,《傩歌》是这样唱的:

> 兄妹二人为夫妇,天成二美一双人。
>
> 成婚一年生一子,谁料这子是怪人。
>
> 四肢形同人模样,是男是女分不清。
>
> 才将此子用刀割,一人拿做百块分。
>
> 变成村庄百余个,男女两性结成婚。
>
> 清晨四处烟火起,黄河流域尽是人。
>
> 从此才有百家姓,人间烟火热腾腾。
>
> 各自经营各事业,力图发展勤苦耕。
>
> 从此又分亲族了,各房灯火各房人。

如今世上人多广，二皇宪系始祖人。

二皇确系原始祖，因此崇信这堂神。

凡间之人才供奉，年年秋后敬为尊。

民间敬奉傩祖的原因有很多，其最主要的有：因病、因求子、因凶兆怪异、因求婚、因保财旺财、因过法度持等。

还愿仪式程序共有55节。1.扎灶。2.扎土。3.铺坛封井。4.请水安隅。5.化神水。6.化锣化鼓。7.敲角请神。8.通呈定阴。9.立堂造堂。10.庆贺交纳。11.结界。12.唱茶唱酒。13.发功曹。14.踩九州发旗。15.交鸡嘱兵。16.坐兵场。17.请法主。18.庆贺接法。19.交牲。20.跑傩。21.接驾。22.收旗。23.立营。24.开坛酒。25.劝酒。26.下马。27.唱下马酒。28.讨筶。29.合会。30.合标采标。31.开洞。32.探子。33.先锋。34.开山。35.陈牲。36.八郎。37.和尚。38.开封坛酒。39.游斋愿。40.游荤愿。41.上熟。42.唱上熟酒。43.点兵。44.冲营打寨。45.发油火。46.接兵。47.土地。48.判官。49.打扫庆贺。50.辞神。51.送傩。52.倒坛。53.回坛。54.先一天扎傩堂请剪纸神。55.法事前包魂。

在还傩愿仪式中，有神名(祭祀对象)、出处等内容，下面列出具有代表性的神名供读者研究。

三清愿神名：

奉请开荒天下名山大川，东岳齐天，南岳安天，西岳金天，北岳司天，中岳中天大帝。桃盟后，松盟皇后，金盟皇后，正盟皇后，五宫五盟皇后，五天五岳圣帝夫人。东山圣公大帝，南山圣母娘娘。二仙姊妹，二王宫主。三十六人铜头铁面，二十四个巡海叉。注傩补傩，注销尖者。一簿掌勾，二簿仙官。阴傩飞上，阳傩飞下。上洞飞天飞地，中洞飞风飞雨，下洞游天游地，阳间三十六道五岳。

白鸟槽槽，水又飘飘。大郎二郎，三郎四郎，五郎六郎，六位郎君。各带金刀三十六把，银刀三十六根。三十六个金襄童子，银襄将军。飞风飞雨兵，沙岳兵，矮子兵。桃梅桃沙，盾牌耍手，令旗令箭，花船一干，白船一只，吞鬼大王，咬鬼大将，船头张艄公，船尾李水手。

二十四标四戏，耍戏郎子，耍笑郎君。开洞郎子，闭洞郎君。傩扎探子，白旗先锋，开山大将小将，算命先生，麻阳铁匠，把簿城隍。界兴八郎，神州和尚。梁山土地，耕田种地，钓愿仙官。傩前七千雄兵，傩后八万猛将。左边合坛，右边合鬼。下坛踏林土地，拿愿郎子，收愿郎君。

云霄愿神名：

奉请当今天下正神，五道五显，云霄三座，三百六十文武官员。楼上圣公，楼下圣母，楼上三千徒众，楼下八万猛将。

大郎二郎三郎四郎五郎六郎，六位朝王。第一云霄殿内，抛粮下种郎君；第二云霄殿内，移秧栽种郎君；第三云霄殿内，锄苗耗草郎君；第四云霄殿内，采宝献宝郎君；第五云霄殿内，金求买卖郎君；第六云霄殿内，六耕六种郎君。

管坛刘太保，住坛刘子荣，长生土地，瑞庆夫人。是吾宗支，普同供养。九天司命，太乙府君。招财童子，进宝郎君。拿愿郎子，收愿郎君。

十一、傩面具汇编简述

我们的古代先人，为了求生存、求发展、求幸福美好，在人们的脑海中，企图用古代战争的方式来镇压和剿灭日常生活中以鬼为代名词的不良因素和事象，于是便产生了傩祭、傩仪和傩戏。

说到傩，有人认为傩是一种宗教信仰，有人认为傩是一种巫术，有人认为傩是一种鬼神符号，还有人认为傩是古代战争的幻化和影子。但不管怎样，傩都是一种文化，这是毋庸置疑的。

在傩文化这个庞大的机体架构上，包含了写、画、雕、扎、剪，吹、打、舞、诵、唱，文、疏、表、章、申，符、箓咒、诀、水等诸多的文化元素，是一个多姿多彩、博大精深、万紫千红的文化艺术体系，傩面具就是其中的光环和亮点之一。

单从面具而言，面具是一个民族、民俗、神话、宗教和艺术的综合体，是一种世界性的古老而神秘的文化现象，是一种具有特殊表意性质的象征符号，在漫长的历史发展过程中，积淀着不同历史时期的文化因子、社会影子和民族性子，是人类社会物质文化与精神文化相结合的产物。她孕育于民族独特的历史时代、自然生态环境和社会人文环境之中，是中华民族历史、文化、宗教、民俗和美学思想孕育出来的艺术奇葩，是中华民族的精神文化宝库中不可缺少的成分。面具聚集了历史学、宗教学、学术学、民俗学乃至民族学、人类学等多个学科的基本元素和文化价值。

面具在历史上曾被广泛运用于狩猎、祭祀、战争、丧葬、舞蹈、戏剧、生产、生活等场合。就傩面具来说，有关的神话故事最早出现在古老神话中所传记的宇宙洪荒时代，在宇宙洪荒中所传记的故事是：由于天神告毕与雷神告辈相互斗法而导致满天洪水、人类灭绝，只有天神告毕的一儿一女坐在神瓜内得以幸存，为了繁衍人种，在天神的授意下兄妹成婚，孕生肉团，被其兄切割成为148片散附于四野之自然物上而化生出148姓种人类，致使这对兄妹成了宇宙洪荒之后人类的共同祖先，成为几千年以来人们所敬奉的傩公傩母，在对傩公傩母的信奉中产生了傩祭、傩仪、傩舞与傩戏，成为傩文化中的面具群体。

傩面具被广泛地应用在傩堂之中，民间曾有大傩七十二、小傩三十六的说法，即大傩要扮演七十二出傩戏、小傩要扮演三十六出傩戏的意思，而扮演这些傩戏的时候，都要戴上相应的面具和配上相应的服装和道具。当今，有的地方已经只保留了大傩二十四、小傩十二的出傩戏规模了，时间也从七昼夜缩减到三昼夜甚至于一昼夜了，仅保留了傩戏群众中的最基本科目和内容，只有开洞神、探子神、先锋神、通判神（钟馗）、大将神、小鬼神、算匠神、铁匠神、八郎神、和尚神、土地神、判官神这十二出傩戏了。

面具的传承与保护绝对不是单独和孤立的，它与广泛的民间信仰文化、生产与生活文化紧紧相连。傩戏大量缩减带来了面具的大量流失，也就是说，单此一项就流失了70%，这个比例和数字是十分惊人的。因为傩面具的保护与传承是紧紧地挂靠在傩祭仪式中的，傩祭仪式的兴衰直接带来了面具的兴衰，而我们的傩祭正面临着以下几个不可忽视的致命弱点。

一是传承人的流失。经过新中国成立以来直到"文化大革命"时期这段相当长的历史时期对傩祭的打击和取缔，相当部分的老艺人已相继去世，接下来又受到了科技发展与市场经济的冲击，大部分的人不愿学、不肯学，由此造成了传承人的严重流失甚至断代。二是傩祭仪式的简化、扭曲和变形。受当今时代各种因素的影响，原汁原味完整版的祭祀仪式已经很少出现，流传下来的多是一些简化版，照此下去，不要多久，这些简化版的仪式也将随之灰飞烟灭，这是一件令人难以接受的事情。三是传承体系中的各教派对傩的源流只知其然而不知其所以然，缺乏统一的历史观和文化价值观。由此，形成了花开无数朵各表各枝、各自为陈的现象，甚至有人借着百花齐放、百家争鸣之机搞些坑蒙拐骗的活动，给这种文化蒙上了一层阴影。四是缺少对文化价值的提炼和认识。由于傩祭仪式是刚从"牛鬼蛇神、封建迷信、残渣余孽"被禁止、被打击甚至于被取缔的废墟堆里复兴过来的，很多人一下子难以从封建迷信的阴影中解脱出来，导致文化层面的发掘、提炼、研究、保护与传承工作受到阻挠，难以发挥应有的效果和作用。如此这般，我们将怎样克服这些弊端呢？俗话说，办法总比困难要多，只要我们以深厚的民族情感为基础和前提，以"创新、绿色、开放、发展、共享"五大理念为指导，以历史责任和神圣义务为荣光，以努力、顽强、拼搏的精神为动力，办法和出路总是会有的，具体是：一是组织有关专家、学者以及大专院校的人类学、民族学研究机构多开一些研讨会，对其文化价值和现实意义进行深入的探讨，通过研究、发掘和提炼，从社会主义核心价值观中找到其精华、位置和作用。二是加强传承人队伍和机构的建设，组建传习所，确定并资助传承人，组织从理论到技艺全部领域的正规培训，去糟留精，做大做活，做好做强。三是政府搭台，传承人唱戏，以旅游景区、年节庆典、文化活动为平台来进行文化定位和广泛宣传，营造出浓厚的文化底蕴和氛围。四是树立典型，推广经验，宣扬正道，抵制歪门，奖罚到位，黑白分明。五是创导和资助有关面具的旅游文化产业，包括各种材质的、各种形状的、各种规格的、各种性质的面具产业的生产和销售，广泛普及面具艺术的宣传和利用。六是要保护民族文化的原生性和本质性元素。保护民族文化要以保护生态性和本质元素为第一性。我们每到一个地方，最好是眼睛能看到该地区的民居民俗和服饰，耳朵能听到该地区的民族语言，意境能感受到该民族的存在才行。如果连语言和服饰这两种最基本的民族特征都没有了的话，保护民族文化将只是一句口号和一纸空文，没有什么实际的意义和价值了。在保护传承与发展的同时，还要注意千万不要因为过度追求创新和发展而出现文化扭曲并导致文化变形、文化变态、文化变味、文化变质。不搞伪民俗，不要小聪明，不搞那些挂羊头卖狗肉、自欺欺人的蠢事。首先要原汁原味地保护和传承民族文化，这样才能在保持本民族的文化自觉、文化自信的基础上走进文化自立、文化自强的不败之地。

传承老祖宗流传下来的物质与非物质文化遗产，是执行党和人民政府的英明决策和伟大号召，是我们这一代人义不容辞的历史责任、民族责任和社会使命。我们将花大力气，顽强拼搏，全力以赴地去为之努力奋斗，让党和人民满意，让我们历朝历代的老祖宗们放心。

本册共搜集有广西、云南、贵州、江西、湖南等省内较有名气的面具照片170幅，材质有木、石、纸等。

十二、客师通鉴简述

《客师通鉴》共收载了"化财叩师""请东道主神""神名称号""管神""通呈保佑""放魂""勾销神愿""问事""献供""送神"等10余种在祭祀中常用的神辞。

第四章 道师173堂科仪汇编

一、科仪1～35合编

1.苗族绕棺戏简述

绕棺戏是以丧堂为戏台、以哀念亡者为中轴线，以棺木为核心，移植入部分佛、道仪规加上巴代及本地习俗而融为一体的民间地戏。举演这种地戏在过去被称为"打绕棺"或"做道场"。苗族地域绕棺戏古时就有，最初是用纯苗语来表演的，于今保存下来的"奈头"（祭灵，又叫奠灵）、"扣班"（入殓盖棺，又叫叶掩棺或封丧）、"苟竹"（驱灾留福）、"兵昂"（隔死神）等少量戏目科仪。后来由于苗汉杂居的社会结构环境而形成苗汉文化交融之后，苗族绕棺戏才由最初的纯苗语表演逐渐转向成为苗汉语兼杂交融的表演形式。

绕棺戏脚本多，内容丰富，覆盖面广，代表性强。脚本一般包括以下四个种类：法事类脚本约有70余堂场次戏目，经忏类脚本有20余堂场次科目，文疏表章类有128道，其他部分50余种脚本。

绕棺戏的道具法器有祭祀性的道具法器、占卜性的道具法器、进攻性的道具法器、表演性的道具法器等四大类。

绕棺戏服装有法冠类和法服类两大类。法冠类包括龙凤冠、五佛冠等，法服类包括素衣、红衣、四不齐衣等。

绕棺戏有很多音乐曲谱，过去人们将其称为"九腔十八版"。大致包括腔、调、赞、申、咏、诵、白、念等八大类型。

绕棺戏是在丧堂内表演的一种悲哀戏，它的工艺全方位地体现了民间的写、画、雕、扎、剪中的精髓，使人看了眼花缭乱，目不暇接，能把人心带入仙境，成为民族民间文化艺术的殿堂。比如道教及巴代神轴类有 20 余幅。各种图像牌位如十八狱牌位、三圣牌位等 70 余幅。各种彩图如孝堂、牌楼、彩棚上常画的彩图如二十四孝图等 60 余幅。纸扎有孝堂孝棚孝旗等 50 余种。纸剪有珍珠龙凤、各种花幡、彩图花边等约 80 余种。彩塑有猪首、羊身、刀头肉、鲤鱼、公鸡等 20 余种。木雕像有三清、玉皇、三世佛、菩萨罗汉等大大小小 40 余尊。

丧堂绕棺戏有很多类型，每一种类型都有一个戏目名称。比如小型绕棺戏目有请水绕、封丧绕、安方绕、寻狱绕、破狱绕、奠灵绕、演礼绕、送灵绕、化财绕等。中型绕棺戏目有报恩绕、十王绕(亡男)、血盆绕(亡女)、香山绕、连寻带破绕、接灵绕、救苦绕、界灯绕、赈济绕、燃蜡绕、行香绕等。大型绕棺戏目有弥陀绕(三昼夜)、地藏绕(三昼夜)、大破狱绕、立桅升灯绕、扬幡绕、大赈济绕等。

苗族绕棺戏通过以上十大部分的有机组合，广集民族民间习俗礼仪文化、巴代文化、道教文化、佛教文化等多种文化艺术融会贯通为一体，构成了多而不杂、合而不乱、相互依托、生动活泼的特殊结构模式。这种植入成分多种、文化艺术多样、演艺形式多变，这样融会贯通的成功组合，是中华民族团结和谐的生动展现，是中华民族五千年文明史的基因文化的生动展现。

湘西苗族对于丧葬礼仪是比较重视的，对其从落气直到上山安葬这段时间都称之为"当大事"。其间，村寨之人、亲戚六眷，几乎停止一切活动，全部投入以丧事为中心的事务中来。据说在过去的年代里，连土匪抢犯都得退让，玉皇过路都要避开丧家，可见苗族处理丧葬事务之盛大隆重。

本篇翔实地介绍了湘西苗族丧葬白文化一般性的 15 种习俗：①落气时之习俗。②洗体装束卧柳床之习俗。③择日之习俗。④入殓之习俗。⑤扎孝堂之习俗。⑥打绕棺之习俗。⑦上罪之习俗。⑧喊礼之习俗。⑨论丧葬火把之习俗。⑩出柩之习俗。⑪选择坟地之习俗。⑫下葬之习俗。⑬隔死神亡鬼之习俗。⑭招新故亡灵入祖籍之习俗。⑮送饭扛仙之习俗。

2. 取水

传统观念认为，凡人的世界是一个不干净的世界，佛语称之为"南阎浮提"，即"污触恶世"，而佛、神是洁净无染的，为了使安置佛、神的坛场洁净无染，因而在未正式请佛、神之前就要先到井中取来新鲜洁净清凉之水洗洒场地。又，亡人进入阴司，也必须要沐浴洗体，且必须用井水洗洒净身，令其洁净无染，这样才好超凡入圣。

取水的仪式要到井边去举行。到井边将筛盘摆在井前空地，烧香9炷分三组插于井前，然后烧化纸钱，再将水罐中的硬币倒入井中，用水罐舀水摆在筛盘上，燃放鞭炮。回来时，孝子一行将一长匹白布顶在头上，犹如舞龙，一路回丧家。道师一行绕棺穿花，名曰"打请水绕"，然后用清水洒净。

3.开路请佛

开路请圣科又称为小请圣科、小请科等，是民间道坛为度亡在举行请水仪式之后，开路仪式之前的一场科仪。在请水洒净坛场之后，就要请诸佛诸尊及诸大菩萨圣众来坐道场，证盟并加持度亡法事，也只有请得诸佛诸尊及诸大菩萨圣众到场之后，才有把握将亡魂送到西方的极乐世界。

4.荐灵开路

荐灵又叫祭灵、奠灵，是敬送亡人酒食的意思。荐灵有多种原因，有早、中、晚餐之前，先给亡人敬送（荐灵），活人们再开饭的做法；也有在杀猪或羊来当客时，将猪羊的五花肉（内脏肉）煮熟后切片穿在竹签中共五串肉来荐灵的做法；也有亡人的女儿或外甥来吊祭时用五串肉来荐灵的做法；也有在上山安葬时路途中停丧来荐灵的做法；还有要给亡人开路送往西方去之前，先敬送酒食荐灵的做法；等等。本科介绍的是合在开路科中的荐灵方式和内容。

5 & 6.请圣科

《请圣科》是苗族道场，特别是"超度亡灵""追宗荐祖"等丧葬白文化的基本科仪，不管是什么样的道场仪式，都得先请圣，之后才能进行"目的呈情"等科项。因此，《请圣科》是苗族道场的本根和基础。

请圣科分两大部分进行。第一部分为铺设坛场。包括赞菩萨、称圣号、皈依三宝、安隅土地龙神、洒净坛场、炳灯、秉烛、焚香、上香、赞佛等内容。第二部分为正式请圣。包括请佛圣、请菩萨、请天地水阳四京神、请三教福神、请土地龙神、请历代祖师、请孝家祖先、招亡灵、献茶、上疏文、安位、献钱财、忏悔、下坛等内容。

7.开方绕棺

绕棺，顾名思义，围绕棺木转圈子。为什么要围绕棺木转圈子呢？因为棺木里卧的正是其亲人的尸体，人死不能复生，万般无奈之下，有什么办法呢？出于对亲人的深厚感情，出于亲人对自己的大恩大德，在这千秋永别、一去不复返的情况之下，唯一的办法就只有围绕其棺木边哭泣边绕圈子，因而便形成了绕棺的习俗，并一直流传至今，这就是绕棺的根本意义。

8. 安方

安方科是在绕棺之后安五方的科范。传统观念认为，超度亡魂升天的路有五条，即东、南、西、北、中，叫作五方升天冥路。为了超度亡魂升天，因而要把亡魂安在此五方路上。安方可穿插在打绕棺时进行，也可在绕棺之后单独进行。历史上的做法以单独进行为主。

9. 行狱

传统观念认为，人在世间，造作恶业（孽），死后恐坠入地狱受罪，因而要依靠佛法之力到地狱中寻找亲人，求阎君放出超生天界。行狱又叫寻狱，指到地狱去寻找亲人（死者）魂魄，将其超度上天。行狱科是按传说中目连寻母的故事来设置的一科仪式。

10. 破狱

传统观念认为，凡是人死后都要经过阎王审问，照业判罪，打入地狱受刑，满刑之后才能去投生。为了不让亡者受苦，孝士才请道师超度。于是便有取水开路、开方破狱的说法与做法。破狱就是通过佛法揭破地狱，取出亡魂，超度升天的意思。

11. 解结

传统观念认为，亡者在生之日，为生活、为名利，总会有意或无意、主动或被动地做出损害他人利益，甚至于杀生害命等损伤人性道德的事情，造作恶孽，结下冤仇，死后被阎王审查定罪，打下地狱或判生恶道，受苦遭罪。因此，在破狱取出亡魂之后，要凭借佛力神咒，帮助亡人解冤释结、消除恶孽，以免在阴司遭到恶报。

12. 送神

送神又叫送佛圣、送菩萨、返驾、回府、返灵山等，是指按照"来有请、去有送"的礼节，把所请来的佛、神送回去。

13. 诵经礼忏请佛

《诵经礼忏请佛科》是举行诵经礼忏法事的首场科仪。虽名请佛，但科仪里面的内容既有佛教的成分，也有道教的成分，还有本地神等的成分。其中虽然以佛教术语、圣号、秘咒、形态等内容冠在显要位置，但其中却掺杂有相当数量的道教及本地神成分，可以说其结构是佛、道、神三者合为一体的仪式。

14. 取经

取经是念经之前的必行科仪。取经科有两种范本：一种是以述说佛教界历代高僧大德翻译佛经、传承到东土的内容，此科与佛教正史基本相同；另一种是以传说中的唐僧取经故事为主要题材来表达取经的内容。前者为佛教内部人所熟悉，后者由于名著《西游记》的传播而被广大社会人士所熟悉，为民间信仰所接受，因此本科所载的也就是后者的内容。

15. 诵经

诵经是超凡入圣的一种传统措施与做法。经文又可称为经验之文、劝善之文。这里所说的经文，一般是指教人如何按照传统的道德与人性来做个好人、做个善人的经验。有的还教人如何按照宗教的思想来把握自己思维和意识，从而看透人世间的实质，即看破红尘，达到与世无争，甚至于为了慈悲救度众生而达到自愿舍去身家性命的程度。这种思想境界，就是传说中的"超凡入圣、修成正果"了。又，传说经文可给亡人灭罪消愆，解脱灾难。亡者生前为生计、为名利故，有意或无意造作了很多罪孽，欠下了各种债务，结下了不少冤仇，到了阴司，恐遭到索债、讨账、报仇、受罪，因而要念诵经文来灭罪消愆，免堕恶道。

16. 礼忏

礼忏是忏悔原来亡魂生前所犯之罪过，孝子在挂衣行法师的带领下，代替亡魂，当着诸佛菩萨的面，边礼拜边表白此前所做的坏事、所犯的罪孽，并保证今后不再犯，求佛圣庇护，不受到恶报的意思。

苗族道场一般是以拜礼《水忏》。水忏所表述的是唐朝的达悟禅师因生前所杀的人死后找他报应，在他修行时使其膝盖上生一恶疮，虽用尽良药，但久治不愈，十分痛苦。后遇菩萨点化，远行万里到达五台山的一个水井池内，掬水洗疮而现出被他所杀之人的脸面，经过与此冤魂对白之后方才消失痊愈。达悟禅师过后深有感悟而著《慈悲水忏法》三卷(分上中下三册)。

17. 交经

交经科又叫作交经忏，即将已经念过的经、拜过的忏如实如数地交到佛菩萨的经忏库中去，以证明念经拜忏的人已经信受并礼念过什么经、什么忏，好为信受人积累功德，灭罪消愆。如果是为亡魂礼念经忏，则好让阎王判生善道，佛圣菩萨接引经生西方极乐。

18. 告歇

告歇是休息之意。道坛举行取经、念经、拜忏、交经之后便要告歇了。告歇的内容大体是报告佛圣，天色已晚，经忏暂时告一段落，诸佛菩萨可以安位休息，并布置金刚、天王等这些护法神将，严格把守坛门，做好保卫平安的工作，不要让邪魔妖鬼、魑魅魍魉混进场内破坏捣乱。

19. 送经忏

送经忏又叫送斋神，指把封斋念经的斋神送回去。这是交经交忏之后不去告歇，而是直接地将诸佛菩萨圣众送走的做法。

送神包括献茶，念多心经，补缺真言，回向，赐福留恩，奉送佛、祖师、四府高尊等内容。

20. 奠灵开荤

因为在念经拜忏之前道坛是已经禁荤封斋了的，所以在交经送神之后就得先开斋，即解除禁荤的规矩，这开荤的法事就是奠灵。

奠灵即敬送亡人酒食的意思。荐灵要事先准备好三碗酒，一碗茶，一碗饭，饭上插一双筷子、内夹一片熟肉，一碗肉，一沓纸钱等供品，将之摆放在灵桌上。挂衣师手持铜钹、孝子持引魂旗在旁陪拜。

21. 启建

启建仪式即开启、启首、启动，是开始修建道场的意思。

启建科仪以焚香、赞佛、颂扬菩萨普度四生的功德为纲要，以救度亡者不坠恶道，超度亡魂出离苦海、往生极乐为目的来进行的，使度亡或祈福法会从一开始便抓住纲要，突出目的。这便是前人设教的指导思想和具体做法。

22. 扎虚空

在人们的传统观念中，总是凭空认为有阴间和阳间两种世界，在阴间这个世界中，有很多的鬼神在居住与活动，扎虚空法事则通过该仪式向人们展示：通告阴间的鬼神大众，大家听到看到孝家敲锣打鼓，赞唱讽诵经咒等仪式活动，不要惊慌，不要阻挠，都要镇定自若，各安方隅，都要为亡灵服务，帮助亡魂安稳地到达西方的极乐世界。

23. 扎灶

扎灶，即稳住灶神之意。凡是该户主要举行的所有的祭祀仪式，都必须先要敬奉灶神，这样才能稳住灶神，让灶神为该堂祭祀仪式充当好阴间的东道主神这个重要的角色。

24. 请师

请师，即去请道坛之祖师，而祖师又包括有宗师、本尊师、开坛演教祖师、历代行持祖师、顶戴传教祖师、保举师、传法师等。

25. 发文

发文，即把道坛在仪式中所要请的神圣、所要做的事情、要达到什么目的等内容，通过文疏的方式发送给神圣，让对方能够了解到，现在人间某村寨内发生了死人或其他事情，现在要做超度道场或相关的法事。

26.扬幡

扬幡，即升旗的意思，指把道坛的演教旗升挂出来。先要在户主家门前竖一根高过屋顶的旗杆，在杆上安装滑轮，套上绳索，以便到时将旗子拉上去。

27.宣榜

宣榜就是宣扬、张挂榜文，内容为东家户主要做些什么事情，对外通告，让大家都知道。榜文在正坛举行仪式之后，便可拿到村头寨尾、三岔路口等处张贴。

28.立桅升灯

立桅升灯是一种树立桅杆点灯的科仪。按照传统习俗，凡是举行大的道场，除了屋前要扬幡之外，在屋后或屋的一边还要竖一根桅杆，用滑轮套上绳索，以便升降。套上横杆，挂上一串灯笼，三盏、五盏或七盏，原则上每天道场一盏，若做九天九夜法事则要挂九盏灯笼，谓之天灯，以示隆重。

29.结界

结界，即划出阴间的地界，不让阴间的凶鬼恶神进入举行仪式的地盘来捣乱破坏。

30.行香

行香，是朝拜当坊土地神的一种仪式。大凡要做祭祀法事，都得先朝拜当坊土地神才行，因为他们掌管本地阴间的一切事务，作祭祀法事还得劳驾他们到场来做东道主神才行。

行香时，要备足香花宝烛、净茶酒礼、各种果供，用小碟盘装盛，摆在茶盘上，最好凑足三盘，以表隆重。

31.禅门请圣

禅门指佛教八大宗派中的禅宗法门，这里的禅门并非指禅法，而是指用禅门的腔调来请诸佛菩萨、尊者神圣，来临道场证盟功德，以求圆满，达到预期之目的。

32.禅门小请圣

禅门请圣有大请、小请、繁请、简请等区别，具体要根据时间的长短、道场的大小、法事基础的需要、户主的条件等因素而定。

小请的内容比较简单，腔调较少，相应的打法与动作都比较单一，同时，没有上香与上表上疏的内容。

33. 目连行狱

本科的内容表述了目连出家修行之后，其母在家喜欢食用鱼虾水族，造下罪孽，死后坠下地狱受罪。目连得知后，通过神通进入地狱寻找其母。后人被其孝心感动，用其情节编成了目连行狱、目连地狱寻母、目连救母、目连戏等科目，本科便是其中之一的绕棺戏科仪。

34. 交经忏

交经忏是在念完经、拜完忏之后，将这些经和忏呈交于诸佛诸尊诸大菩萨座前，以期能得到诸佛诸尊诸大菩萨的知晓和见证，然后才能感应佛法慈悲，得到超度之功德。以经忏为法味资粮，实现往生西方极乐世界，莲花化生之目的。

35. 禅门送圣

前面既然有了禅门请圣的科仪，那么本科之禅门送圣也就顺理成章了。禅门送圣的内容就是把原先在《禅门请圣》科仪所请来的诸佛诸尊诸大菩萨，以及三界四府的神圣高真奉送回府。

二、科仪 36 ~ 71 合编

36 ~ 38. 十王上案、左案、右案

十王案指的是传说中的十殿阎王在地府审问亡人魂魄的情形，又可称作坐案、对案、审案、问案等。在道场中以道师演教的方式来代替阎王审案的情节，因而又被称作演案、对演十王案、对演冥王案等。

十王案共有十王上案、十王左案、十王右案、十王全案、十王简案、冥王案等多种不同的版本、内容与形式。

39 ~ 40. 十王简案、全案

（参阅十王上案、左案、右案的内容。）

41. 十王宝忏

十王宝忏就是通过仪式代为亡魂向十殿阎王虔诚地忏悔其生前所犯的罪孽，以求十王判定亡者能免堕地狱受苦受罪，并判放去六道轮回中的三善道内超生。

42. 报恩

报恩科仪多在打"报恩绕"的时候举演，是打报绕的前奏科目之一。

报恩科将父母恩德数了又数，从怀胎到出生，从小孩到成人，从少年到老年，每时每刻，无处无地，无日无夜，无不牵挂在父母心上，在唱诵、阅读时都催人泪下，是一本教育人性、德行、品质、风范的好教材。对营造良好的社会风气，构建和谐团结、忠义孝道的社会氛围有着重要的社会价值和深远的教育意义。

43.升法

升法又叫作通报仪式，因为第二天要举行大的法事(法会)，要请很多神圣前来到会，因而要在前一天给这些将要被请来的神圣下文书，使他们心中有底，不至于到时误事。这种提前给他们奉送文书的仪式就叫作升法。

44.上香

俗话说："人争一口气，神争一炉香。"烧香是供神最基本而又最普遍的一件事情。佛圣入堂之后，随即上香供养，这是理所当然的事情。本科所举行的就是上香仪式。

45.留驾施食

留驾是指在请圣之后，经过了一段较长的时间，但法事还没有完毕，为了避免送了又请、请了又送这些繁杂的环节，而干脆用留驾的方式把佛圣给留了下来，以便到时再接着做下一堂法事。

留驾施食仪式多在晚上子时和白天午时这两个时段举行，因为佛教有过午不食的规矩，道教有过早不食的讲法，即佛教每天只吃午餐，道教每天只吃早餐，而只有鬼神才不论，一般也只是在晚上用餐，因此，吃子午餐是最适合的了。

46.解洗

传统观念认为，凡属于因伤而死亡、破皮流血而死、刀砍枪打而死、投河吊颈而死、车碾马踏而死、滚坡滚坎而死、难产出血而死、路途饥饿而死、服毒自尽、雷打火烧而死的人，都被说成丑鬼，死后不入祖籍，非常忌讳。解洗便是人们想托佛之力，将丑鬼解洗成为好鬼的一种仪式。

47.度幽宝卷

度幽，即是超度孤魂。要超度他们，孝家必须先要准备斋粑果供、露水净茶、香烛财箔等供品，召集他们，施与饭食，然后对其开示超脱之法，求佛圣接引他们往生西方。

48.弥陀科上卷

在超度亡魂的仪式中，为了使亡魂能够去到西方的极乐世界超生，不再轮回六道，于是便有打弥陀绕的做法。

弥陀绕是大型绕棺，俗称九转弥陀或九品弥陀，具体为：

下品下生、下品中生、下品上生；

中品下生、中品中生、中品上生；

上品下生、上品中生、上品上生。

这九品弥陀绕要打三天三夜，第一天打下品三生绕，第二天打中品三生绕，第三天打上品三生绕。带领孝子，绕桌绕棺念佛。因此，打弥陀绕的科本也有上、中、下三卷内容。

49. 弥陀科中卷（参阅48）

50. 弥陀科下卷（参阅48）

51. 安灶神

安灶神是安奉灶神的意思。在人们的传统观念中，灶神是玉皇大帝派下人间主使一家的吉凶祸福之神，因而人们将灶神侍奉为一家之主的神灵。

安奉灶神要用斋供，即豆腐、糍粑、净茶、香纸、蜡烛等，于灶房设供祀奉。可用坛班大祭，也可单人敲一符铜钹祀奉。

52. 撤虚空

法会圆满了，就要把起先所安的虚空神坛给撤销了，把这些神灵遣送回本处，再也不能在此逗留了，这便是撤虚空仪式的本义。

53. 倒坛

按照传统说法，祭祀活动在未经倒坛撤除仪式，其桌台椅凳虽然尽数撤去了，明眼人看不见了，实物没有了，但那些走阴的人，扛仙的仙娘们，照水碗和卜测的人却仍然能看见神坛的存在，阴间的鬼神仍然在那里不肯离去。由于没有人、没有供品供奉，他们便会祸害人间，造成无穷无尽的后患，因此，祭祀活动凡有启建，都必须要有倒坛才行。

54. 倒桅

倒桅，即将启建之时所在屋后或屋之一边的灯桅放倒的意思。倒桅仪式在灯桅杆下举行，此仪式行过之后，便可将灯桅放倒，收到一边了。

55. 辞灵

辞灵是与亡灵辞别的一种科仪。亡者的棺木停在堂屋中，一旦抬出屋外，便永远也回不到家中了，这一离别便是永远分别了，人间的亲情、近情及其他所有的一切等就此了断，因此，这堂与遗体辞别的科仪便叫作辞灵。

56. 度亡升天

度亡升天是相继于开路科仪之后的一种加强性的仪式，也可穿插在绕棺戏的任何科目之后举行，是为了进一步加强、巩固度亡效果而设置的一科仪式。

57.三宝绕棺

这里所说的三宝指的是佛宝、法宝、僧宝。三宝绕棺实则为围绕亡者的棺木来颂扬三宝的好处，让亡者听后对其感兴趣，追随佛教去西方修行，跳出苦海，登上彼岸。

58.香山绕

香山绕是赞颂观音菩萨的功德与修行的一种打绕棺形式。在民间，凡有女人亡故的，小的绕棺是血盆绕，大的绕棺是香山绕，当然也有男女共享的弥陀绕、地藏绕等。

59.香山案

香山案是在打了香山绕之后才能够举演的一种仪式戏，又可叫作对香山案。

香山案主要讲述观音菩萨修行成道的故事，共有12大段演案内容，即对应了从子时到亥时这12个时辰（一昼夜）如何不间断地审视自身的缺点，从而达到身心清净之目的。通过对案的方式，亡魂从中受到启发，随佛超度往生西方极乐世界。

60.冥王案

冥王案的本义为，人在世间有意无意地造下了很多冤孽，一旦死后进入阴间，即受到阎王的审问，按轻复位罪，再判其投生，其魂有六种投生的去处，称为六道。这六道中三善道为天道、阿修罗道、人道，三恶道为饿鬼道、畜生道、地狱道。三善道与三恶道不停地轮回，总是由阎王来判定的。如今，人已死了，便要由道师来扮演阎王审案的情节，把亡魂从可能要去恶道受罪投生救度回来，送到善道中去投生。

61.叹亡

叹亡即赞叹人间生死无常，人皆难免，每个人都必须经历，没有谁能够逃脱，这是一件极为悲伤无奈的事情。所以，借以好言相慰，既是慰他，更是慰己！叹亡科从表层到实质都如实地表述了世间的人际关系与情感，对世间的看法和观念，也道出了所谓的人生实质。

62.念佛绕棺

民间在绕棺的时候，也有念佛绕棺的做法。念佛法门是根据释迦牟尼佛所说的《阿弥陀经》经义所立，说的是在经过十万亿个世界那样远的西方，有一个极乐世界，在那里没有丝毫的苦楚，只有享受，那个世界的主人叫作阿弥陀佛。他曾经发过大愿，说是若有人想到他那个地方去享福、去成佛、只要一心一意地念他的名号，哪怕只念十声，他便会接引这人的魂魄去他那个地方成佛享乐，于是在佛教界便有了念佛法门的说法。

63. 诵《金刚经》

《金刚经》是佛教的大乘经典，是普度众生的经文。如经中的"一切有为法，如梦幻泡影，如露亦如电，应作如果观"及经文中的三转语"佛说般若波罗蜜，即非般若波罗蜜，是名般若波罗蜜"等。所谓佛性，就是这些，除此无他。因此，在念诵《金刚经》的时候，重点在于思考参悟。

64. 三教醮坛扫荡

三教即佛、道、儒三教。这里的三教醮坛扫荡，指的是某个村寨或某条街道发生多起凶死、夭亡、闹鬼、怪异，或者瘟疫、时气等被认为是严重干扰、影响人们生存的因素，于是便有了打醮扫荡的做法。

65. 追荐

追荐指那些在死亡的时候，由于贫穷、时局限制、条件不济、孝子年纪尚小等因素，在当时没有得到超度的亡魂，到后来有条件了，后人想要对其进行超度而举演的仪式。

66. 诸圣宫口

宫口指与绕棺戏相关的各种各类神圣的住所（住址），因为在举演绕棺戏时，时不时地会请到他们，敬奉他们。宫口便是神圣的居所，要请他们，要敬他们，要求他们，要知道他们的处所，在上表、上疏、化财等的时候，要有具体的处所去投呈，去敬奉。

67. 奠谢古墓

因某种工程需要搬迁的坟基，在搬迁之前和搬迁之后，也有举行奠谢的必要。同时也指墓主的后人隔了一代或几代没有上坟烧纸祭扫的坟墓，由于某种原因而要再来祭奠的一种仪式。

68. 诵观音经咒

《观世音菩萨普门品》原是《妙法莲华经》里的一段经品，由于观世音信仰传入中国后日益盛行，所以经文从汉文译本内抽出来，成为便于受持读诵的单行经品本。观音经咒实际上就是《妙法莲华经》中的观世音菩萨普门品。

69. 观音宝忏

观音宝忏是在念诵观音经咒之后才来礼忏的。念经之后必须要拜忏才能达到目的，念经是为了开悟，而开悟之后须回头审视自身的所作所为，知错必改，以后不再犯，这样才能达到洁身自重之目的，巩固开悟之后的效果。

70. 慈悲弥陀宝忏

弥陀宝忏在湘西苗族绕棺戏中有多种版本，这些版本有简有繁，但无不都在述说阿弥陀佛的大慈大悲，大心大愿，大功大德。这里所载的是较为简单的版本之一。慈悲弥陀宝忏是念诵《弥陀经》之后要拜礼的一部忏法，与诵《弥陀经》、打"弥陀绕"是相互配套的一种科仪。

71. 秉烛

为了表达人们对神圣的敬仰，为了表达虔诚恭敬，实现人们心中的期盼和要求，人们便不惜一切代价，出高价购买蜡烛照亮神堂，以此作为与神圣交易的条件之一，于是便有了本科的秉烛仪式。秉烛实际上就是点燃蜡烛来照亮坛堂，照亮神圣。

三、科仪 72～110 合编

72. 开冥路

湘西苗族的开冥路有 5 种不同的版本。传统观念认为，人死以后，其灵魂就会进入黄泉，即地府、阴间，而阴曹地府又是一个不见天日的地方，不仅黑暗寂寞，还会受到种种迫害和苦难，因而，按照阳间活人的想法，要用佛道神圣的法力将亡魂从阴曹地府中解救出来，将之送上天堂或者西方极乐世界中去享福，让他不再受苦。

73. 莲华绕

绕棺有诸多科目，如十王绕、血盆绕、请水绕、封丧绕、报恩绕、弥陀绕、地藏绕、三宝绕、莲华绕、香山绕、送丧绕、奠祭绕等，此科所介绍的是其中的莲华绕。

此科莲华绕可以不先请佛，直接绕棺，分为三大段来进行。但打绕棺的手法、形式、时间要多要长一些才行。

74. 缩坛安位

缩坛又叫返驾、回宫、送圣等，而本科中的内容则有佛、有道、有神、有圣等，融会贯通，合为一体，体现出中土人的心胸宽阔，包容大度。

75. 七佛忏

本科仪所拜的七佛实际上为八佛，其佛号是：①毗婆尸佛；②拘那含牟尼佛；③毗舍浮佛；④释迦牟尼佛；⑤尸弃佛；⑥迦叶佛；⑦拘留孙佛；⑧当来弥勒尊佛。按照传统说法，礼拜七佛也就等同于礼拜万佛了，不可思议，功德无量。因而，也可在绕棺戏中，不管是男亡女亡，也不管在念什么经书超度，这七佛宝忏都可礼拜，都是派得上用场的。

76. 送丧绕

送丧绕是在送亡人灵柩上山安葬途中所打的一种绕棺仪式。为了表示葬礼的隆重，为了表示孝子与亡者的亲情深厚、难割难舍、难分难别，在安葬途中不断地将棺木停下来，围绕棺木来回绕行，这也是寄托哀思、抚慰伤情的一种做法。

77. 血盆宝忏

血盆宝忏是在念《血盆经》之后所礼拜的一种法忏。血盆宝忏的内容说女人身体不干净而造罪于天地日月和各路神圣，这本来就是逆天灭理，这个世上的人类都是女人繁衍而来的，女性受尽了千辛万苦生育人类，其功远远大于其过，到头来却被说不干净。如果不干净的话，何来人类？何来神圣？何来我们呢？但是，传统观念就是这么的根深蒂固，最后连女人自己都否定自己，大家也都默认了，这就是传统的一类。

78. 接亡

接亡是一科接引亡魂的三魂七魄前来接受超度的法事。大体包括赞颂诸佛菩萨的慈悲普度功德；恭请接引亡魂的使者；招摄亡魂及祖宗先魂；开亡人的咽喉使其能领受享用美食；请亡人入沐浴池净身；请亡魂上桥过关前礼佛拜菩萨；等等。然后求佛接引超往西方极乐世界。通过上述的步骤与做法，我们大体了解到民间所谓超度的内容与实质。

79. 早旦礼圣

即是早课之意，是绕棺戏的早课科仪，即早晨朝礼诸佛菩萨，才好进行一天的法事。

这里所谓的早朝，主要是宣扬目连尊者孝敬母亲的功德，借以引导人们孝敬娘亲，塑造尽孝的气氛，提高超度亡魂的效果，根据本科内容来看，也可以说是上《目连表》或上《目连疏》。由此看来，早朝多为女亡而设的一种仪式。

80. 请水扎灶扎龛

本科仪指取水净坛、请灶神和孝家祖先福德神来共同参加和主持超度亡魂的法事，因为灶神和家祖寨祖，原则上是户主家的东道主神。请水、扎灶、扎龛实际上是三科法事，这里将其合为一科，并且其中内容有佛有道，有神有圣，特此收载，以供后人参考与研究。

81. 灵前安位

灵前安位，实际上就是安灵，其内容包括请引魂使者、招请亡魂、奠献供品、沐浴更衣、化财安奉等。

82. 地藏绕祝融幽冥

地藏绕是绕棺戏中的大型绕棺，其与十王绕、血盆绕、请水绕、封丧绕、报恩绕、弥陀绕、三宝绕、莲华绕、香山绕、送丧绕、奠祭绕等一样，都是绕棺戏的科目之一。

打地藏绕要在丧家门前摆上十八张桌子，其十二张桌上摆十王及左右二司的画像牌位，六张桌上摆地藏王、观世音、阿弥陀佛、释迦佛、文殊、普贤画像牌位，配上纸扎神帐和皇伞，气派十足，场面盛大。打绕棺时，十几个道师带领上百孝子穿梭其间，从屋里到屋外，十分壮观。

83. 启经

启经科是绕棺戏在念经之前必须要先举演的一种科仪，全是佛教内容，凡是念诵佛教经典，用此科仪都较为适合。本科是启经与送圣同为一卷的，卷上为启经，卷下为送圣。

84. 净土忏

受佛教里的《佛说阿弥陀经》影响，传统观念普遍认为世间的人只要超度到西方的极乐世界之后，就能解脱一切苦难，尽情享乐了。因此，人死之后，都有超度往生西方极乐世界的想法、欲望和做法。净土忏实际上也可称为弥陀忏，是礼拜极乐净土的教主阿弥陀佛的一种忏悔科本之一。

85. 高王经

高王经又称《高王观世经》，实质上是赞颂观世音菩萨的一篇经文，是为了加强观世音菩萨的灵感强度而念诵的一篇经咒。

86. 金刚普门纂

金刚普门纂本是两种科仪，即《金刚纂》和《普门纂》两科，可简称为金刚纂。这是一种加强《金刚般若般罗蜜经》和《妙法莲华经观音菩萨普门品》的科仪，多为念诵，少有赞唱。

87. 洒净

自古以来的祭祀仪坛，都要求洁净无染，这是最起码的条件。因此，凡是举行祭祀仪式，都得先请水洒净才行。

洒净科仪大体包括请水和洒净两大部分的内容。

88. 赞叹十王

赞叹十王功德中的十王分别是：地府一殿，秦广大王；地府二殿，楚江大王；地府三殿，宋帝大王；地府四殿，五官大王；地府五殿，阎罗天子；地府六殿，卞城大王；地府七殿，泰山大王；地府八殿，平顶大王；地府九殿，都司大王；地府十殿，转轮大王。传说十王专管地狱的亡魂，因此，在绕棺戏中便有赞叹十王功德科仪的设置和举演。

89.迎神

此迎神科又叫请神科、恭请神圣科等，是民间超度亡魂而常用的科仪之一。

90.发牒

道坛里所请的神有佛教神、道教神、本地神等多种，而所请的这些神都有住处，并且要先送去文书，到时才不会延误。因此，发牒科就是要把这些文牒发出去，由功曹投递给他们，以免到时误事。

91.祭灵

祭灵即祭祀亡灵，指把阳间的食物如酒、饭、菜、茶、果、烟、纸钱等敬献给亡魂享用，以此表达活人对死人的照顾。虽名为祭灵，但其所祭祀的无非都是自身，是自己获得感受。亡人已亡，如果还能享用活人的食物，那还是亡人吗？

92.犒赏

在过去，一些富足的人家死人后要烧很多的纸钱、冥币、冥车、金山银山、金童玉女、冥屋冥具等，几乎摆满屋外坪场。所有这些都得劳烦车夫力士搬运送给亡人，因此才设此犒赏科仪来犒劳这些车夫力士。

93.地狱救母

地狱救母科仪中所演唱的是目连大孝子去到地狱寻找他的母亲的故事情节。为了救度娘亲，目连寻遍了十八层地狱，最后将娘亲救出。科仪以讲白、演唱、对答、念诵等形式，生动地刻画出了一个动人的故事。

94.诵北斗经

传说北斗七星君是造化人神之枢机之主宰，有回生注死之功，消灾度厄之力。北斗经全称《太上玄灵北斗本命延生真经》。念诵北斗经时，当虔诚稽首净心，恭敬设像，焚香虔奉，香花灯水果供养，长斋跪诵，太上玄灵北斗本命延生真经，或三或五乃至千百万遍，才可使罪愆冰焕，厄难解脱。

95.醮坛解释

醮坛解释科实为给信众解冤释结而举行的一科法事。传统观念认为，人在世上之所以会有灾难，全是由自己在前世今生所造的恶孽而引起的，是因为有意或无意中在身、口、心境中伤害了别人，结成冤孽、债孽、凶孽、恶孽，在机缘成熟之时，这些恶孽发动，事件中的冤家债主找上门来，灾祸便应运而生了。为了消灾免难，于是请师修连解冤释结道场，借用神圣法力，解除冤孽，将祸害扼杀于萌芽中，根除灾难。

96.燃蜡

燃蜡科仪所供奉的对象是诸天菩萨，俗语有"二十四诸天"之说，故而要燃二十四支蜡烛。燃蜡时，要上下摆两张桌子，其上的桌子象征着天，要在三方桌沿边插上二十四支蜡烛。桌中摆一大方升米，插二十四炷香，还要摆豆腐、斋粑、果品、净水、净茶等供品。其下的桌子上摆纸钱、疏文、香盘、供果、铜钹等供品，每方放蜡一支，乐队在两边伴奏即可。燃蜡时间不是晚上子时便是白天午时，因而又称为燃子时蜡或者午时蜡。

97.度亡开道

传说人死之后，有六条道路去投生，俗称"六道轮回"。而这六条道路中，又分有三条善道，三条恶道。如果是去三善道投生则好，去三恶道投生则苦海无边。因此，民间便有救度三恶道的苦难，在绕棺戏中才有救度三途之说。本科仪则是绕棺戏中为亡魂开冥路的内容。

98.赈济

赈济是专门给那些孤魂野鬼供食品的科仪之一。所谓孤魂野鬼，是指那些没有后人供奉香火、战死沙场无人理会、非正常死亡、非家内死亡等类型的鬼魂，亦称为孤魂子孑、魑魅魍魉。传说这些鬼魂为饿鬼道鬼魂，佛经上说其腹大如鼓，而颈细如丝，时常饥饿难忍，加上又没人供食，苦难非常。依据佛道慈悲的思想，在做道场时要供奉它们，使其亡魂能够超生善道，孝家也才能更有好运福分。

99.安坟龙

传统观念认为，葬在山坡上的坟墓是有龙气的，这龙气辐射回孝家，将会给子孙后代带来好处，福禄寿喜，富贵双全。于是，葬前得先请堪舆师看风水，葬后又须请道师安坟龙，企图以此达到旺子孙之目的。

100.释结

传统观念认为，人们活在世上，为了自己的利益，会有意或者无意地损害他人利益甚至生命，比如俗话所说的"人不为己，天诛地灭"。在日常生活中，为了一己之口腹，不惜杀牲害命；为了自己的利益，或偷盗他人财物，或欺骗他人钱财，或强抢恶要非己财物，或恶语伤人，或不孝父母、不忠主子等，这些都叫作造作恶孽，其对象都成了自己的冤家债主，欠了冤债是要偿还的。释结科仪就是为亡者解冤释结的科仪。

101.三元经咒

这里的三元并非俗语中所说的天、地、人三元，而是指俗家、佛家、道家之三种文化元素的三元，这里的经咒也并非专指经典的经，而是经与咒的融合体，是一种可经可咒、经咒合一的体裁。

102.城隍度亡经

城隍度亡经本是道家的理念与做法，但本科却用佛家的内容(唱词)冠头并收尾，这在过去的宗教界看来，是不合法度的事，但细想起来，也有一定的道理。民间百姓，非佛非道，亦佛亦道。于是，由俗家走入道家，又由道家走入佛家，最后干脆融为一体，合为一团，于是，面对这种混合体也就不足为怪了。

103.招亡

招亡也可称为接亡，是把亡魂召回灵前接受超度的意思。招亡还有一种说法，即是女亡魂在经过破血盆地狱之后，要通过招亡的形式将其灵魂接回来。因此，在破血盆之后往往也要举演招亡科仪。

104.界灯

界灯，又可称为"迎灯"或"十王灯"等，是专门供奉地府十殿阎君的一种科仪。

众所周知，地府黄泉是个黑暗无光的地方，按照活人的思维，那是非常阴森和可怕的。正因为如此，灯光便自然而然地成为人们脑海中最迫切的追求了，故而，用灯供养冥王便成为人们心目中最好的礼仪了。

105.巡坛

巡坛与结界是姊妹科仪，有结界必有巡坛，有巡坛必须要结界，二者相辅相成，相帮相结，都是为了保护坛场的平安吉利所设置的。

106.锁坛

锁坛，即将祭祀坛锁起来，法事暂时停止。到明天早上再来开坛，再做法事。一般来说，锁坛与《告歇》属同一性质的科仪，如果是一连几天的法会，可将锁坛与告歇交替举行。

107.破狱

破狱分大破狱、破狱、破五方狱、破十八狱、连行带破地狱等科目。此科虽名为大乘破狱，实际上也与破五方狱相似。

此大乘破狱也与破五方狱一样，要在棺椁的五方摆五片瓦，打瓦片后，孝子要翻开并叫出对亡者的称谓。

108.礼坛忏悔

按照宗教传统的思维方式,人的举手投足、口角言语乃至起心动念,都有过错。这些过错往往会带来因果报应,那是非常可悲可怕的。因而,要在诸佛菩萨面前披露过失或罪孽,才能从根本上消除这些灾难,远离苦海。

这里的礼坛忏悔主要指弟子、主家、办供人等,在办理供品供具等方面,在这堂道场中不经意所犯的一些过失,对佛菩萨进行忏悔,乞求佛圣不要检过。

109.莲池宝忏

礼拜莲池宝忏也就是礼拜莲华宝忏和弥陀宝忏。礼拜莲池宝忏之目的便是要去西方极乐世界超生,这也是绕棺戏的最终目的。

110.礼十殿

礼十殿即拜礼十殿阎王。传统观念中的十殿阎王,专门掌管阴间世界黄泉地府里的事,特别是人死之后要经过十殿阎王逐殿的审问,按照在生之时所造作的善恶之事来定罪或判定生方,其行善者判生天堂、人道,其行恶者判在地狱受罪,期满后判生异类旁生,最后才生人道中。因而,死人最怕见到阎王。故而,在举演绕棺戏时,要逐殿地礼拜十王,取好十王,以求十王对亡者赦罪免责,判生善道。

四、科仪 111～143 合编

111.血盆上案

血盆案所表白的内容是妇女在发育、生育中由于身体不干净,或由于洗涤经血污秽而召来各方罪报,是专门为女亡魂悔罪而对演的一种科仪,在打血盆绕之后,就要破血盆狱,对血盆案。血盆案共有三部,分为上案、左案和右案,要由三个人轮番演唱。

不知古人是如何看待自然物像的,这些本就是人的生理上必有的正常现象,却被描述得如此惊恐骇人,这是否有违常理,悖逆人性?世上男人难道不是从女人身上生养出来的吗?如此歧视女性,怎能说得过去呢?

112.血盆左案(参阅第111)

113.血盆右案(参阅第111)

114.功曹科

功曹又叫作"传文使者"，是专门负责给举演绕棺戏的道坛传递（送）文书的神员，相当于今天负责送信的邮递员。

功曹神有两大体系、四大类别。这两大体系又分为值年、值月、值日、值时，天界、地界、水界、阳界四大类别，称为"四界功曹"。这些功曹统称为"四界四值功曹"或"四界四值传文使者"。

115.揭破地狱

传统观念认为，凡人在世间，为了自己的利益，做了不少损害他人、他物的事情，损人利己的事例较为多见，用惩恶扬善的话来说就叫作"造孽"。一旦有了恶业便会遭受到恶报，特别是人死了之后，其灵魂便会坠入地狱，长期受苦。在绕棺戏中，为了超度亡魂，使其不再受苦，于是便有揭破地狱的做法。

116.城隍宝忏

传统观念认为，人有灾难祸害、病痛顽疾，皆是过去所作恶孽而导致。人非圣贤，孰能无过？因此，在灾难发生之前，对本地城隍，虔诚忏悔罪过，防止灾难纠缠，或在当灾之时，忏悔此前所作之罪过，以求消灾免难。

本科城隍宝忏虽为生人而拜，亦可为亡者而礼，求消除生前之罪过，以期达到往生西方之目的。

117.寄库

寄库科为在人还未死之时，当着活人的面将冥钱冥财预先存入阴间，以备死了之后管现去用。寄库即存库或库存之意，寄库所需的供品用品也与生人活人生活所用的物资一样，比如房屋、车马、金童、玉女、金山银山、钱币、衣裤甚至家电家具、吃住衣食等，活人用什么就可寄库什么，并且都要比较高档的。

118.开宝开库

开宝开库是将原先寄库存的供品，比如房屋、车马、金童、玉女、金山银山、钱币、衣裤甚至家电家具、吃住衣食等，通过本科仪式取出来，按照原先所列之清单，通过本"开库"仪式，交给亡魂使用。

119.伤亡解疏

按照湘西苗族的传统观念，凡是因伤而亡的，只要在死亡的时候见血以及凡是在外死亡的，都以伤亡鬼论。一旦被划入伤亡鬼的行列，其魂魄、其名号都不被列入祖籍。正是因为有了这种观念，人们才最怕伤亡，一旦发生，便要想办法将其恶气洗去，使其成为不沾恶气的好鬼，不受歧视和偏待，于是便有了本科之仪式。

通过解洗以后，伤亡鬼可以成为好鬼，和家亡先祖待在一起。

120. 补烂

补烂是将那些尸骨不全的补足齐全，把破烂断裂的补好补齐。此堂科仪体现了佛法慈悲广大，包容一切，不生分别之心，众生平等，表现出了基本、起码的人性。

121. 招灵

招灵是把那些在外死亡的，也就是客死他乡的亡者灵魂召集回家，一来便于就灵超度，二来将其灵魂招回来和自家的先祖们一道，接受其家子子孙孙千秋万代的香火供奉。

122. 招引科

招引又可称为"拔亡"，即荐拔亡魂往生西方。此科仪虽然与原载之《招亡》《接亡》《招灵》等的内容和含义基本上一致，但做法却有所不同。只是与前者相较而更加趋于佛化一些，可见由俗及道，由俗及佛的演化过程之具体体现。

123. 供圣

凡人为了达到某种目的，有求于佛圣，依靠于佛圣，为了表明一片虔诚之心，便借助人间赖以生存的上好物品敬献于佛圣，以此表达恳切之意，这种仪式就叫作供圣。供圣的物品有香、花、灯、烛、茶、果、衣、宝等。

124. 朝拜城隍

传统观念认为，城隍是阴司派驻地方的一级机构，是通向阴间的第一道关卡。世人多讲阴德、讲善业恶业（孽），这些善恶是由城隍神、当坊土地神来监察的，因而，凡祈福修善的人都非常重视、尊敬和朝拜城隍神和本坊土地（又称村宗寨祖）神。因为他们本身就是一个系统，专管本地善恶纠察及祈福保安、上天入地奏事判断等事。

125. 迎圣

迎圣科仪又叫作恭迎圣驾科仪，是在做道场时请圣迎佛的一种科仪。请圣科仪的版本与形式至少有七八种，此科仪便是其中之一。

126. 里耶版请佛科

本科搜集自保靖县毛沟地区以及四川省秀山里耶地区的绕棺戏请圣科仪。笔者本着最大限度保留科仪的原生性，若非特别说明里面的错别字当改以外，其余的基本上与原科本保持一致。通过仔细地阅读吟唱之后，可以从中发现佛道文化与民间文化融会贯通的痕迹和脚印。

127. 雅桥版请圣科

雅桥地区的请圣科包括到龙坛、排吾甚至于吉卫一段地区的道坛请圣模式和内容，具有一定的代表性。本科仪由雅桥乡石恩元提供。

128. 花垣城区版请圣科

据《永绥厅志》记载，湘西花垣的绕馆戏于五代时期自常德传入，距今已有千余年的历史。为了使读者能从阅读或吟唱中大体了解到苗族绕棺戏的沿革、变迁与发展状况，笔者特意搜集了四省边区苗族村寨具有代表性坛班的请圣资料一并列出，以供后人参考。本科仪由花垣城区坛班秧代国提供。

129. 团结岩坝塘版请圣科

这是吉洞坪（团结镇）岩坝塘村上辈有名老艺人石维松坛班的请圣科，石维松坛班曾被张子伟、石寿贵等采访并将其部分资料与董马库乡大洞冲村石寿贵坛班的资料合并，整编译注之后在台湾新闻丰出版社出版，书名为《中国传统科仪本汇编》之十三《苗族道场科仪汇编》，共一百三十多万字，是国内外首次出版的有关中国苗族绕棺戏的书籍，从而也使团结镇岩坝塘村和董马库乡大洞冲村的道坛蜚声海内外。

本科仪由石维松的长子石帮昌提供。

130. 散花

本堂科仪设置原因有三。其一，为了冲淡丧堂的悲哀和凄凉，让生者得到适当的抚慰；其二，则可以让前来吊丧、伴葬的有才人士得以发挥出自己的聪明才智，让大众参与，让大家露才；其三，可借此告慰死者，老"花"虽"散"，而新"花"已开，并且百世其昌。散花是哀悼逝者，为撒手尘寰者祝福安魂、送行道别的，属于庄重肃穆之白文化礼仪歌。

散花不光是道师们唱，更主要的还是让大家都来唱。

131. 玄门绕棺度亡取水科

玄门绕棺度亡科包括玉帝幡，取水科，开咽喉、解秽、安灵、绕棺请神科、玄门绕棺上中下三卷，玄门解结科，玄门开辟五方科仪、下朝语、出枢起丧科等十二种小科仪。

132. 玄门绕棺请神科

玄门绕棺科仪是指巴代死亡后，在开天门、送亡师、穿打先锋之后所举行的绕棺法事，具体包括绕棺请神科、玄门绕棺上中下三册等科仪。

133. 玄门绕棺上中下三册

绕棺科仪共有上、中、下三册，也就是说，整堂绕棺可以分为三次或三个时段来进行。

其中，上册专门表述绕棺原根的内容，中册专门表述奉请道家的各路神祇来加持绕棺，下册表述请三教神祇，通过有机整合来加强超度亡魂的力量，并附有赞叹教法、赞叹先贤、赞叹古人行孝等内容。

134. 玄门开破方

开破方有两层意思：其一，开通五方升天冥路；其二，揭破五方地狱。于是，先要开方，后要破方，总称为开破方。

135. 玄门解结

解结是借助天尊之神力，为亡魂解脱生前所造的一切罪孽。事实上，是教育活人，哪些是不道德、非人性、不合伦理的言行。要人们遵守伦理道德，要守人性，不要损人利己，从而构建一个团结和谐的人类社会。

136. 玄门绕棺度亡文疏表章

玄门度亡文疏表章包括：1. 通行申文；2. 三清申文；3. 玉帝奏章；4. 晓谕牒文；5. 高脚牌示；6. 知会牒文；7. 踩草牒文；8. 开路行丧牒文；9. 随丧牒文；10. 下井牒文。共十道文疏。

137. 玄门神咒

玄门神咒也被叫作道教神咒，因为道教的很多东西在人们看来是玄而又玄的、不可思议的东西。道教作为中国土生土长的原始宗教，几千年以来一直盛行不衰，几乎在全国都有信徒。其教义教法，在一定程度上已融入了人们的生活当中，成为人们精神世界里不可或缺的支柱和家园。

138. 道坛请神科

苗乡在过去时代曾经有过七七四十九天"文武道场"，文道场的仪式由苗道师所主持，武道场的仪式则由客师"巴代扎"来主持，一文一武，交叉进行，这就是具有苗乡特色的文武道场，道坛请神科就是苗道请神的科仪之一。

139. 三献礼

丧堂三献礼是丧葬祭礼其中之一的科仪，是早奠礼、暮奠礼中将阴席阳席中的供品通过三呈三献的形式敬献给亡者的一种礼仪。

140. 丧堂奠仪科

丧堂奠仪大体可分为家祭礼与客祭礼两种，亦称为主祭礼和宾祭礼。具体又可分为送终礼、丧服礼、跪拜礼、早奠礼（主祭礼）、暮奠礼（主祭、宾祭礼）、排班礼、绕棺礼、陈设礼、盥洗礼、迎灵招魂礼、参神礼、上香礼、读祝礼、初献礼、亚献礼、三献礼、通献礼、侑食礼、焚楮礼、路祭礼、墓祭礼、点主礼、安祖礼、除服礼、净宅礼等三四十种，这些都是丧葬祭礼的内容和礼仪，是一种由本地习俗与儒家文化有机交融整合的丧祭模式。

本科为内容较为齐全并有一定的代表性、广泛性和可参考性的资料。

141.玄门课诵

玄门课诵是道教信众进行早晚日诵的功课本，以功课日诵为主要内容。

142.释门朝晚课

朝课的用意是：一日之计在于晨，最清醒的时候也是早上，所以早上读诵经典，是告诫自己这一日要依照着经典中的教义去利于大众，为大众做好事，并且提醒自己今天不要犯错误。

晚课的用意是：一天马上就要结束了，这一天该做的事情也差不多做完了，该是反省的时候了。晚上诵读经典，并且用经典当中的教诫和自己今日的所作所为做对照，有哪些做到了、做好了，明天继续努力，做得更好；哪些做错了，要反省，并且警告自己以后尽量不要再犯。

143.太子游四门

太子游四门指历史上印度梵国的净饭王太子乔达摩·悉达多释迦牟尼还未出家修道之前，游梵王城之东南西北四门时所看见人世间的生老病死这些苦难的情形。本科仪的游四门所叙述的并非原本的历史故事，而是按照绕棺戏度亡魂的需求所改编的，其重点在于超度亡魂。

五、科仪 144～171 合编

144.放河灯

放河灯一般是在"打清醮""荡秽"或"保峒斋"等扫境平安的仪式之后举行，也有在绕棺戏度亡道场的赈济度幽之后举行。其目的有二：其一，将本境的孤魂孑孓、魑魅魍魉、灾难祸害、瘟疫时气送走。其二，将本境的孤魂孑孓、魑魅魍魉、山鬼野神超度去西方，使其得到解脱，不起事端，不兴灾祸。

145.大赈济科

大赈济实为规模与排场都很大、时间很长、级别较高、科仪较小赈济烦琐、在实际应用中多出一些手印与秘咒的一种仪式。其道理基本上与小赈济相似，可参阅科仪98《赈济》的内容简述部分。

146. 道坛忏悔科

道坛忏悔科是以佛教之香赞为起头，接用道教之香词来引出下文，之后便直接切入要点，点出忏悔的具体内容，有机地将佛道融为一体，它打破了历史以来的一教排斥他教的僵硬局面。

147. 铺大坛

传统观念认为，凡是在要修建法会，特别是在要奉请各大神圣之前，必须先把招待的场地准备好，其清洁条件就安全防卫、各种设备等问题都要事先确认好才行，这项工作在宗教术语上就称为铺坛。本科为先设坛，后请神，最后念经的铺坛模式。

148. 叩师化财

叩师化财是在道场起法之前，先来叩请历代祖师降临坛中，掌握并主持道场的一切法事，然后烧化冥钱敬奉给祖师。

本科为专门叩请绕棺戏度亡的历代祖师，有的祖师附有其出生年月日时，有的则只有出生的时辰，还有的甚至没有记上，到时需在掌诀宫位中掐住其宫位才行。

149. 投文科

投文就是发文，指发送公文去奉请那些专管超度亡魂的神圣前来道场，加持度亡法事。此科与《功曹科》《发文科》《生法科》等同性质，是根据道场的实际需要而决定要用的科仪。

150. 行疏静坛科

行疏静坛实际上就是向道场中的神圣们申请休场的意思，行疏可理解为申请或报告，静坛可理解为休场，这是绕棺戏中的术语。

151. 热坛科

热坛科又可称作行法理坛科，意为在几天几夜连续大作法会的前提下，回过头重新打理一下坛场，温热一下坛场。此仪式以不定期的方式来举行，目的在于加重一下坛场的神秘气氛。

152. 扫除垢秽

扫除垢秽又可称为"瑜伽荡秽"，即运用清净之法水来荡除坛场中的诸般秽气，使坛场洁净卫生，无杂无染，体现出圣境的庄严肃穆、整洁清净。

153. 追魂翻案科

传统观念认为，那些死亡的处所与方式，其魂魄会坠入三恶道中，特别是到地狱中去，因而才要举行追魂翻案的仪式，以将其魂魄追取回来，托佛菩萨之法力超往西方。

154. 分兵接驾科

分兵是道坛之内的术语，指把道坛内的法术与神通分开一些，用在急需要用的地方，通常是兵马分开调用的意思。比如，在安新坛的时候，将老坛的兵马法术分调一些出来，安置到新坛里面去，以便日后用在各种道场之中。

155. 申文

申文是丧葬仪式古白歌、绕棺戏中一种向其系统的上司申报道场法会，并带有请求性质的较简便的文章体裁之一，其特点是比较简单明了，便于法事之前书写呈送。本科共收录各种有关申文 13 道。

156. 赦、关、词文

赦文是专门请求诸佛菩萨大发慈悲，用神通赦放亡魂超生西方极乐世界的一种文体。关文是指在超度亡魂法会中所使用的一种文体，具体指烧包化财中的《火关簿》之类。词文又可叫作辞文，比如《剖盆词》之类，用简单明白的语言词句来表述法事的中心思想与目的之类的文章。本科共收录各种有关赦文 3 道、关文 2 道、词文 2 道、公据 1 宗。

157. 榜文

榜文指举演绕棺戏过程中对外张贴公布有关内容的一种文体，实质上就是把有关内容与做法出榜公布，让大家都知道孝家、道坛在做些什么事，大家要如何配合，应该注意些什么。本科共收录各种有关榜文 10 道。

158. 疏文

疏文是苗道坛在举演绕棺戏科仪中，为了加强科仪的内容成分而专门向诸佛菩萨及有关神圣进行文字沟通，表达诉求的一种较为细致的文体。本科共收录有关疏文 12 道。

159. 牒文

牒文是在举演绕棺戏中所配合使用的一种具有证盟性质的文体，其特点是篇幅较大，内容较繁，诉求较为细致。本科共收录有关牒文 10 道。

160. 表文

表文是道坛举演绕棺戏的时候配合科仪穿插使用的一种表述科目内容的文体，具有表明内容、表述特质、表达诉求等特征。本科共收录各种有关表文 36 道。

161～170. 皇忏第一册至第十册

皇忏全名叫作梁皇宝忏，相传为梁武帝的皇后郗氏死后投胎做蟒蛇，熬受不了苦难，就显蟒蛇之像要梁武帝救她，武帝无法，问计于沙门僧众，僧人才将忏悔罪孽可以度脱郗氏之法告诉于梁武帝，于是，梁武帝便召集名僧，按照佛法教义来编撰忏悔之文，并按文如实为郗氏举行忏悔道场，后果度脱郗氏出离蟒蛇之身，超生极乐世界。

此忏不仅在度死道场中多被运用，在度生、自修、预修的道场中也多有运用。

整部法忏共分十册，亦称十卷。十册中共包括四十种内容，这四十种内容分别为：

皈依三宝第一；断疑第二；忏悔第三；发菩提心第四；发愿第五；发回向心第六；显果报第七；出地狱第八；解怨释结第九；自庆第十；警缘三宝第十一；忏主谢大众第十二；总发大愿第十三；奉为天道礼佛第十四；奉为诸仙礼佛第十五；奉为梵王等礼佛第十六；奉为阿修罗道一切善神礼佛第十七；奉为龙王礼佛第十八；奉为魔王礼佛第十九；奉为国王人道礼佛第二十；奉为诸王王子礼佛第二十一；奉为父母礼佛第二十二；奉为过去父母礼佛第二十三；奉为师长礼佛第二十四；为十方比丘比丘尼礼佛第二十五；为十方过去比丘比丘尼礼佛第二十六；为阿鼻地狱礼佛第二十七；为灰河铁丸等地狱礼佛第二十八；为饮铜炭坑等地狱礼佛第二十九；为刀兵铜釜等地狱礼佛第三十；为火城刀山等地狱礼佛第三十一；为饿鬼道礼佛第三十二；为畜生道礼佛第三十三；为六道发愿第三十四；警念无常第三十五；为执劳运力礼佛第三十六；发回向第三十七；菩萨回向法第三十八；发愿第三十九；嘱累第四十。

这是苗道坛抄袭佛教的忏文科本而用在超度亡魂道场中的科仪。

171. 丧堂备用通书

丧堂备用通书是指在丧堂里面所要写的悼词、悼联、牌位、门额和一些在一般法事科仪常用文疏表章，专指文字之类。内容大体包括：《丧堂孝联词》《常用丧联》《哀词》《牌位》《祭奠外场备要》《火关簿》《小事烧包火关簿文》《门额式》《文疏表章》等。

第五章 侧记篇简述

侧记篇之巴代文化的守护者简述

石寿贵先生是怎样挖掘搜集、整编译注、研究保护、传承弘扬苗族巴代文化而成为巴代文化的守护者的呢？

在苗族巴代文化事业贡献方面，石寿贵先生在其一生中创建出了以下几个第一，分别是：

第一个将苗师"巴代雄"的仪式《抱己嘎》等搬上了国家戏剧舞台并获得国家级三等奖；

第一个提出"巴代文化"名词并先后发表了有关论文 40 余篇；

第一个提出苗族文化不是巫鬼文化，苗族不是崇巫尚鬼的民族，巴代不是巫师，更不是鬼师，巴代就是巴代，是古代苗族文化的传人，巴代使苗族文化跳出了巫鬼的封锁线，跳出了野蛮、愚昧落后的包围圈；

第一个揭示苗族的三大仪式为传承苗族文化的大乘载体、百科全书以及活态化石；

第一个建立起苗族巴代文化研究基地，并建立起了空前规模的资料体系和理论体系，形成了 2500 多万字、4000 余幅彩图、6000 余分钟的仪式影像、238 件套巴代实物、200 余册历代手抄本、300 余册巴代藏书等图文并茂的文本化数据库。

巴代在以往都是被称为祭师、巫师、老司甚至于鬼师的，至于"巴代文化"的提出，那是 2006 年 11 月在由湘西州宣传部和统战部所组织的在凤凰召开的"建设文化湘西暨湘西文化名人研讨会"上，石寿贵在会上所发表的《苗族的巴代文化》作为论文题目首次被提出，当即受到与会的专家学者特别是画坛巨匠黄永玉先生的高度赞扬和一致好评，并得到大家的认同和肯定。

　　石寿贵先生把毕生的心血都投入到巴代文化的传承与研究中，在其家传承32代巴代文化资料雄厚的基础上，他先后走访了贵州、重庆等四省市周边的数十个县市乡村内的有名望的巴代坛班，耗资50余万，已整编译注了近2500万字、4000余幅彩图的《湘西苗族民间传统文化丛书》。此前已发表有关论文50余篇，主笔出书4本，其巴代文化研究基地已建立起巴代文化的三大仪式、两大体系、八大板块、三十七种类苗族文化的2500万字文稿、4000余幅仪式彩图、6000多分钟的仪式影像、238件套的巴代实物、1000多分钟的仪式音乐的巴代文化数据库，是有史以来首次提出"巴代文化"名词并建立起系统翔实有关资料的第一人。先后曾有《神奇的花垣》《湘西当代民族文化传人录》《中国民族》等各种书刊对其事迹做过记载；众多报社如《团结报》《湖南日报》对其作过多次专题报道；台湾研究院、台湾中正大学、犹他大学、得克萨斯大学、香港大学、中央民族大学、四川大学、西南大学、中南大学、中山大学、吉首大学、湖南师范大学等单位的专家学者，以及省政协、省文联、省党校、省文化厅、州人大、州政协、州文广新局有关单位领导多次来该研究基地考察、调研或学术交流。之后均受到极大的震撼，并在留言簿上留言，表达内心的感受。本册从中选出具有代表性的部分有关石寿贵传承研究巴代文化事迹的记载、报道、留言及诗词赞叹等内容，全书分为书刊记载、有关报道、有关资料、部分留言、诗词赞美、资料简介共六大章节来进行介绍，以表明社会各界及业内人士对苗族巴代文化博大精深的赞叹和对其研究基地40年以来工作的客观认识和高度评价。

第六章 苗族古歌简述

　　我曾问过苗区内的一些长辈，我们是什么民族，他们回答说是苗族；我曾问过苗区内的一些青年人，我们是什么民族，他们回答说是打工族；我曾问过苗区内的一些学生，我们是什么民族，他们回答说是中华民族，并且还加了一句"我住在地球村"。由苗族到打工族，再到中华民族和地球村，这是多么令人敬佩和刮目相看，是多么宏大的气度！不错，这是大势，是大气候，是大方向，是大目标。但是再怎么大，再如何高，你总还是得从小的开始吧，不会一来就有这么大，长这么高吧。所谓树高千丈，叶落归根，世界上所有的事物都是由小变大的，总得先有个种，有个根，有个基因，有种元素，这是规律法则。即使是由苗族到打工族，再到中华民族和地球村，我们也总得有个根，那我们的根在哪里呢？

　　在中华民族这个拥有 56 个民族的大家庭里，我们是苗族，是拥有 1000多万人口的苗族，是一个广泛分布在长江中下游乃至世界各国的苗族，从某种意义上来说，苗族便是我们的根了。

　　作为一个拥有上千万人口的民族，我们有我们的民族称谓，有我们的民族祖先，有我们的民族历史与文化，有我们的民族基因、习俗和性格，这些都是作为苗族后裔的我们需要了解的。做人不要忘本，不要断根，不要丧失掉做人的基本道德和基本人格。

　　由于历史上的种种原因，作为苗族人民的我们没有自己的民族文字，有史以来，虽然在各地区、各支系断断续续地偶尔出现过一些苗文，但都因极不统一、没有生命力而夭折。直到中华人民共和国成立以后，才在拼音字母的基础上创建出了苗文，但都没有在社会上得到实际意义上的普遍推广和应用，在苗区的一万个人当中，恐怕还不足两人能识通苗文，这种不到万分之二的比例实在少得可怜。

没有文字绝对不是没有文化。对于我们这个没有自己民族文字的苗族，我们的文化又有哪些？我们的文明、气质、亮点和特色表现在什么地方？历朝历代以来，我们的先人是怎样传播苗族文化的呢？是不是如历代的很多人所认为的那样，苗族是个野蛮、愚昧、落后的民族呢？这些问题是不能用强词夺理的说法来回答的，而必须是用摆事实、讲道理的方法来解决，是骡子是马，拉出来遛一遛不就清楚了吗？

我们说，苗族文化博大精深，丰富多彩，源远流长。怎么个博大精深，怎么个丰富多彩，怎么个源远流长呢？有事实、有依据、有事例、有哲理吗？在这些无端的质疑面前，我们可以理直气壮地响亮回答道：有！

首先，我们苗族的文化从宏观上来讲就有两大类型，也就是二元文化，即显性文化表象与隐性文化实质。这是历史的原因所造成的，也是苗族区别于其他民族最大的地方。表象文化是社会型文化，而实质文化是民族型文化。也就是说，表象文化是面向广大社会群体而表现的，是明显开放型的；实质文化则是面向本民族群体而展现的，是内在保守型的。其中以表象文化最为普遍，它是苗族文化的主要载体。

其次，苗族文化从微观上来说，就有巴代、苗歌、苗鼓、武术、刺绣、饮食、服饰、建筑、村寨、习俗、礼仪等各大体系，而这些体系又可分为各门各类、各支各派。

比如苗歌文化就包括苗族古歌和苗族民歌两大系列。其一，凡是古代流传下来专唱古代的历史与文化内容的并且以纯苗语为主而极为少量汉语为辅的歌，在原则上都可称为苗族古歌。其二，凡是苗区内人民在生产生活中所唱的以苗语为主，其间杂有汉语的歌在原则上都可称为苗族民歌。当然，在苗族民歌中还有为数不少的、在表现形式上已经完全汉化了的、专门用汉语并以汉族诗歌格律来演唱的苗族歌谣、山歌等形式和内容。

一、《古灰歌》简述

苗族古歌是苗族历史、发展史和文明史的传承载体以及活态化石，是人们乐于传唱并且较为普遍的一种文化娱乐方式。

2011 年 5 月 23 日，苗族古歌被国务院公布为第三批国家级非物质文化遗产扩展项目名录；2014 年 6 月，笔者的"花垣县苗族巴代文化保护基地"

（笔者自家）被湘西州政府授牌为"苗族古歌传习所"；2014 年 8 月，该基地又被花垣县人民政府授牌命名为"花垣县董马库乡大洞冲村苗族古歌传习所"。三块政府授牌，集中体现了国家对苗族古歌的充分肯定和高度重视。

苗族古歌是苗族人民世代相传的口头叙事诗歌，是苗族特有的口碑文献，是苗族民间文学的重要体裁之一，是苗族巴代文化体系中的一个支系。苗族古歌历史悠久，内容丰富，体裁严格，平仄分明，韵脚严谨，普世面广，娱乐性强，爱好者众，妙趣横生，对研究古代苗族的历史、哲学、政治、军事、宗教、祭祀、仪式、人文、交际、礼仪、社科、民风、习俗、文学、艺术、医学、农学、天文、地理、生产、生活、婚姻、繁衍、部族纷争以及民族迁徙等，都具有十分重要的价值和意义。

笔者生活在一个苗歌祖传世家。自第八、九代以来，家族中人对苗歌一直都是在爱好、创作、传承、演唱中生活。高祖石仕贵石仕官、尊祖石明章石明玉、祖公石永贤石光求、父亲石长先、母亲龙拔孝、大姐石赐兴、大哥石寿山等，一直都是周边省、市、县享有名望的大歌师。我们所奉行的是唱歌生、唱歌长、唱歌大、唱歌老、唱歌死、唱歌葬、唱歌祭的世代家风，对苗歌天生就有一种离不开、放不下、丢不得、忘不掉的特殊情感，因而苗歌资料底蕴也就特别深厚。在本家苗歌资料的基础上，笔者又再从苗区民间广泛挖掘搜集、整编译注，到目前为止已经出版了《湘西苗族巴代古歌》《湘西苗族古老歌话》等 4 本书籍，尚有《古灰歌》《古红歌》《古蓝歌》《古白歌》《古人歌》《古杂歌》《古礼歌》《古堂歌》《古玩歌》《古仪歌》《古阴歌》共 11 册 496 大类 3217 首有待出版，本册《古灰歌》就是这 11 册中的第一册。

《古灰歌》包括天地自然的传说、开始有人的传说、创造万物的传说、人类祖先的传说、苗族先人的传说、部落纷争的传说、打食人魔的传说、迁徙经历的传说、迁徙简唱等从远古到近古的一些事项内容，这对于研究苗族的迁徙、发展史以及苗族人思想中的天地万物观念有着极其重要的作用和深远的意义。

我们且以本册第一章天地自然的传说中的天地形成内容为例，这是一首以"三元二进制"体裁形式来演唱的古歌，第一句是两个字，第二句是以第一句的这两个字为首再接出本句的二个字共四个字，第三句是以第二句的四个字再接出本句的四个字共八个字。即句头为二字，句中为复述句头加二字组成四字，句尾由复述句中四字再加上四字组成八个字，便是这组完整的内容，这在古歌体裁上称"三元二进复述式"演唱形式。歌词如下。

【汉字记音·苗文】

西昂，西昂打豆，西昂打豆扛王打豆，

Xib ongh, xib ongb das doub, xib ongh das doun gangx wangt das dout,

虐满，虐满打便，虐满打便扛王便内。

Niut manb, niut manb xdas biat, niut manb das biat gangb wangx biat niet.

打豆，打豆儿没，打豆儿没崩豆崩柔，

Das doub, das doub jis meix, das doub jib meib bongb doux bongb rout,

打便，打便儿没，打便儿没崩格崩那。

Das biax, das biab jis meib, das biab jis meib bongb geit bongb nat.

冬豆，冬豆腊尼，冬豆腊尼风捕风岭，

Dongb dous, dongb dous lab nix, dongb dous lax nit fongb put fongb lingt,

冬腊，冬腊腊尼，冬腊腊尼风乘风布。

Dongx lat, dongx lat lax nit, dongb las lab nit fongb chengt fongb but.

风捕，风捕达起，风捕达起儿超见图，

Fongb put, fongs pub dat qut, fongb pub dab qut jis chaot jiant tut,

格布，格布达起，格布达起吉冲见江。

Guit pub, guit pub dab qut, guib pub das qut jis chongt jiant jiangx.

儿超，儿超叉见，儿超叉见冬豆达毕，

Jis chaot, jis chaob chat jiant, jis chaot chat jiant dongb doux dab bit,

吉冲，吉冲叉见，吉冲叉见冬腊达变。

Jis chongb, jis chongb chab jiant, jis chongb chab jiant dongb lat das biat.

达毕，达毕否乘，达毕否乘纠产郎豆，

Das bix, das bix woux chengb, das bix wout chengb jiux chant langt dout,

达变，达变否木，达变否木纠湾郎就。

Das biant, das biant woux mut, das bianx wous mub jiux want langd jiut.

风乘，风乘达起，风乘达起勾否片松，

Fongb chengs, fongb chengb das qub, fongb chengb das qub goub woux pianx songt,

格布，格布达起，格布达起勾否片莎。

Gex bub, gex bux das qub, geb bub das qux gous woub pianx sea.

片松，片松否叉，片松否叉吉纠炯休，

Pianb songb, pianb songb woub chab, pianb songb woux chab jis jiongx xiout,

片莎，片莎否叉，片莎否叉吉单炯汝。

Pianb sea, pianb sea woub chab, pianb seab woun chax jis dait jiongb rub.

炯休，炯休否腊，炯休否腊补柔鸟格，

Jiongb xiub, jingb xious woub lab, jingb xioub wous lax pux rout niaot geix,

炯汝，炯汝否莎，炯汝否莎补向鸟梅。

Jiongb rux, jingb rus woub seab, jiongb rub wous seab pub xiangb niaot meix.

补柔，补柔鸟格，补柔鸟格几咱冬豆，

Pub roub, bux rous niaox geit, bux rous niaox geix jis zhab dongt dous,

补向，补向鸟梅，补向鸟梅几干冬腊。

Bus xiangt, bux xiangb niaos meit, bux xiangt niaos meib jis giadx dongs lan.

西昂，西昂达毕，西昂达毕纠谷纠江，

Xis ongh, xis ongh das bit, xis ongh das bix jius guox jiub jiangt,

虐满，虐满达变，虐满达变纠谷纠变。

Nihu manx, nihu mant das bianx, nihu mans das bians jiut guox jiub biat.

吉江，吉江江兵，吉江江兵纠湾丈善，

Jis jiangb, jis jiangx jiangb bingt, jis jiangb jiangb bingt jiub wanb zhangx shuant,

吉变，吉变变见，吉变变见纠湾丈头。

Jis biant, jis biant bianb jiant, jis bianx bianb jiant jiub wanx zhangt tout.

比图，比图风捕，比图风捕见约便内，

Bit tub, bit tub fongb pux, bit tux fongb pux jianx yot biax niet,

闹达，闹达风乘，闹达风乘见约冬腊。

Naos das, naob das fongx chengb, naob das fongb chengb jianx yot dongs lax.

风捕，风捕风岭，风捕风岭用求打便，

Fongb pub, fongb pub fongb longx, fongb pub fongb longx yongb qiub das bi-at,

风乘，风乘风布，风乘风布得闹打豆。

Fongb chengb, fongb chengb fongb bux, fongb chengb fongb bux des naob das dout.

达毕，达毕比图，达毕比图见约打便，

Das bib, das bib bix tut, das bib bix tub jiant yos das biad.

达变，达变闹达，达变闹达见约冬腊。

Das bianx, das bianb naot das, das bianx naot das jiax yos dongb lat.

【意译】

元始，元始之期，元始之期没有大地，
始初，始初之时，始初之时没有苍天。

大地，大地没有，大地没有山川土石，
苍天，苍天没有，苍天没有日月星辰。

宇宙，宇宙都是，宇宙都是蓝雾漫漫，
世间，世间都是，世间都是黑气腾腾。

蓝雾，蓝雾经久，蓝雾经久凝成一块，
黑气，黑气经久，黑气经久聚成一团。

一块，一块固成，一块固成盘古达毕，
一团，一团固成，一团固成元古达变。[①]

达毕，达毕他蒙，达毕他蒙几千亿年，
达变，达变他昏，达变他昏几万亿载。

冷风，冷风漫漫，冷风漫漫将他催醒，
凉气，凉气漫漫，凉气漫漫将他化灵。

催醒，催醒他才，催醒他才翻身坐起，
化灵，化灵他才，化灵他才翻身坐立。

坐起，坐起他便，坐起他便三揉双眼，
坐立，坐立他便，坐立他便三拭双目。

双眼，双眼三揉，双眼三揉不见有光，
双目，双目三拭，双目三拭不见有亮。

远古，远古达毕，远古达毕九十九滚，
远古，远古达变，元古达变九十九变。

九滚，九滚滚出，九滚滚出九千丈高，
九变，九变变出，九变变出九万丈长。

头顶，头顶蓝雾，头顶蓝雾升空为天，
脚踏，脚踏黑气，脚踏黑气下沉为地。

蓝雾，蓝雾升腾，蓝雾升腾成了太空，
黑气，黑气下沉，黑气下沉成了大地。

达毕，达毕顶开，达毕顶起开了苍天。
达变，达变踏平，达变踏平劈了大地。

【注】
①达毕、达变——指造化、造发，为造化世间万类的阴阳元素，意同盘古神。

再比如第七章之迁徙经历的传说：

【汉字记音·苗文】

得兄几朴洞列求补，

Deb xiongb jis pub dongb lieb qiub bus,

得容吉奈洞列求洞。

Deb rongb jib naix dongs leb quix dongt.

照得窝柔嘎喳求陇，

Zhaob deb aob rout geat zheat quix longb,

照秋窝柔够仇求陇。

Zhaob qiux aos rout geud cheub quix longb.

照汉窝得转昂求陇，

Zhaob haib aos deb zhuanb gheab quix longb,

照汉窝秋转洽求陇。

Zhaob haib aob qoux zhuanb qiat quix longb.

照汉穷矮囊得求陇，

Zhaob haib qiongx ant nangb deb quix longb,

照汉穷口囊得求陇。

Zhaob haib qiongx koud nangx deb quix longb.

照得吾滚匡格求陇，

Zhaob deb wut ghunb kuangb geix quix longb,

照秋吾穷匡昂求陇。

Zhaob qoux wut qiongx kuangb hangx quix longb.

照得吾捕猛格求陇，

Zhaob deb wut bub mongb geix quix longb,

照秋吾岭猛昂求陇。

Zhaob qoux wut liongs mongb ghas quix longb.

照得乙谷欧湾求拢，

Zhaob des yis guob out guanl quix longb,

照秋炯谷阿滩求陇。

Zhaob qiub jiongb guob ad tant quix longb.

照汉豆吾豆斗求拢，

Zhaob haib deux wut deux deub quix longb,

照汉豆格豆昂求拢。

Zhaob haib deux giel deux gheab quix longb.

窝拔几察双提炮豆，

Aob pead jid ceab shangb tib paox dout，

窝浓吉白抱苟那够。

Aob niongx jis baix beub goud leix goux.

高那出帮几炯求补，

Gaos nax chud bangb jid jiongx quix bus，

高苟出忙吉龙求洞。

Gaos gout chud mangb jib longb quix dongt.

阿瓦求单者吾囊得，

Ad weab quix dand zheib wut nangb des，

阿到求送者西囊秋。

Ad daos quix songx zheib xid nangb qiut.

欧瓦求单得从腊哈，

Out weab qiub daib deb congl leab heat，

欧到求送得闹腊兄。

Out daos qiub songb deb laox leab xiongd.

补瓦拢单占楚汝得，

But weab longb dand zhuanb cul rub des，

补到拢送占葡汝秋。

But daos longb songx zhuanb pus rub qiub.

比瓦求单梅最囊补，

Bil weab quix dand meb zuib nangb bux，

比到求送梅见囊冬。

Bil daos quix songx meb jianb nangb dongb.

便瓦求单冬绒汝得，

Biat weab quix dand dongt rongb rub des，

便到求送便潮汝秋。

Biat daos quix songx biax ceux rub qiub.

照瓦拢单泸溪囊吾，

Zhaox weab longb dand lub xil nangb wux，

照到拢送泸岘囊补。

Zhaox daos longb songx lub jianx nangb bux.

炯瓦求单窝绒善苟，

Jiongb weab quix dand aob rongb shuanb gous,

炯到求送达者善绒。

Jiongb daos quix songx dab zheib shuanb rongt.

乙瓦拢单苟剖占求，

Yib weab longb dand goub bous zhuanb quil,

乙到拢送苟乜占怕。

Yib daos longb songx gous ghas zhuanb peal.

得雄求约乙瓦浪补，

Des xiongb quix yod yib weab nangd bus,

得容寿约乙到浪洞。

Des rongb sheut yod yib daos nangd dongt.

发拢你白纠谷纠让，

Fas longb nil beid jiub guob jiub rangd,

斗汝炯白纠夯约共。

Doub rub jiohgx beid jiub hangd jiub gongb.

发拢你白纠谷纠补，

Fab longb nil beid jiub guob jiub bus,

斗汝炯白纠谷纠洞。

Doub rux jiohgx beid jiub guob jiub dongt.

【意译】

从此永离家乡，此后抛弃故园。

从那烂岩烂滩上来，从那乱石乱堆上来。

从那系船码头上来，从那绚筏的岸口来。

从那大罐大缸上来，从那小罐小缸上来。

从那黄水浑水上来，从那绿水浊水上来。

从那灰水河水上来，从那浑黄浊水上来。

从那八十二湾上来，从那七十一滩上来。

从那水边河边上来，从那海边湖边上来。

女人接起布匹，男人扯那野藤。

成群一路上来，结队一道上来。

一番来到者吾，一次来到者西。
二番来到腊哈，二次来到腊兄。
三番来到占楚，三次来到占葡。
四番来到梅最，四次来到梅见。
五番来到冬绒，五次来到便潮。
六番来到泸溪，六次来到泸岘。
七番来到窝绒，七次来到达者。
八番来到占求，八次来到占怕。
迁了八番的家，建了八次的园。
发满九十九村，住满九十九地。
发满九十九坪，住满九十九峒。

这是一首在椎牛祭大祖跳仪式中由巴代摇铃踱"迁徙"舞步带领跳鼓的男女队伍围绕鼓场演唱的一首古歌，它简明扼要地把湘西这一支系苗族迁徙的经历直截了当地演唱了出来，翔实系统地描述了苗族迁徙的历程。

笔者搜集、整编译注的《古灰歌》有两套内容版本，此版本只是其中第二套的内容，尚有第一套内容有待出版。

二、《古红歌》简述

《古红歌》指的是苗族人民在婚姻嫁娶、贺喜祈福、节庆祝福、为人格言等喜事活动及弘扬为人处事正能量时所传唱的贺喜庆祝一类的歌，在苗族人民传统观念中，一切贺喜庆祝之类的事件或活动都统称为红事。

由于篇幅有限，本册《古红歌》仅收载了以婚姻喜庆为主要代表的一小部分内容，包括慰宾谢客、开亲结义、宾主赞美、古代媒人、恭贺新春、分姓开亲、讨亲求婚、订婚、插香过礼、酒席互谢、迎宾拦门、祝福、为人格言等13种类型的歌。还有绝大多数没有在本册收编进来，因为这一部分的歌没有四五百万字的篇幅是容纳不下的。

通过《古红歌》的内容，我们可以从不同的角度来了解苗族人的文明礼仪，比如请媒人讨亲的歌词就唱得相当文雅。我们且以本册中的讨亲求婚的几首歌为例。

【汉字记音·苗文】

汝洞号陇莎没阿崩汝酒，

Nex dox geal nend sat mex ad beid rut joud，

吉岔号陇莎没阿崩汝塘。

Jid chat geal nend sat mex ad baod rut ndangx.

汝酒剖列几哭扛不，

Rut joud boub lies jid kud gangs nbud，

汝塘剖列吉开扛江。

Rut ndangx boub lies jid kiead gangs jangl.

汝洞号陇莎没阿热汝楼，

Nex daob geal nend sat mex ad rel rut noux，

奶洞号陇莎没阿龙汝弄。

Nex daob geal nend sat mex ad tongt rut nongt.

他拢汝楼剖列龙埋拔莎阿闪，

Teat nend rut noux boub lies nhangs mex lol sat ad shand，

他拔汝弄剖列龙埋陇莎阿寿。

Teat nend rut nongt boub lies nhangs mex lol sat ad sheut.

【意译】

听说这里有那一缸好酒，听讲这里有那一缸好糖。

好酒我们要来开缸，好糖我们要来开罐。

听说这里有那很好的谷种，听讲这里有那很好的稻穗。

今天好谷我们要来和你讨一把，

今日好种我们要来和你要一线。

【汉字记音·苗文】

勾梅埋莎斗汝阿兰，

Goud mel mex sat doul rut ad leb，

得拔埋拿斗汝阿图。

Deb npad mex nax doul rut ad ndut.

勾楼汝得排子排那，

Goud neul rut deb nbeal zit nbeal nangs，

去追汝汉排牙排样。

Goud zheit rut deb nbeal yangb nbeal yangs.

莎尼达绒浪楼，

Sat nis dab rongx nangd nous,

莎尼达潮浪得。

Sat nis dab nceut nangd deb.

松同打绒浪格，

Seid ntongx dad reix nhangs ged,

汝见打吧浪那。

Rut janx dab blab nangd hlat.

松见松尼，

Seid janx seid nis,

松配松汝。

Seid peib seid rut.

【意译】

小姐你们有好一个，小女你们有好一人。

前看好那身材身段，后看好那美模秀样。

是那龙王小姐，是那龙凤佳人。

生得沉鱼落雁之容，长得闭月羞花之貌。

天生国色，美貌如花。

【汉字记音·苗文】

他陇剖拿鲁楼龙埋吉[柔翁]阿闪，

Teat nend boub lol rut nhub nhangs mex jid sat ad shand,

他陇剖拿鲁弄龙埋吉莎阿寿。

Teat nend boub lol nhub nongt nhangs mex ji sat ad sheut.

长猛[比又]照转豆，

Nzhangd mongl blob zhaos zhans doub,

扛否猛单产谷产够。

Gangs boul mongl dand canb gul canb ghoub.

[比阿]猛浪路，

Blas mongl nhangs lut,

扛否猛单吧谷吧柱。

Gangs boul mongl dand beat gub beat zhus.

【意译】

今天好谷我们要和你讨一把，

今日好种我们要和你要一线。

回去播在土中，生出千丛万丛。

回转种在田内，生出千双万对。

【汉字记音·苗文】

他陇剖拿龙埋吉［柔翁］阿奶，

Teat nend boub lab nhangs mex jid ret ad leb，

龙埋吉莎阿图。

Nhangs mex jid sat ad ndut.

长猛扛剖勾楼勾猛当兰沙嘎，

Nzhangd mongl gangs boul goud neul geud mongl dangl nex shab kheat，

吉追勾不相剖相娘。

Jib zheit geud bul xangb poub xangb niangx.

同陇扛花白走白绒，

Ndongx hlod gangs fad bed zeux bed reix，

同图扛花百夯百共。

Ndongl ndut gangs fad bed hangd bed ghot.

扛否笔拿打声，

Gangs boul bix nangs dab shongb，

包拿打缪。

Beul nangs dab mloul.

笔包楼归，

Bix beul nous ghuis，

花财求泻。

Fal nzeal njout xet.

出花出求，

Chud fad chud njout，

出乖出林。

Chud gueb chud lix.

【意译】

今天小姐我们要讨一个，
今日小女我们要求一位。
回去前面要她待人接物，
后面要她继承香火祖先。
如竹发送满坡满岭，
似树要发满山满谷。
送他发如群虾，多似群鱼。
发人发家，发财兴旺。
发富发贵，万代繁荣。

从上面的歌词中，我们可以看到：请媒人去说亲叫讨谷种，播到田地土中要长出千蔸万丛，说明这个古老农耕民族，始终念念不忘的还是养命之源、以食为天的这种情怀，他们把讨亲接媳妇与其画上等号，认为同等重要。故而，我们才认为苗族是一个非常尊重女性的民族，在苗区，过去的离婚率几乎为零，离婚再嫁的也微乎其微，在苗族人的婚姻观念中，尊重女性是组建家庭的根本基础。

三、《古蓝歌》简述

所谓古蓝歌者，全系祭祀神歌也。本州的土家族曾出有《牛角吹出的古歌》一书，所收载尽是梯玛祭祀歌。苗族也一样，在客师"巴代扎"所主持的180余堂祭祀仪式中，其神歌占有80%以上的比例，真可谓洋洋大观也。

本册《古蓝歌》所收载的只是其中的一部分，只有300余首。其中仅仅只是客师"巴代扎"用汉语传唱的古歌内容而已。这些内容分别是：1.唱茶唱酒；2.发送文书；3.请调法主；4.跑傩备供；5.迎接神驾；6.立五方营；7.开坛供酒；8.唱下马酒；9.赞唱傩歌；10.讨求贵子；11.合标采标；12.扮开洞神；13.扮探子神；14.扮先锋神；15.扮开山神；16.算匠铁匠；17.扮八郎神；18.扮土地神；19.扮判官神；20.辞别傩神。

《古蓝歌》所牵涉到的内容当然是指苗族的苗师"巴代雄"与客师"巴代

扎"这两个方面的歌词，关于本册《古蓝歌》的篇幅和规模，到目前为止，笔者已整编译注成了苗师"巴代雄"科仪 46 种、客师"巴代扎"科仪 164 种共 208 种的文本资料。本册只收载了 208 种中的 20 种作为代表。在这 20 种中，为了减少篇幅，只收载不要翻译的客师"巴代扎"的部分唱词编入其中，故只是略为代表一下而已。这里以客师"巴代扎"的《唱十二月造酒》的歌词为例。

【歌词】

堂前休要断金鼓，炉中切莫断香焚。
断了金鼓从头起，断了香烟冷待神。

一莫忙来二莫忙，等我师郎穿衣裳。
身穿法衣戴红帽，头戴红冠拜君王。

一莫急来二莫急，等我师郎穿法衣。
身穿法衣戴红帽，头戴红冠拜众神。

锣师傅来鼓师人，鼓锣二师听原因。
打锣也要轻捶打，打鼓听起锣锤声。

锣慢打来鼓慢敲，轻打锣鼓慢调音。
锣打中心鼓敲边，二人实在要宽心。

二帝君王你且听，闪开龙耳听原因。
今日主东酬良愿，酬谢华山五岳神。[①]

路路高山也要走，行行路上也要行。
哪路高头走不到，枉费东家一片心。[②]

吃茶要说茶根基，吃酒要说酒原根。
烧香要说香之理，点蜡也要讲蜡情。

吃饭要说古后吉，豆腐要记正南人。
吃茶要说唐僧降，吃酒要记杜康人。[③]

说茶字来讲茶根，唐僧西天去取经。
捡得三叶茶籽草，两片假来一片真。
谈酒字来说酒缸，造酒原来是杜康。
酒缸抬往海边过，醉倒四海老龙王。

【唱茶】
正月采茶是相玩，家家户户过新年，
别家吃个团圆酒，姜女独自不团圆。④

二月采茶白花黄，范郎取衣筑城墙，⑤
苦了妻子孟姜女，千里路途送衣裳。

三月采茶是清明，唐王地府去游魂，
看见许多阴兵将，顺手付钱谢金银。

四月采茶正当忙，百子千孙是文王，
九十九子齐齐拜，邑考献宝把命丧。

五月采茶是端阳，龙船花鼓闹长江，
二十四把划儿手，可怜织女离牛郎。

六月采茶热央央，田中之水热如汤，
只有六月天色大，可怜范郎筑城墙。

七月采茶立秋忙，磨坊受苦李三娘，
一天挑水五百担，昼夜推磨到天光。

八月采茶燕门开，鸿雁云中带书来，
书中拜上孟姜女，千里路途欠衣鞋。

九月采茶是重阳，昭君和番去番邦。
踩桥跳在水波内，尸顺水逆转故乡。

十月采茶立冬忙，家家打米上官仓。
别人打米丈夫挑，姜女打米无人量。

冬月采茶冷分分，雪花纷飞洒毛雨，
姜女炉中向炭火，范郎在外受苦辛。

腊月采茶满一年，上盖金被下铺毡，
层层盖上还说冷，范郎在外睡草眠。

此茶头上说还了，米酒高上有的根，
莫打籽茶长久唱，要把米酒说分明。

【唱酒】
正月造酒是新年，二十四姐打秋千，
刘全金瓜游地府，借尸还魂李翠莲。

二月造酒过惊蛰，魏征丞相斩龙头，
斩得老龙头落地，一股血水满江流。

三月造酒是清明，文广陷在幽州城，
幽州围困杨文广，内无粮草外无兵。

四月造酒正当忙，仁贵领兵杀木阳，⑥
杀死木阳黑大将，转来又救五君王。

五月造酒是端阳，杨家有个杨五郎，
五郎怕死为和尚，七郎乱箭穿身亡。

六月造酒热央央，红脸黑须关云长，
过五关来斩六将，擂鼓三通斩蔡阳。

七月造酒立了秋，文广陷难在幽州，
幽州陷害杨文广，八娘九妹去报仇。

八月造酒是收成，苏秦唐耳去求名，
苏秦得了高官做，唐耳丢在九霄云。

九月造酒是重阳，甘罗十二为丞相，
甘罗十二年纪小，太公八十遇文王。

十月造酒立了冬，文王得梦见飞熊，
文王得了飞熊梦，斋戒三千黄太公，

冬月造酒冷清清，王祥为母卧寒冷，
王祥卧在寒冰睡，天赐鲤鱼跳龙门。

腊月造酒满一年，张公百忍挂堂前，
堂前挂了百忍字，云南买马中状元。

【注】

①五岳神——傩神，因傩神名的头一句便是"开荒天下名山大川……五天五岳盟王圣主"，因而把傩神也称为五岳神。

②路路高山也要走……枉费东家一片心——此段四句是比喻句，把敬奉傩神的法事仪规比作走路，强调要按程序系统走，若是漏掉了其中的任何一科法事，祭祀便达不到目的，便枉费了白搞了。

③吃饭要说古后吉……吃酒要记杜康人——此段全是说根源的，比如饭是古时后吉开始煮的，豆腐是正南人开始做的，茶是唐僧从西天带回来的，酒是杜康开始造的。

④姜女——孟姜女。

⑤范郎——范喜良，传说中秦始皇筑万里长城时的民工。

⑥木阳——唐代薛仁贵征西的木阳城。

　　在这十二月茶、十二月酒的唱词中，我们或多或少地了解到了苗族茶文化和酒文化的一部分内涵。俗话说"无酒不成席"，所谓宴席，必是最高礼仪的餐饮规格了。这里的酒应该是礼节的酒、文明的酒、优雅的酒、纯朴的酒，这些标准在上面的唱词中无不体现。

四、《古白歌》简述

殡葬仪《古白歌》是指苗族自古代流传下来的在殡葬活动中所传唱的歌，是以亡人棺木为中心，以丧堂为主要场所，以悼念、护送（超荐）、安置亡人为主体的丧葬悲哀场所内所传唱的歌。因殡葬又称白事，故被称为古白歌。这种歌在不同的苗区有约34种版本，300余首。

关于专唱古白歌的坛班和人物，苗族人将其称为道坛和道师。请注意，这里的道坛不是中国原始宗教——道教的教内组织，只是民间道的道，在苗区又称为"苗道"。因其教规教义与正式道教不符，不皈依什么道经师，也不受什么戒条，其道师也不等于道教里面的道士。因此，究其实质，按过去说法只能称为道坛和道师而已。用苗语来说，又可叫作道师"巴代年"。这里的"年"（或读本地音的"研"）是哭丧之意，因其活动是以丧堂为场地、以亡人为主体、以悼念为内容、以围绕棺木（绕棺）为形式所举行的一种哀念活动，其教规教义既不是正式道教的修身养性、炼丹长生，也不是佛教的三皈五戒、菩提道品。对于这民间道坛、道师，正规的佛教与道教都是不予承认、不被列入宗门的，故只能称之为"巴代年（研）"。

在古白歌系列中，到目前为止，笔者已整编译注了172卷，也就是172科或堂的科仪文本，在这里只收载了其中的20种作为代表。

我们且以《报恩歌》中的一小段为例。

【歌词】

> 父母恩德实难报，好比地阔与天宽，
> 十月怀胎娘辛苦，三年乳哺费心田，
> 怀胎一月二月满，无影无形在身边，
> 母怀三月四月满，行也不宁坐不安，
> 怀胎五月六月满，不想茶饭思冷酸，
> 母怀七月八月满，纵有美味不思餐，
> 头昏眼花心烦乱，哪得安然过一天，
> 头昏眼花心烦乱，哪得安然过一天。

儿在腹中母挂念，忽到产儿苦连天，
孩儿生下见了面，父母又愁又喜欢，
春天生儿犹自可，夏天生儿热炎炎，
秋季生儿平温和，冬季生儿三九寒，
见儿犹如拾了宝，焚香叩圣保儿安，
热水一盆洗儿面，扯下罗裙把儿缠，
日往月来忙似箭，望儿一天长一天，
口口喝的是娘血，长大全靠娘的奶，
口口喝的是娘血，长大全靠娘的奶。

又怕乳少儿受饿，口中嚼食把儿添，
无事抱儿到处转，又背又抱不安然，
闲来哄儿把闷散，斗儿发笑心喜欢，
小儿夜多大小便，屎尿解在娘身边，
臭气难闻全不顾，只望孩儿长红颜，
左边湿了右边搌，右边湿了往左边，
左右湿了无处睡，将儿抱在身上眠，
不敢伸来不敢缩，动出又怕儿不安，
随娘同睡儿怀恋，枕头就是娘手腕，
一夜哪曾闭眼睡，又吵又闹不能眠，
一夜哪曾闭眼睡，又吵又闹不能眠。

污秽衣裳洗裙布，触犯江河造冤愆，
打开冰水来搓洗，十指冰冻口内含，
一岁二岁娘怀抱，三岁四岁自行转，
冷天背儿腰酸累，热天背儿汗不干。
想把扇子摇几扇，怕儿受风得伤寒，
思想此情泪难干，养育恩深比昊天，
思想此情泪难干，养育恩深比昊天。

人世间父母恩情最大，养儿育女，数母亲最苦。苦在什么地方，怎么个苦法，苦到什么程度？这些都要作为儿女的细细思量，不然怎么知道父母恩深。如今，恩大如天、情深如海的母亲过世了，躺在棺木内，永不复返了。

怎么办？唯有以泪洗面，以声号哭，双脚跪述，不停地围绕棺木思念，直到天亮才万般无奈地让人抬出去埋葬，这就是难割难舍的亲情。曾有报道称，西双版纳的一头母象在高速路边围绕一头死了的小象打旋转圈，一天一夜之后才万般无奈地离开。动物尚且如此，何况人类？由此看来，这古白歌对于塑造人性道德、文明礼仪的作用还是很大的。

五、《古人歌》上册简述

《古人歌》共收集有 28 卷、105 宗历史故事、700 首有代表性的古歌。其为穿古歌（又叫作穿歌），它在一首歌中穿串了中华民族从上古时期到近代的有代表内容、社会背景、时代标志的歌。比如天地形成、三皇五帝、封神、东周列国、草木春秋、三国、唐宋元明清、民国等古人古事。

在古人歌系列中，到目前为止，笔者已编辑出了 28 卷，包括我们常讲的历史故事 105 个、有代表性的苗歌 700 首。具体内容如下：

（一）二十四史串古歌（内有 213 句一首、180 句一首、大中小各种串古歌共 8 首）

（二）唱商朝（内有唱纣王无道的歌 21 首）

（三）唱封神（1. 哪吒闹海；2. 黄飞虎反五关；3. 梅山七怪；4. 十二神仙弟子；5. 封神名号；6. 诛仙阵；7. 十绝阵）

（四）唱古传古事（1. 东周列国；2. 草木春秋；3. 虎王招亲）

（五）二度梅的歌（内有梅魁、梅良玉的歌）

（六）新元合反的歌（内有新元合反的歌）

（七）唱粉妆楼的歌（内有罗坤罗蔡的歌）

（八）唐金宝和桃花恋（内有唐白虎和桃花之恋的歌）

（九）龙女宝扇的歌（内有开甲与龙王开亲的歌）

（十）唱杂传的歌（1. 兰花草；2. 五虎平南；3. 陈世美）

（十一）独古（1. 独古；2. 唱八节字；3. 小问答）

（十二）唱小记书（1. 汉武帝；2. 二十四孝；3. 华山救母；4. 过火焰山）

（十三）唱书的歌（1. 唱韩金传；2. 唱孔儒、唱书、唱孔子推车绕小孩玩城的歌）

（十四）唱三国一（1. 曹操下江东；2. 三英战吕布；3. 王允献美人计；

4.关云长人在曹营心在汉；5.关云长过五关斩六将；6.云长斩蔡阳；7.赵子龙斩五将；8.三让徐州；9.三三五六七九事；10.三气周瑜；11.孔明兄弟有几人）

（十五）唱三国二（1.火烧赤壁；2.刘备得妻；3.云长战长沙；4.又一套云长过五关；5.东吴战事）

（十六）古代梁文王与杨武王开亲的歌（传唱苗族人开亲结义请媒人是从梁文王与杨武王这两家开始的，内有两家开亲请三媒六证共9人做媒的歌）

（十七）唱唐朝一（1.唐朝英雄三十六将；2.秦琼卖马；3.瓦岗战事；4.大破摩天岭；5.罗通扫北）

（十八）唱唐朝二（1.又一套扫北；2.第三套扫北；3.大破洛阳城；4.反唐；5.六某单；6.刘全金瓜游地府；7.十二缘觉）

（十九）唱宋朝一（1.唱仁宗王；2.包青天第一案；3.杨门女将；4.岳飞出世；5.岳雷扫北）

（二十）唱古代杂传（1.洛阳桥；2.甘罗丞相；3.四海龙王；4.小五义）

（二十一）唱后唐小记（1.安阳公主抛绣球；2.李代红姣；3.李元春李元妹）

（二十二）唱古恋情歌一（1.天仙配；2.白蛇传；3.薛平贵）

（二十三）唱古恋情歌二（内有祝英台梁山伯之恋情故事叙歌）

（二十四）古代婚恋奇缘（1.余平县17首；2.正王）

（二十五）猜谜歌（1.谜字歌；2.谜语歌）

（二十六）杂古歌（1.有关盘古；2.古苗河内蚩尤传说歌；3.民国古人；4.解放战争）

（二十七）乾嘉苗民起义（内有雅西黄瓜寨、石三保、苗语称"老保久瓜"的歌）

（二十八）唱革屯起义（内有1934—1935年间苗民石维真、龙子雍、梁明元等革屯起义的歌）

由于《古人歌》的篇幅太长，编为一本有近千页之多，故而将其分编为上下两本，以便阅读和传唱。上册包括：二十四史串古歌9首、唱商纣21首、唱封神34首、唱古传古事14首、二度梅的歌35首、新元合反的歌15首、唱粉妆楼的歌14首、唐金宝和桃花恋41首、龙女宝扇的歌42首、唱杂传的歌19首、独古19首、唱小记书11首、唱书的歌13首、唱三国一30首、唱三国二23首、古代梁文王与杨武王开亲的歌19首、唱唐朝一37首等内容。

在这古人歌系列中，从开天辟地唱到二十四史历朝历代再唱到近代，其中最长的一首有213句，因其是将历代古人古事穿串在一起而共同组成的一首歌，故而又被人们称作"串古歌"或"穿古歌"，这是古人歌的代表作。凡是唱述古人古事，用讲话的形式表述古人古事叫作讲故事，用歌唱的形式表述古人古事叫作唱古人。对于这个定义，想必不太难理解吧。

古人歌的表述手法也是高度地概括和浓缩了历史典故，比如在"唱商纣"的第一首就是这样的：

【歌词】

> 纣王天下一单王，
> Zhoub wangb tianb xiab yis dand wangb，
> 就味三月十五天。
> Jiud weib sad yues shid wud tianb.
> 女卧庙里去行香，
> Nvd wad miaob lid qis xingb xiangt，
> 咱牙现身虐才才
> Zad yad xianb shengd niub caid caid.
> 把诗题在粉壁墙，
> Bad shid tib zaib fend bib qiangb，
> 女卧娘娘单久干。
> Nvd wad niangx niangx dand jus giad.

【意译】

> 纣王天下一代王，就为三月十五天。
> 女娲庙里去行香，看在神像美又乖。
> 把诗题在粉壁墙，女娲娘娘气登天。

这首歌的内容是，传说中商朝八百余年的天下，到纣王手上便结束了，为什么呢？只因为在三月十五这一天，纣王去女娲庙里烧香拜神，看见女娲娘娘神像十分美丽，心想：若是能得到这等美貌的女子为妃的话，也就是我做帝王的最大满足。纣王心潮难忍，于是在神庙的墙壁上题了一首诗。在《封神演义》第一回《纣王女娲宫进香》中纣王写的诗是这样的："凤鸾宝帐景非常，尽是泥金巧样妆。曲曲远山飞翠色，翩翩舞袖映霞裳。梨花带雨争娇艳，芍药笼烟骋娟妆。但得妖娆能举动，取回长乐侍君王。"纣王把这首诗写在女娲宫的墙壁上之后就回皇宫去了。后来，女娲真身回到神庙看到纣王题写在墙壁上的诗之后，勃然大怒，于是，便召集妖魔鬼怪前来扰乱了商纣天下，从而也就结束了商朝的统治。关于这一段内容的叙述，在《封神演义》一书中，其第一回《纣王女娲宫进香》从第 1 页到第 6 页用了 6 页篇幅、9024 字来展现，可在苗歌中却仅仅只用 6 句 42 个字便一目了然了。9024 字是 42 字的 214 倍之多，苗歌把这 9024 字缩成 42 字，是多么地高倍数浓缩。这对汉文诗词来说恐怕也还是个难题，可是苗歌却做到了，而且还做得非常之好，读起来朗朗上口，唱起来流利通畅，在内容上高度概括，在词句上短小精悍，在描写手法上生动形象，在结构搭配上紧密配合，不能随意加上一个字也不能随意减去一个字，就这样，把一个既是历史描述又是神话的故事活生生带到我们的眼前，给我们一个直观的立体形象。这是不是文学？这算不算艺术？其答案已经非常明显了。这就是苗歌，是当今很多年轻人看不起、瞧不上的苗歌，是苗族的文学艺术，是苗族祖先的聪明才智，是先人留下的文化遗产。所以说，我们要看重自己的民族文化，要有自己民族的文化自信、文化自觉、文化自立和文化自强，这才配做那些富有聪明才智之苗族先人的后裔，才能算得上是一个真正的苗族人。

"唱商纣"的古人歌的第二首、第三首是这样的：

【苗歌】

女卧娘娘单久干，

Nvd wad niangx niangx dand jus giad,

是妖是怪都喊来。

Shib yaod shib guab dous hand laib.

商朝劫数单昂满，

Shangb chaob jied shub dand ghax mans,

三分天下归西天。

Sand fenb tianb xiab guid xid tianbb.

又将三狐闹拢单，

Cad jiangs sand hub laob longd dans,

绕乱石兴浪江山。

Raob luanb shib xind nangd jiangs shanb.

【意译】

女娲娘娘气登天，是妖是怪都喊来。

商朝劫数到头满，三分天下归西天。

才放三狐来捣乱，扰乱商纣的江山。

【苗歌】

狐狸听了女卧话，

Hub lib tingb led nvd was huab,

否洞娘娘浪弄起。

Woud dongb niangx niangx nangd nongb qib.

苏户进女恩州挂，

Sud hub jinb nvd ghongx zhoud guab,

一夜狂风天地吹。

Yid yes kuangb fengd tinb dis chuis.

踏急明明照否大，

Tab jid miongb miongb zhaob woud dab,

巧身变做苏家女。

Qiaob shengb bianb zuob shub jiad nvd.

【意译】

狐狸听了女娲话，她依娘娘的话理。

苏护进女恩州下，一夜狂风天地吹。

妲己明明被她杀，魁身变作苏家女。

以上两首包括了《封神演义》的第三回、第四回内容，从 16 页到 27 页共 12 页之长的篇幅。整整 100 回的《封神演义》一书，苗歌只用 32 首就将其唱尽述完，层次清楚，内容翔实，情节生动，流畅通顺。这种高倍浓缩，这种文学艺术，这种精华成果难道还不值得我们去重视、去发掘、去研究、去保护和去传承吗？

以上所讲的只是苗歌体裁中的一部分一般性的形式以及其中的部分文学艺术。下面我们将讲述苗歌体裁中较为特殊的表现形式及其艺术价值。

为了节省篇幅，对于古人歌的种类，我们就不再举例解说了。

六、《古人歌》下册简述

《古人歌》下册包括：唱唐朝二 48 首、唱宋朝一 21 首、唱古代杂传 18 首、唱后唐小记 22 首、唱古恋情歌一 18 首、唱古恋情歌二 16 首、古代婚恋奇缘 24 首、猜谜歌 29 首、杂古歌 14 首、乾嘉苗民起义 62 首、唱革屯起义 32 首等内容。

古人歌的体裁除了在韵脚上的上句押上句、下句押下句(上句不变，下句二面音)以及三点水、三脚马、上句不押下句押等形式之外，还有一种叫作 3、3、7、7、7 式的组词演唱形式。比如在唱石三保起义的古歌时就有这一形式的出现：

【歌词】

苟腊尔、最惹惹，

Gous lab ers、zuis reb res，

几拉产难修出周。

Jis las chanb nab xious chus zhous.

背苟几抽见册麻，

Beis goud jis cous jias ceb mas，

同绒瓦那苟让扣。

Tongb rongb wab nas goub rangb kout.

麻善苟、兵内抓，

Mas shanb gous、bingb nieb zhas，

汝拔汝浓尖猛后。

Rub pas rub nongb jeans mongb hous.

求绒锐内出几枷，

Qius rongb ruis nieb chus jis jias，

藏风藏度出梅寿。

Changb fongb changb dub chub meib shoub.

共猛同、苟让卡，

Gongb mongb tongb、gous rangb kab，

没棍拢害汝几休。

Meis ghent longb haib rub jis xius.

吉研几叟汝出茶，

Jis yanb jis soub rub chua cax，

半地几敢几麻够。

Bans deis jid ganb jis man gous.

怄清兵、出告踏，

Ous qingb bingb、chub gaob tab，

将汉棍虐苟内抱。

Jiangb hais ghenx nius goub nieb baot.

虐满得兄召否架，

Niub mans des xiongb zhaob wous jiab，

苟昂能叫亚服娄。

Gous ghenx nengb jiaos yab fub lious.

石三保、几没洽，

Shid sanb baos、jis meib qias，

共同读总猛当抱。

Gongb tongb dub zongb mongb dangb baot.

沙内午同苟棍大，

Shax nieb wut tongb gous ghenb dab，

能扣同都高柔仇。

Nengb kous tongb dous gaob roub choub.

窝声吼、召度哈，

Aos shengb hous、zhaob dus hat，

抱便内那几咱果。

Baot bias nieb nab jis zhas guob.

苟娄告齐苟追踏，

Gous loub gaob qis gous zuis tab，

同涨吾穷纵几抖。

Tongb zhangb wus qiongb zongb jis dous.

帮穷虐、穷帮便，

Bangb qiongb nius、qiongb bangb bias，

昂哉抄闹抱白走。

Ghenb zans chaos naob baot baib zous.

内红浪穷交崩惹，

Nieb hongb langb qiongb jiaos bengb res,

崩苏崩惹豆几叟。

Bongb sud bongb rab dous jid soux.

袍穷兵、通加良，

Paos qiongb bingb、tongb jias liangb,

讶穷白苟奶奶秋。

Yab qiongb baib gous nieb nieb qious.

秋恨浪内出共岔，

Qious henb langb nieb chus gongb cab,

再斗萨忙扛内够。

Zaib dous seax mangb gangx niet gous.

三保挂猛几没加，

Sanb baos guab mongb jis meib jiad,

斗共斗萨岔产柔。

Dous gongb dous seax cab cait rout.

【意译】

苟腊尔、齐展展，延绵千里不到边。
山岭重叠竹笋宽，好似彩虹围守寨。

大高山、出英雄，好男好女都出众。
上山可摘日月星，骑雾骑云出马纵。

拿大刀、把寨守，有鬼来侵就撵走。
安居乐业夺丰收，外地不敢来放肆。

恼清兵、欺负大，凶神恶煞侵苗家。
过去苗家被他杀，把肉吃完吸脑花。

石三保、没有怕，组织苗兵来战斗。
教人舞刀把鬼杀，刀砍刀杀打石头。

大声吼、云雾荡，打仗日月不见光。
前面倒了后面上，如涨洪水下山岗。

血流出、红山崖，尸骨堆满大山下。
英雄流血染山花，满山遍野开百花。

血流出、红光发，开满山花人人夸。
后人拿来当古话，还有歌言流传下。
三保过了千古大，有话有歌传万家。

这种歌词的组合形式是第一句为两组，每组3字，故称之为"3、3"，第二句、第三句和第四句都是7字，故称之为"7、7、7"。因为这种组合方式较为少见，故在此单独列举出来，让读者了解。

历朝历代以来，苗族人民都非常喜欢唱古人歌，因为过去生活比较单调，没有什么电影电视，识字看古书的人也非常少，但人们对古人古事非常感兴趣，因而也就形成了爱唱古人歌，爱听古人歌的爱好和习惯。哪个人若是精通古人古歌古事，就会备受众人的尊敬。

七、《古杂歌》简述

所谓古杂歌，就是杂七杂八的歌，包括的内容又多又广，主要是人们平时生产生活中的繁杂之事，比如劳作歌中的打草鞋、打菜、喂猪、守牛、挖土、犁田、捉鱼等；穷苦歌中的讨米、苦婚、寡苦、病苦等；劝释歌中的劝妇人守节、劝戒赌、劝莫吵架等；以及报恩歌、原根歌、小儿神话歌、愁老歌等，真是繁杂零碎，无所不有。乍看起来，这些事星星点点、零零碎碎，都是芝麻绿豆大点的小事，但人们想躲也躲不开，想扔也扔不掉，想割也割不断，想抖也抖不脱，想跳也跳不出，故成为人们生活中的麻烦事。现实就是这么实在，同时又是这么公平，故而成为每个人生活中的常事。本册古杂歌所唱的这些内容，就是古代苗家人生产生活的历程事项。

(一)劳作歌共24类

劳作歌其实就是我们所说的生产劳动歌，这些歌多是传唱一些劳作方面的内容。劳作歌目前只搜集到 25 类。实际上，苗族的劳作歌远远不止这些，但目前只整编出了这些，相信还有很多在后面将会不断被增补进来。这 25 类分别是：1. 打草鞋歌；2. 推磨歌；3. 冲碓歌；4. 打菜歌；5. 钓青蛙歌；6. 打粑歌；7. 守牛歌；8. 十二月劳作歌；9. 二十四节气劳作歌；10. 割牛草歌；11. 喂猪歌；12. 洗衣歌；13. 讨火种；14. 长工歌；15. 搓绳索歌；16. 挖土歌；17. 犁田歌；18. 犁土歌；19. 网鸟歌；20. 打猎歌；21. 解板子歌；22. 烧草木灰积肥歌；23. 勤劳歌；24. 捉鱼歌。

在劳作歌这 24 小类中，我们且以其中的《推磨歌》《冲碓歌》为例。

【歌词】

扛王固无欧块柔，
Gangb wangb gub wud oud kuaib rout,
欧嘎吉浪没窝先。
Oud gad jib nangd meix aod xianb.
锐否几付出阿吼，
Ruid woud jib fub chub ad houb,
单意几借虫单单。
Dand yib jib jied chongb dand dand.
转那吉叫把苟柔，
Zhuand nad jib jiaod bab goud roud,
中绒柔柔单弄斩。
Zhongb rongx roud roud danb nongb zhanb.
锐否几瓜抄剖楼，
Ruit woud jib guad chaod boud loud,
欧柔亚照阿吼排。
Oud roud yad zhaob ad houb paid.
柔汉苞尔莽周周，
Rud haib baod erd mangx zhoud zhoud,
吉瓜列楼照窝晚。
Jib guab lieb loud zhaob aod wanb.
达大嘎从苟柔柔，
Dad dab gad zhongb goud roud roud,
能西能莎苟首先。

Nongx xid nongb sead goud shoud xians.

【意译】

磨岩两盘很坚固，两块内面有牙齿。
两盘重叠成一副，重在一叠缝没有。
推钩用索来吊住，用力推磨汗水流。
推它旋转不停步，两旋又添一勺子。
推那苞米细悠悠，伙到大米饭里头。
天天起早都要做，吃粉吃糠过日子。

【歌词】

阿奶哭炯莎冬红，
Ad liet kub jongb sead dongs hongb,
窝归吉弄没窝先。
Aod guib jib nongb meix aod xianb.
达炯几个腊列绒，
Dad jongb jib guob lad lieb rongx,
料炯朋汉把船连。
Liaod jongb pengb haib bab chuanb lians.
嘎从忙叫几没兄，
Gad congd mangb jiaob jib meix xiongd,
料西料莎苟几产。
Liaod xid liaod sead goud jib chand.

【意译】

一个岩碓大了些，碓木又把齿来安。
想要冲碓要着力，冲下碓中响连天。
早早晚晚歇不得，捣粉捣糠来相掺。

【歌词】

达炯船连欧齐抓，
Dad jongb chuanb lianb oud qis zhab,
吉抓窝棉先连连。

Jid zhab aod mianb xianb lianb lianb.

料炯相蒙腊蒙达，

Liaod jongb xiangt mengx lad mengx dad，

古劲吉他否几旦。

Jid jinb jid tad woud jib dans.

亚列料浪亚列夸，

Yad lieb liaod nangd yad lieb kuad，

冲汉把夸几片片。

Chongb haid bab kuab jib piant piant.

料见白浪料见莎，

Liaob jianb baid nangs liaob jianb sead，

窝西窝莎料几产。

Aod xid aod sead liaob jib chans.

内苦内录能加达，

Neit kud neit nux nongx jiad dab，

白锐白莎过荒年。

Baid ruit baid sead guob huangb nianb.

【意译】

两边又要两碓叉，踏在碓木的边边。
冲碓要用气力踏，用力踏下才起来。
又要捣来又要岔，岔钩拿稳在手间。
捣成粉粉细才罢，细拌细糠来相掺。
贫穷寒苦生活差，吃菜吃糠度荒年。

上面所举出的这些劳作歌很多，又很古老朴实，如其中的打菜歌、犁土歌等，在唱词与腔调中还带有浓厚的泥土味和乡愁情，具有明显的沧桑感和悲伤意。的确，旧时代的中国农村，特别是苗乡，几千年以来一直都是以这样的生活方式维持下来的，这对于80后、90后的年轻人来说，简直是另外一个时代和世界。

(二)穷苦歌共8类

古杂歌系列的穷苦歌共有8类，分别是：1.讨米歌；2.过苦年歌；3.借米歌；4.长工被送吃差食歌；5.不如意歌；6.苦婚歌；7.寡苦歌；8.病苦歌。

不用细说人们就都知道，旧时代下的中国是相当贫穷困苦的，在生产技术原始落后加上封建社会黑暗的多重压迫之下，人们普遍过着衣不蔽体、食不饱腹、受压迫、受剥削、贫穷困苦、牛马不如的生活。一生当中很难吃到几餐饱饭，穿到几件暖衣。这些在苗歌中也有很多表述，我们且以其中的《过年歌》为例来进行剖析。

【歌词】

心中忧闷作歌言，

Xianb zhongb youd menx zuod guod yant，

出见萨袍够阿然。

Chub jianx sead baob goud ad rax.

透就单约窝昂见，

Toud jub danb yox aod ghax jianx，

窝卡浪见兄浪昂。

Aod kab nangd jianb xiongd nangd ghax.

内没见嘎当克见，

Neit meix jianb gad tangd kes jianb，

弄剖几空嘎报扛单差。

Nongb boud jib kongt gad baod gangb danb said.

航吹抱爬告出连，

Hangb cuid baod pab gaox chub liant，

要嘎你够卜度虾。

Yaob gad nit gous pub dub xiab.

浓到常拢见阿伞，

Niongx daob changd longd jianx ad saib，

几扛得休吉克咱。

Jib gangb dex xiut jib ked zab.

等到二九窝昂见，

Dengx daob ers jiud aod ghax jiant，

又没苟扛棍香沙。

Chab meid gous gangb ghunb xiangt sead.

疗见板照弄几干，

Liaox jianb biad zhaob nongb jib gand，

窝里窝那儿没他。

Aod lis aod nat jib meix tab.

祖宗看见莎斩善，

Zub zongd kanb jianb sead zhend shait,

林红江江尼拿他。

Liongx hongb jiangs jiangs nit nad tab.

阿逃几午苟相男，

Ad taob jib wud gous xiangt nanb,

拼伞扛骂能窝卡。

Piongx sait gangb mab nongx aod kab.

常齐达吾苟儿关，

Changes qit dad wut goud jib guanb,

阿腊得休报梅哈。

Ad lab dex xiut baod meis hab.

炯出阿标乖干干，

Jongb chub ad bious guat ganb ganb,

秋炯几没先苟打。

Quid jongb jib meix xianb goud dab.

初一明当列从见，

Chub yid miongx dangb lieb zongb jianb,

鸡到昂能害喂加。

Jid daob ghax nongx haid wed jiad.

尼斗腊包吉打善，

Nit dous lad baob jib dad shait,

板弟候吾洽猛茶。

Biax dib houb wud qiab mengx chab.

兄便几斗窝求产，

Xiongd biat jib dous aod qiub chanb,

滚穷少同梅浪然。

Gunx qiongb shaob tongx meid nangd rax.

初三吉难完了年，

Chub sanb jib nanb wand liaox nianb,

大人让送昂儿洽。

Dad renx rangd songb ghax erd qiab.

就拢尼浓过斋年，

Jud longs nit niongx guod zhanb nianb，

封尽酒肉和打粑。

Fengb jinb jiud rous hed dad bab.

抱娘阿偶腊应该，

Baod niangx ad ous lad yinb gais，

阿就内几白那阿。

Ad jub neit jib baid nad ad.

灶尼阿高得否判，

Zaob nit ad gaox dex woud biab，

相拿背叫龙剖加。

Xiangt nab beid jiaob longs boud jiad.

相松共那苟公转，

Xiangt songt gongb lab goud gongd zhuans，

如汝味求出汉阿。

Rub rub weib quid chus haid ad.

各人回忆退转来，

Guid renx huib yis tuid zhuanb laix，

能挂几偶旧加嘎。

Nongb guab jib oud jiub jiad gab.

【意译】

心中忧闷作歌言，作成歌言唱一遍。
而今快了完一年，人人等望过年欢。
人有钱米望年来，我们贫穷不等盼。
村上杀猪叫连天，无钱不敢称肉买。
买得回转藏起来，莫让小孩们看见。
等到二九过大年，才取拿来敬祖先。
煮好摆上案板边，腰子绳索都没解。
祖宗看见心冷完，肉大也只两指宽。
一句就把祖宗喊，吹气祖宗吃打先。
敬完祖宗收起来，小孩哭闹泪不干。

坐在家中冷绵绵，夜晚没有油灯点。
初一早上煮成饭，没有荤菜我喊天。
只有萝卜来壮胆，门外忌水洗不来。
只煮酸汤没啥掺，红黄如同马尿般。
初三熬过完了年，大人让送娃儿先。
今年我家过斋年，封尽酒肉打粑免。
若杀一猪也应该，一年何时才打转。
可怜一帮小娃孩，小小年纪遭苦怜。
悲伤拿索吊颈来，为个什么做这般。
各人回忆退转来，吃过喉头成屎便。

在上面这首《过年歌》中，我们可以看到旧时代农村社会的贫穷状况。过年在过去可以算是一年中最为丰裕的时段，在这个一年一度的时段中，人们应该吃好、喝好、玩好、乐好，可是，从上面的苗歌中我们不仅丝毫看不到吃好、喝好、玩好、乐好的影子，反而看到了从大人到小孩、从思想到行为、从饮食到环境，都是那么的贫穷困苦、那么的悲伤和可怜、那么的低劣和绝望。这不就是旧时代一种普遍的社会现象吗？在这一年一度才有的吃好、喝好、玩好、乐好，一年中最为丰裕的时段中，出现了这些境况，形成了强烈反差，才能使人从中体会到什么叫作人生的贫穷苦楚、人间的生活苦难。

再如《借米歌》：

【歌词】

内卡嘎标炯王昏，

Neit kab gad bious jongb wangb hunb,

吹吾窝叫莎吹卡。

Cuid wut aod jiaob sead cuid kab.

斗潮龙喂阿良兄，

Dous caob longd wed ad liangb xiongd,

久龙相蒙苟菩巴。

Jud longd xiangt mengx goud pub bab.

内卡常猛意毕从，

Neit kab changd mengx yid bib congb,

出内出虐浪当爬。

Chub neit chub niub nangd dangs pab.

【意译】

> 客人到家才忘昏，煮水鼎罐都煮干。
>
> 有米请借我半升，不借真的把名坏。
>
> 客人走了再还情，做些小工把账还。

这首歌虽然只有三组六句，却深深地刻画出了贫穷困苦的旧时代那种窘迫的状况。你想，贫困的苗家人在客人到家之后，没米下锅，但又为了表示不怠慢客人，只好一边硬着头皮把煮饭的鼎罐架到铁三脚上去煮，一边找人悄悄地跑去借米，由于头一两家可能没有借到，又不得已跑去第三家、第四家，直到把鼎罐里的水都快煮干了，米还是没有借来。针对这种状况，歌中只用"客人到家才忘昏，煮水鼎罐都煮干"这么短短的两句话，也就是十四个字，就写得非常透彻和生动了。在借米的过程中，他们是怎么对话的？请看"有米借我米半升，不借真的把名坏。客人走了再还情，做些小工把账还。"只求借半升米，这里的半升只有当今的三到四斤的样子，也就是一餐饭的光景。若不借的话，真的把名声搞坏了，实在没有法子啊。待客人回去以后，我再来你家做工抵账。你看，就这么三四斤米，直到煮干了鼎罐之内的水才借得，并且还讲了一大堆好话。同时，就这么三四斤米都还不起，还要给人家做工抵账来还，这是一种多么窘迫的局面啊！还有，这也是我们苗族人热情好客的具体体现。虽然只是一餐饭的问题，可这餐饭来得确实太艰难、太不容易了，为了对得住客人、招待好客人，一餐饭要通过做工抵账才能借来米煮，这样的一餐饭平常吗？这一首短短的三组六句的苗歌，把旧时代苗族人民的生活状况描写得淋漓尽致，这与唐诗"锄禾日当午，汗滴禾下土。谁知盘中餐，粒粒皆辛苦"之内容、艺术手法、文学自觉又有多大的区别呢？为什么唐诗之好世人皆知，而苗歌之优却无人知晓呢？怪只怪苗族人自卑保守，连自己都不看重自己的民族文化，崇他媚外，总认为别人的东西比自己的好，要崇奉别人才有搞头，才有出路。现在回过头来看，自己的东西也不比别人的差到哪里去！

（三）劝释歌共 14 类

劝释歌，顾名思义，就是劝解误入歧途和开释冤仇纠结的歌。古杂歌系列的劝释歌共 14 类，分别是：1. 劝妇人守节歌；2. 劝家庭团结歌；3. 劝释有夫之妇不扶养幼儿闹离婚之歌；4. 劝戒赌歌；5. 赌博遇难自悔歌；6. 丈夫劝妻重圆歌；7. 妻子还劝歌；8. 劝炖肉的人不小心被狗把肉吃完而伤心的歌；

9. 劝释夫妻莫吵架的歌；10. 劝婆媳搞好关系的歌；11. 劝妻子莫闹离婚的歌；12. 劝丈夫莫嫌弃妻子的歌；13. 劝夫妻珍惜好日子的歌；14. 劝寡妇莫再嫁的歌。

劝释歌用"良药苦口利于病，忠言逆耳利于行"的情怀去关爱那些误入歧途的人。比如《劝戒赌歌》是这样唱的：

【歌词】

柔共没度卜你阿，

Roud gongb meix dub pub nit ad，

祸福利害否咱林。

Huod fub lid haid woud zad liongx.

剖内苟虐炯冬腊，

Boud neix goud niub jongb dongb lad，

苦八苦纵为麻能。

Kud bab kud zongb weib max nongx.

苟会让能没大叉，

Goud huib rangx nongx meix dad chab，

红黑道路有几种。

Hoongb heib daob lub youd jib zhongb.

心怀不良会苟昂，

Xinb huanb bub liangb huid goud ghax，

苟追杀古一场空。

Goud zuib shab gud yis changb kongd.

阿腊抱牌压包阿，

Ad lad baod panb yad baod ad，

出求没当埋苟充。

Chub qiub meix dangb manb goud chongb.

苟会盘剥哭抓抓，

Goud huib panb pob kub zhab zhab，

埋苟钱当猛几朋。

Mab goud qianb dangb mengx jib bengd.

矮闹浪图克几咱，

And laob nangd tub ked jib zas，

同求邦闹窝干溶。

Tongb qiub bangb laob aod ganb rongx.

几穷尼惹背尼假，

Jib qiongb nid roud beid nit jiad，

汝尼打油能窝浓。

Rub nid dad yous nongx aod niongt.

打油内告扛见虾，

Dad yous neix gaox gangb jianb xiad，

动度告苟苟犁炯。

Dongb dub gaox goud goud lis jongb.

沙埋埋少卜麻打，

Sead manx manx shaod pub mad dad，

发气倒转几没通。

Fab qib daob zhuanb jib meix tongt.

沙埋麻汝几沙加，

Sead maib mab rub jib sead jiad，

空动几单得召穷。

Kongd dongb jib danb dex zhaob qiongd.

实在久动席腊差，

Shib zaid jud dongb xid lad chab，

得埋闹昂几篓容。

Dex manx laob ghax jid nes rongx.

片闹片叫扛边茶，

Pianb laod pianb jiaod gangb bianb chab，

他欧扛汉莽几朋。

Tad oud gangb haib mangs jib bengd.

嘎最累昂卡抓抓，

Gad zuid lieb ghax kad zhab zhab，

最约尼害巴都猛。

Zuid yox nid haib bab dous mengx.

害埋再害埋得嘎，

Haid manb zaid haib manb dex gas，

得休得让见古敏。

Dex xiut dex rangb jianb gud mis.

达到口楼吉相巴，

Dad daob koud loub jib xiangt bab,

常会内苟扛告容。

Changes huib neix goud gangb gaox rongx.

出扛常同阿柔阿，

Chub gangb changes tongd ad rous ad,

得让亚常变得绒。

Dex rangb yad changes bianb dex rongx.

【意译】

老朝有话来留下，祸福利害都言中。
我们人间有古话，苦争苦做为生隆。
为人路走有几岔，红黑道路有几种。
心怀不良路窄下，以后结果一场空。
那些打牌赌博耍，为啥有钱你乱用。
天心眼孔深又大，你用钱币去填充。
丢下深坑心不怕，如盐丢下在海中。
不知是呆或是傻，莫是牛吃稻草人。
牯牛要练成犁耙，听话照走犁耙丛。
劝你莫讲大狠话，发气倒转走不通。
要劝做好莫做差，若肯听劝成好人。
实在不听罢了差，任你流下苦海中。
挽起裤脚蚂蟥扎，解衣送那蚊子朋。
吸血干了才知怕，瘦了是害自己痛。
害你再害你的家，幼儿小孙谁来痛。
这些不是过头话，重走正道路途中。
重新做人好处大，你们又转变成龙。

劝释，是维系社会和谐、构建人类文明的不可或缺的因素，这是在气质上的引导，在人性上的扶正，在良心上的发现，在品行上的把持。在劝释歌的各大类别中，只要对症下药，而不是对牛弹琴，其效果就是显而易见的。

(四) 报恩歌共 2 类

报恩歌，就是唱报恩的歌。人生究竟有哪些恩是当紧要报的呢？佛教圣人说："上报四重恩。"凡世间的人士说："报天覆地载恩、报日月星光恩、报皇王水土恩、报七父八母恩、报师长亲朋恩……"其实，不必如此烦琐和细致，为人只要知道牢记父母养育恩，践行敬老行孝道就足够了。因为只要具备这敬老行孝的美德，其他要报的诸般恩德也就随之可报了，善心是基础，一切善事便皆可达了。因此，古杂歌系列的报恩歌共 2 类，分别是：1. 唱父母恩歌；2. 敬老歌。

唱父母恩歌，唱敬老歌，这也是引人向善、弘扬敬老行孝的一种美德。俗话说："万恶淫为首，万善孝为先。"有了孝心，也就有了善心，有了敬老之心，也就有了行孝之心了。

关于行孝和敬老的内容，我们不妨各举一首为例。

①行孝歌

【歌词】

剖内炯斗几冬腊，
Boud neix jongb dous jib dongb lab，
内骂首剖炯苟虐。
Neix mab shoud boud jongb goud niub.
首剖章林苦内骂，
Shud boud zhangs liongx kud neix mab，
内骂首剖嘎养苦。
Neix mab shoud boud gad yangb kus.
内浪浓总必几加，
Neix nangd niongx zongb bid jib jiad，
骂浪苦从必几久。
Mab nangd kus congb bib jib jud.
天地父母爷娘大，
Tianb dib fub mud yed niangx dab，
产柔吧就强强捕。
Chanb roud bab jud qiangb qiangb pub.

【意译】

　　我们人生普天下，为人都是靠父母。
　　养儿育女苦爹妈，父母养儿实在苦。
　　母的恩情还不下，父恩难还得清楚。
　　天地父母爷娘大，千年万代的根古。

　　②敬老歌

【歌词】

　　嘎反阿高窝内共，
　　Gad fanb ad gaox aod neit gongb，
　　纵列耐烦照否判。
　　Zongb lieb nanb fanb zhaob woud piad.
　　敬老养老要尊重，
　　Junb laob yangb laod yaos zunb zhongb，
　　埋酷否浪内酷埋。
　　Manx kud woud nangd neix kud manx.
　　首得首嘎莎苦红，
　　Shoud dex shoud gas sead kub hongb，
　　其埋从汝见几然。
　　Qib manx congb rub jianb jid rax.
　　出内列苟良松冲，
　　Chub neix lieb goud liangx songt chongb，
　　列出子孝父心宽。
　　Lieb chub zid xiaob fud xinb kuans.
　　善恶到头有报用，
　　Shait ed daob toud youb baod yongb，
　　阿逃度拢尼麻单。
　　Ad taob dus longd nit max dans.

【意译】

　　不要难着老人众，总要耐烦再耐烦。

敬老养老要敬奉，尊敬老人是应该。
养儿育女恩情重，老人恩大深如海。
人的良心要有用，子女孝敬父心宽。
善恶到头总有碰，这句话儿记心间。

上面的这两首歌都突出了一个"孝"字，报父母恩是孝，尊敬老人也是孝，人只要心底有一个孝字，其良心、人性、道德、品质也就自然会显现出来了。

（五）原根歌共 9 类

原根歌又叫作根源歌，是专门讲我们生产生活中所涉及的各种根源，讲具体一点，就是苗族先人们在生产生活中所流传的各种创造与发明。当然，在苗族的历史与社会中所流传的各种创造与发明远远不止我们这里所收载的，这里所列出来的仅仅只是为了说明：原根歌也是苗族古杂歌这个系列中的一种类型，即一个种类而已。

古杂歌系列的原根歌，我们只搜集到 9 类，具体是：1. 双喜的原根；2. 皇帝穿龙衣的原根；3. 八人秋节的原根；4. 八人秋节的原根二；5. 赶秋原根；6. 吃樱桃的原根；7. 吃樱桃的原根二；8. 四月八的原根；9. 唱上十里歌师。

在以上九种原根中，我们且以《八人秋节的原根》为例：

【歌词】

疗花几奶吉岔起，
Liaod huab jib lieb jib chab qit,
几奶吉岔疗花客。
Jib liet jib chab liaod huab ked.
龙汉元年就窝比，
Longd haib yuanb nianb jud aod bis,
吉年那阿过春节。
Jib nianb lab ad guob chunb jied.
卜汉剖油三小女，
Pub haib boud yous sanb xiaod nit,
夜里困告包几乖。
Yued lib kunx gaob baod jib guat.
亚猛背叫亚猛比，

Yab mengx beid jiab yad mengx bis,

到孟窝教费了烈。

Daob mengx aod jiaob feib led lieb.

列炯几关要人推，

Lieb jongb jib guanb yaod renx tis,

吉哈几料病好些。

Jib had jib liaod bingb haod xies.

剖油思想无了计，

Boud yous sid xiangb wud led jib,

苟度卜保鲁班说。

Good dus pub baod lud banb shuod.

鲁班仙师多伶利，

Lub banb xianb shid duos lingb lid,

出见疗花青阿奶。

Chub jianb liaod huab qiangb ad lieb.

锐内几瓜心畅意，

Ruit neix jib guab xinb changb yib,

炯汉疗花出闹热。

Jongb haib liaod huab chub laod rax.

原根疗花够阿气，

Yanb gend liaod huab goooud ad qib,

吉岔柔嘎包柔得。

Jib chab roud gad baod roud dex.

【意译】

荡秋何人提倡起？哪个提倡荡秋千。
龙汉元年正月里，正月欢喜过新年。
讲那剖油三小女，夜里困觉不能眠。[①]
又痛头来又痛膝，得病在身最心烦。
要坐吊凳要人推，双脚吊下才安然。
剖油思想无了计，把话讲送鲁班仙。
鲁班仙师多伶俐，照计做成一秋千。
荡起旋转心畅意，坐上秋千闹热天。

原根秋千唱几句，传下子孙到永远。

【注】
①剖油——蚩尤、尤祖。

苗族古歌中所说的八人秋节原根，并不像当今的某些人所牵强附会的那样，即要赶秋节才发明坐八人秋节，好像八人秋节的秋与赶秋的秋是一个意思。其实不然，坐八人秋节在过春节玩年时也多有活动，这过春节所坐的秋又怎么与赶秋的秋画等号呢？当然，为了场景的充实，将八人秋节推举为赶秋的活动项目是很好的，但是，八人秋节绝不是赶秋节必备之项目，只能说是赶秋节诸多项目中的一个，是可多可少甚至可有可无的，绝不是没有八人秋节的活动就不是赶秋节。

类似的牵强附会的说法与做法还有很多，并且美其名曰"发掘"古老的历史文化，比如把椎牛跳鼓这一严谨的祭祀活动翻译为"都乐"或"读乐"，把跳鼓这一带有古代祭仪形式的活动说成纯粹的娱乐活动，且在跳鼓中不踩踏鼓点，不按规矩转圈、起始与终结。在椎牛祭祀表演活动中，用4个标手、2个打手边杀边打边嬉笑作乐、对毫无反抗能力的耕牛慢慢地杀了167标、抽打了114鞭，最后才一起恶狠狠地扑上去，将这无辜的耕牛杀死，并且还用大喇叭高叫："这是一头幸运牛、好命牛，把它送到极乐世界去。"什么叫作极乐世界它们懂吗？极乐世界是什么用词它们懂吗？这种做法有意或无意地扭曲，按照个人的小聪明掺假，改变了原始文化的定义和形式，置苗族历史文化的地位与实质于不顾，这才是有意识地从根本上动摇、侵犯、改变和消亡民族文化实质与习性的恶劣做法。外在的民族歧视因素起不到的效果，他却做到了。

（六）小儿神话歌 5 类

小儿歌与神话传说是古杂歌系列中的第六大种类。在这个种类中，我们搜集、选用了5类，分别是：1.小儿歌；2.瓜菜盘问歌；3.吃烟歌；4.古苗河传说歌；5.吕洞神话歌。

小儿歌在很多人看来是不值一谈的事，其实，这里面的文学价值、社会作用和历史意义可大了。首先，小儿天真无邪、活泼可爱，这都是所有成年人所经过的时段。从形式上讲，小儿歌的形式也是最多的，有一五三七式、二五二七式、三五一七式等。从内容上看，其所描述的也多是哄小孩的题材。所谓哄，其内容多样，想象丰富，缥缈虚幻，无有止境。从艺术上看，有比喻引导、诱导生发、遮掩转移、恐吓止劣。在这里，我们不妨回忆幼时父母上辈们教给我们的那些小儿歌。

【歌词】

崩挂斗吉哈，

Bengd guab dous jib has,

崩李斗几炯。

Bengd lis dous jib jongb.

兄吾茶梅扛埋茶，

Xiongt wut chab meib gangb manx chas,

出列叫巴扛埋能。

Chub lieb jiaob bab gangb manx nongx.

【意译】

桃花开得美，李花开得齐。

热水送你把脸洗，煮饭小罐你们吃。

这是一首哄小孩洗脸和吃饭的歌。它用桃花美来引导小孩洗脸，说小脸蛋美得像桃花，小孩喜欢了，才能让其摆弄，把脸洗好。同时，每当洗脸之时，想起这歌，心里就会充满美好和幻意，心能生万物，一切由心造，时时想，常常想，脸蛋也会随着貌美如花，这不仅是内在的心理的美容，也必将会带来外在的脸蛋上的美貌。还有，歌中的小罐苗语称"叫巴"，是置放于火炉边煨水的有单耳的小水罐，过去用此小罐煮饭，那真的是好吃又好玩，不信可去一试。

(七)愁老歌共5类

愁老歌是古杂歌系列中的第七大种类。在这个种类中，我们搜集、选用了5类，分别是：1.男人愁老歌；2.女人愁老歌；3.寡公愁老歌；4.老表愁老歌；5.又一套愁老歌。

愁老，即人人都怕老，但人人都会老，正所谓昨日的他们，今日的我们。在婚姻的祝词中，最普遍的一句便是"白头偕老"了。这祝福语看似美好，其实不然，器官上的退化，生活上的不便，形态上的丑陋，思想上的糊涂，行为上的迟钝等，一切都在走向衰竭。虽然怕老，但人人都盼望能活到老，个个都希望能坐得长久。老了有些什么苦难？是些什么景象？老年人有些什么想法？老了的日子怎样过？这些问题在愁老歌中都有述说。我们且选择其中的一首为例。

【歌词】

愁老萨休够几板，

Choub laod sead xiut goud jib biab,

人生事务难捕齐。

Renx shengd shid wud nanb pub qit.

剖内苟虐多魔难，

Boud neix gud niub duos mob nans,

窝虐受苦没拿几。

Aod niub shoub kud meix nab jid.

年轻无知几安半，

Nianb qins wux zhid jib and bans,

钱米浪费久考岁。

Qianx mid nangd feid jus kaod shuit.

不觉转眼老得快，

Bub jued zhuanb yand laod des kuaib,

光阴似箭把我逼。

Guanb yinb sid jianb bab wod bib.

几奶空出几奶害，

Jid liet kongb chub jib lied haib,

西昂西虐挂猛齐。

Xid ghax xid niub guab mengx qit.

人生不及山中菜，

Renx shengd bub jid shanb zhongd chaib,

剖内几拿阿高锐。

Boud neix jib nab ad gaox ruit.

草木春秋转发快，

Caod mub chunb qiud zhuanb fab kuaib,

发照背高让提提。

Fab zhaob beid gaod rangb tit tit.

青山绿水经常在，

Qingd shanb lvb shuid jingd changes zais，

万世千秋强强你。

Wangb shib qianb qiud qiangd qiangd nib.

腊吾背苟儿水变，

Lab wut beid gous jib shuid bianx，

可是人生不长期。

Ked shib renx shengd bub changes qis.

人老会把招牌坏，

Renx laod huib bab zhaob pianx huaib，

拿儿生汝腊久配。

Nab jid songt rub lad jus peib.

红尘没有好久在，

Hongb chengb meix youd haod jus zaib，

尼喂内共儿单儿。

Nib wed neix gongb jib dans jid.

没内归常天罗殿，

Meix neix guid changs tianb luob dianb，

几白事务莎拢齐。

Jid baid shib wud sead longd qit.

想单过程把气叹，

Xiangt dans guod chengd bab qis tanx，

白闹苟虐儿冬你。

Baid laob goud niub jib dongb nit.

人生不及人所愿，

Renx shengd bub jib renx suod yanb，

缪共内咱内江起。

Mioud gongb neit zas neit jiangx qit.

越排越想心越乱，

Yueb paid yued xiangd xinb yued luanb，

人生过去难转回。

Renx shengd guob qib nanb zhuand huib.

比萨实情做纪念，

Bid sead shib qingd zuod jib nianx,

从小到大浪古历。

Congx xiaod daod das nangd gud lib.

【意译】

> 愁老的歌唱不完，人生事务难讲全。
> 我们人生多磨难，受苦日子是不浅。
> 年轻无知不消算，钱米浪费都不管。
> 不觉转眼老得快，光阴似箭逼我来。
> 哪个碰到哪个害，过去的人都不免。
> 人生不及山中菜，我们不及草木杆。
> 草木春秋转发快，发在苑根又长来。
> 青山绿水经常在，万世千秋接接连。
> 山中田土不会变，可是人生不长远。
> 人老会把招牌坏，再你美貌有多全。
> 红尘没有好久在，是我老人还不转。
> 有日归了天罗殿，凡间事务忘了完。
> 想到过程把气叹，白白生下凡尘间。
> 人生不及人所愿，鱼大见了人喜欢。
> 越排越想心越乱，人生过去难转来。
> 唱歌实情做纪念，从小到大的古源。

愁老歌篇幅一般都很长，为了节省篇幅，在这里我们就不一一地列举了。

(八) 哀歌 4 类

哀歌又叫挽歌，是专门悼念死者所唱的一种悲伤的歌。哀歌是古杂歌系列中的第八大种类。在这个种类中，我们搜集、选用了 4 类，分别是：1. 遗嘱歌；2. 挽歌；3. 哭坟歌；4. 探病歌。

因为笔者是在苗歌世家出生和生活的，笔者的祖祖辈辈唱苗歌都非常有名气，特别是爷爷石永贤，他在乾城(吉首市)、凤凰、永绥(花垣县)都很出名。为了传承他的艺道，笔者于 2008 年在湖南人民出版社出版了他流传下来的一部分古歌，书名叫《湘西苗族巴代古歌》。这本书的后记专门讲述了他唱苗歌的事迹，其中特别提到他一生"唱歌生、唱歌大、唱歌老、唱歌死、唱歌葬、唱歌祭"，其中当然也包括了哀歌。

笔者的母亲龙拔孝也是有名的歌师。她在 85 岁时按照实情创作了一组五首遗嘱歌，并且亲自用老人声唱出来，让笔者用录音机录好保存。她 91 岁过世时，寨中众人来家伴葬守灵，笔者将录音机摆在她的棺木上放出她亲口所唱的遗嘱歌，从教育儿女为人处事唱到死后伴葬人的情义、帮忙人的辛苦、道师打绕棺等，把一屋所有的伴葬人都唱得悲伤不已、泣不成声，气氛悲哀之极。这就是哀歌的内容和作用。这些录音带至今都还保存完好，其内容此次一并收载进哀歌篇中。

八、《古礼歌》简述

古礼歌就是专门唱诵苗家人礼尚往来、人情交往的歌。都说苗家人热情好客、团结和谐、谦虚本分，这很大一部分就体现在人情往来的礼仪事项上面。生了小孩，便要吃三早饭，要唱祝贺红蓝天喜歌。起造修建，起了新屋，贺喜请酒，要唱贺喜房屋歌。订婚过礼，认亲送酒，要唱送礼歌。结亲婚典喜庆，在门边摆酒迎接客人，要唱拦门歌。请客吃饭，劝客人吃饱喝足，要唱辣椒歌。还有在请客时唱慰客歌，在祝贺喜庆时唱祝福歌，等等。我们从这些繁杂的礼仪交际与人情交往中不难看出，人类情感沟通的渠道是十分复杂的，它既是一种形式，更是一种融合，只有这样，社会才会和谐，人们才会团结。

凡是古代流传下来的、在苗民交际礼仪中所唱的歌，原则上都叫作古礼歌。本册共 9 种 48 类，分别是：1. 贺生子主人篇共 7 类；2. 贺起造的歌共 2 类；3. 认亲过礼主人歌共 11 类；4. 认亲过礼客人唱的歌共 6 类；5. 接亲拦门接客歌共 4 类；6. 辣椒歌共 2 类；7. 慰客歌共 2 类；8. 祝福歌共 9 类；9. 古礼拾遗歌共 5 类。下面，我们对古礼歌分别进行介绍。

(一)贺生子主人篇共 7 类

贺生子就是庆贺喜生贵子贵女的歌。本篇共收集有 7 类，分别是：1. 主人唱的歌；2. 客人唱的歌；3. 路程歌；4. 吃三早饭歌；5. 吃三早饭唱赞外婆礼物的歌；6. 吃三早饭外婆家陪唱的歌；7. 双喜又生贵子唱的歌。

贺生子的歌一般篇幅较长，歌词很多，为了节省篇幅，这里只以最小最短的贺歌为例。

【歌词】

喜中所爱作歌言，

Xis zhongb cuos ais zuob guos yuanb,

江起列除大然萨。

Jiangb qit liet cub das rax seax.

逢兰天喜到此来，

Fongb lanb tianb xis daob chis laib,

天赐麒麟埋到嘎。

Tianb cis qib lingb manb daob gas.

喜爱没有什么抬，

Xis ais meib yous shenb mos taix,

不弄候埋吉年差。

Bus nongb hous manb jib nianb chas.

抱愧自己很遗憾，

Baob kuib zis jib henb yib hans,

上辈婆叔要管他。

Shangb beib pos shud yaob guanb tas.

大众欢喜到此间，

Das zongb huanb xis daob cis jianb,

留言亚扛几奶叉。

Lius yuanb yax gangb jis nieb cab.

【意译】

喜中所爱作歌言，欢喜才把歌言耍。

红蓝天喜到此来，天赐麒麟人才发。

喜爱没有什么抬，口中庆贺到来耍。

抱愧自己很遗憾，上辈婆叔要管他。

大众欢喜到此间，留言又送哪个答。

贺生子又分为贺生男、贺生女、主家歌、客人歌、外婆歌、舅娘歌等7个小类，它们各有千秋，在这里就不一一表述了。

(二) 贺起造的歌共 2 类

贺起造就是庆贺修建起造住宅华屋的歌。本篇共收集有 2 类，分别是：1. 客人贺喜所唱的歌；2. 主家感谢众亲友贺喜落成的歌。

在本类型中，以客人贺喜的内容为重点，而主人所唱的则多是一些自谦自愧、怠慢客人之类的内容。

贺喜起造的苗歌一般篇幅很长，歌词也多，从歌词中确实很难体会到其中的精华和趣味。下面仅以一首为例。

【歌词】

美观大方多雄壮，

Meix guans das fangb duos xiongb zhangb，

毕求湘西武陵山。

Bib qiub xiangb xis wud lingb shanb.

水晶龙宫东海样，

Shuid jinb longb gongb dongb hais yangb，

汝拿北京府楼台。

Rub nab bais jinb fub lous taib.

前有朱雀山狮象，

Qianb yous zhub qieb shanb shid xiangb，

吉追玄武接接连。

Jib zuib xianb wus jieb jies lianb.

青龙白虎两个傍，

Qingb longs baib hud lianb ges bangb，

八卦水口绕门前。

Bas guab shuid koub raob menb qianb.

绒抱虫标偶扛扛，

Rongb baob congb bous ous gangb gangb，

吾恩篓拿告阶檐。

Wub ghenb lous nab gaot jiet yanb.

才如涌水起波浪，

Caib rub yangb shuib qib bos langb，

荣华拿豆凸窝块。

Rongb huab nab dous tub aos kuaib.

从此财发人兴旺，

Congb cis caib fab renb xinb wangb,

老少共享幸福年。

Laos shaob gongb xiangb xinb fus nianb.

萨莽圆边龙拢样，

Seax manb yuanb bians longd longb yangb,

照到喂浪奉承来。

Zhaob daob weis langb fongb chengb lais.

【意译】

> 美观大方多雄壮，好似湘西武陵山。
> 水晶龙宫东海样，好过北京府楼台。
> 前有朱雀山狮象，后面玄武接接连。
> 青龙白虎两个傍，八卦水口绕门前。
> 活龙叫在屋中央，银水四处流拢来。
> 财如涌水起波浪，荣华富贵如花开。
> 从此财发人兴旺，老少共享幸福年。
> 歌唱圆边是这样，依照我的奉承来。

庆贺歌把主家的房屋形容得尽善尽美，既有外在雄伟的气势，又有内在龙气庇佑的吉祥，还有目标愿望的实现，可以说从表到里、从衣着到身体再到气质都有非常高的评价，让人听了之后非常舒服和满意。

(三)认亲过礼主人歌共 11 类

认亲过礼就是请媒人讨亲，女方同意后，男方抬着厚重的礼物到女方家里去认亲的歌。这里所说的主人即女方，男方是客人，故认亲过礼主人歌指女方在男方来家认亲时所唱的歌。共收集有 11 类，分别是：1. 认亲过礼歌之主人起唱的歌；2. 主人唱谢媒人的歌；3. 主人唱客人的路程歌；4. 主人唱怠慢客人的歌；5. 赞扬客人礼物丰盛的歌；6. 过礼开席歌；7. 谢亲家的歌；8. 唱新郎的歌；9. 唱亲家房族费心费力的歌；10. 唱后辈舅爷贺喜酒的歌；11. 辞别客人的歌。

在认亲过礼场合中主人所唱的歌，无非是赞扬客人所抬来的礼物非常丰盛、高级，而自己由于家贫寒苦、物资缺乏、招待不周而感到羞愧难当、无地自容。

【歌词】

大细留言洞萨板，

Dab xib liub yuanb dongb seax bans，

洞浓苟萨出打王。

Dongb nongb gous seax chub das wangx.

出卡相蒙亚拢单，

Chus kax xiangb mengb yax liongb dans，

埋拢出卡剖浪当。

Manb longb chus kab boud langb dangt.

共汉理松吉判满，

Gongb hais lib songx jib pans manx，

再斗虫浓打产刚。

Zaib doub congb nongb das chanb gangb.

亚没阿板浪——

Yab meib as banb langb—

提穷首见虫单单，

Tis qiongb shoub jianb congb dans dans，

打开达吾尼光洋。

Das kais dat wut nib guangd yangb.

都是脑壳袁世凯，

Dous shib naob koub yuanb shid kanb，

麻让久咱汉明堂。

Mab rangx jious zhas haib mingb tangx.

再斗阿半尼船板，

Zaib dout as banb nib chuanb bans，

欧告几哭巴格昂。

Out gaot jis kub bas geb ghanx.

（吉就背斗拿几善。）

（Jis jioub beit dous nab jis shuanb.）

见照得打没陇单，

Jianb zhaod des dab meib longb dans，

苟拢出卡剖浪当。

Gous longb kas chub bous langb dangt.

扛剖号达吾干革将报晚，

Gangb boub haos dab wut ganb goub jiangb baob wanb，

干水吉上苟拢藏。

Ganb shuid jib shangx gous longb changt。

相蒙尼汉告根兰，

Xiangb mengb nib hais gaob genb lanx，

心中满意干浪江。

Xinb zhongb manb yis ganb langb jiangb.

天宽地窄列嘎管，

Tians kuand deib zhanb liet gab guanx，

几爬吉从想几筐。

Jis pax jib congb xiangb jis kuangb.

烟茶招待不到边，

Yuanb cab zhaos dans bux daox bians，

加锐加列嘎几江。

Jias ruib jias liet gas jis jiangb.

开亲结义成一块，

Kais qingb jieb yib chengb yis kuais，

宽想远看宽心肠。

Kuanb xiangb yuanb kans kuanb xind changt.

【意译】

大众留言听歌言，听我人笨唱歌云。
做客你们到这边，你来做客我们村。
抬来礼行万万千，还有重担几千斤。
还有一些是——
红纸包扎在中间，打开一看是圆银。
都是脑壳袁世凯，年青不见这光阴。
还有一半是船板，两边船头翘起程。
藏在家中银箱间，拿来做客做礼行。
让我赶快放在锅中间，减水赶快洗得清。

真的确是好亲开，心中满意喜盈盈。

天宽地窄莫要管，行坐不安费了神。

烟茶招待不到边，饭菜差了莫怒心。

开亲结义成一块，宽想远看才好亲。

在上面的这些情节中，我们可以看到苗族人总是抱着谦虚自愧的情怀去待人接物，在这基础之上所建立起来的社会环境中的人际关系总是十分和谐的。

(四)认亲过礼客人唱的歌共 6 类

认亲过礼就是请媒人讨亲，征得娘家同意后，男方抬着厚重的礼物去女方家里去认亲的歌。这里所说的客人即男方，因为男方是客人，女方是主人，故认亲过礼客人唱的歌指男方在女方家认亲时所唱的歌。本篇共收集有 6 类，分别是：1.唱主家盛情款待的歌；2.感谢媒人的歌；3.客人唱缺少礼物的歌；4.辞客的歌；5.讨求新娘红庚的歌；6.讨求儿媳妇跟着回家的歌。

在认亲过礼男方所唱的歌中，也总是以由于家境贫寒、能力欠缺而抬少了礼物礼品，到来之后，女方(主家)不仅不嫌弃丑陋、寒酸，反而还热情招待，这种情义重于泰山、让人难忘的情节为主要内容。我们且以其中最短的客人歌为例：

【歌词】

发表歌言送我唱，

Fab biaos guob yuanx wob changb,

萨袍几庆扛喂板。

Seax paob jis qinx gangb weis bans.

才疏学浅心中昂，

Caib bos xieb qianb xins zhongb ghangb,

吉除几斗得打偏。

Jib chub jis doux des dab pianx.

歌中不讲是别项，

Guos zhongd bub jiangx shid bieb xiangb,

单唱亲亲才来开。

Danb changb qinb qinb caib lais kaib.

内秋吉忍埋腊扛，

Niet qius jib renb manb las gangx，

几没贤浓叉见兰。

Jis meib xianx nongb cab jeans lanx.

闲时拢酷炯阿忙，

Xiaid shid longb kub jiongb as mangb，

通过认识苟扛安。

Tongb guob renb shid goub gang bans.

列卜剖拢浪情况，

Liet pib boub longb longd qings kuangb，

事从节约来开展。

Shib congs jied yeb laib kais zhanb.

礼物礼品没一样，

Lis wub lis pinb meib yis yangb，

酷埋腊会空空单。

Kub mans las huib kongb kongb dans.

几同内拢没酒扛，

Jis tongb nieb longb meib jious gangb，

边担共虫要善善。

Bians dais gongb congb yaox shanb shanb.

龙内吉比不洽当，

Longs niet jib bib bus qiab dangx，

内没麻吽没麻晚。

Niet meib mab hongx meib mas wanx.

东家热情来观望，

Dongb jias roub qingb laix guans wangb，

嘎忙踏兰洞剖散。

Gas mangb tab lanb dongx boub sanb.

最秋最兰达忙忙，

Zuis qius zuib lans dax mangb mangb，

姑娘姊妹几然干。

Gus niangx zis meib jis rab ganx.

窝炯背高请在上，

Aos jiongb beis gaos qingx zaib shangb，

加酒加列候吉年。

Jias jioub jias lieb hous jib nianx.

哪知我们做不像，

Nab zhis wob menb zuob bub xiangb，

酒肉不够搞一餐。

Jious roub bub goux gaos yid cans.

要久叉见龙拢样，

Yaob jious cab jianb longb langx yangb，

拿几加乙每得脸。

Nas jid jiab yix meib des lianx.

开亲要把义问上，

Kais qinb yaox bas yib wenb shangb，

讲仁讲义得长远。

Jiangb renb jiangb yis deb changb yuans.

埋纵列出得、

Manb zongb liet chus deb、

君子有容话有量，

Jings zis youb rongb huas youx liangb，

水想腊列想几宽。

Shuid xiangb las liet xiangb jis kuaib.

【意译】

发表歌言送我唱，歌唱推辞让我板。
才疏学浅心中昂，歌唱不能来打偏。
歌中不讲是别项，单唱亲亲才来开。
媒人讲亲你们放，没有嫌我家贫寒。
闲时来走你家堂，通过认识才知全。
要说我们的情况，事从节约来开展。
礼物礼品没一样，走亲也是空空来。
不比别人有酒缸，扁担抬米箩筐担。
与人来比不恰当，人有力大有力软。
东家热情来观望，不要讲我心抠财。
亲朋齐了四五方，姑娘姊妹都拢来。

后辈大人请在上，喜酒喜饭心喜欢。

哪知我们做不像，酒肉不够搞一餐。

少了才成这模样，个人面上没得脸。

开亲要把义问上，讲仁讲义得长远。

你们总要做那、君子有容话有量，会想也要想得宽。

在上面的客人歌中，我们看到了客人因贫穷而抬少了礼物的无奈和再三请求主人宽容的诚意，在这种前提下，主客双方都建立起了团结和谐的亲情关系。

在这里，不得不提一下如今的过礼。过礼时由男方抬着重礼去女方家里，到家之后担子一放，便马上围到麻将桌或扑克桌上，一刻不停，其余的人便玩手机，头也不抬。等到主家把饭菜做好，招呼一声，上桌吃饭，饭一吃饱，上车上马，溜之大吉。虽说是认亲，但谁也不认识谁，其间偶尔有老人多讲了几句客套话，便会被年轻人白眼。过后在社会上遇见，由于不认识，哪怕是亲戚人等，稍有刮碰，便拳脚相加，大打出手，造成了社会的不和谐。而若是在过去，到家认亲，主客双方围坐火炉边，由媒人介绍，一一认识，同时以话以歌相互交流，你一轮我一遍，十分融洽，真可谓是"开亲开满寨，结亲结满门"，日后相见，互相照顾，团结和睦。这便是民族文化的作用。而民族文化的淡化与消亡，就会带来传统道德的滑坡，就会带来人性底线的降低，就会带来社会和谐的倒退。因此人类社会在发展过程中必须维持、保护、传承和弘扬民族文化。

（五）接亲拦门接客歌共 4 类

接亲拦门歌指新郎的男方家在门边迎接女方客人时所唱的歌。本篇共有4 类，分别是：1. 主人拦门接舅爷歌；2. 舅爷在拦门礼接唱的歌；3. 主人拦门接正客的歌；4. 客人在拦门礼中答唱的歌。

我们平时都说，苗家人热情好客。那么苗家人如何热情好客？热情好客的具体事例有哪些？答案就在下面的接亲拦门古歌之中。

【歌词】

拢通剖让出内卡，

Longb tongb bous rangb chus nieb kab，

出卡拢冬剖浪标。

Chus kab longb dongt bous langb boud.

埋拢味个送得牙，

Manb longb weib ges songb des yab,

麻共尼味送老苟。

Mab gongb nib weid songb laos gout.

送秋召林阿充嘎，

Songb quid zhaos liongb as congd gas,

花费银钱一大手。

Huas feib yinb qianb yis dab soub.

埋浪名声广又大，

Manb langb mingb shengb guangb youb dab,

同菩扬名自治州。

Tongb pub yangb mingb zis zhis zhout.

拢单鸟豆高苟卡，

Longb danb niaot doub gaos gout kab,

吉岔列够莎阿柔。

Jib cab lieb gous shax as roub.

【意译】

做客你来到我家，做客到我家里头。

你们是来把女嫁，老人是为送女子。

送亲你把银钱花，花费银钱一大手。

你们名声广又大，扬名传遍自治州。

到边迎接门拦下，要求你唱歌几首。

主人为了表示热情，把好酒好肉端到门边迎接客人、唱歌迎客的这种礼仪，苗家特有，气度也大，而客人总以缺少嫁妆无颜见主人为理由相互谦让。这造就了苗家特有的婚嫁习俗。

(六)辣椒歌共2类

辣椒，是苗族人民的日常饮食中常见的调味料，既辛辣又有香味。辣椒歌指的是当客吃饭时为了让客人吃好吃饱，且主方自称无甚美味好菜招待客人而自愧难当，而客方却对饭菜大加赞赏，表示感激的歌，主客双方围绕饭菜饮食而互唱。这种歌短小精悍，趣味性特强，在吃饭时唱，在桌边唱，气氛非常热烈。本篇共有2类，分别是：1.辣椒歌主人篇；2.辣椒歌客人篇。

下面，让我们从中找出一两首来作为代表。

①主人歌

【歌词】

> 首嘎当兰走巴见，
> Soub gas dangb lans zous bas jianb,
> 巴见豆齐久牙亚。
> Bas jianb doub qib jious yab yax.
> 阿特昂能几没然，
> As teb ghax nengb jis meib rab,
> 得后几没列阿嘎。
> Des houb jis meib lied as gax.
> 能得列卡皮吉干，
> Nengb des lieb kas pib jib gans,
> 吉干够你窝比免。
> Jib gans goub nib aos bib mias.
> 列吾列斗埋列难，
> Liet wud lieb doub manb liet nanb,
> 列到吾庆达起瓜。
> Liet daob wub qinb dab qib guas.

【意译】

> 养鸡当客鼠狼叼，鼠狼叼走我无奈。
> 一餐肉吃没得到，豆腐没有得一块。
> 吃这干饭舌头糙，舌头糙了心里烦。
> 若吞不了舀水倒，吞下喉头就好咽。

②客人歌

【歌词】

> 埋汝内锐亚内列，
> Manb rub niet ruis yab niet liet,
> 内锐内列崩楼养。

Nies ruis nies lieb bengb lous yangx.

就得先拢就蒙借，

Jious des xianb longb jious mengb jiex,

相蒙告特汝能养。

Xiangb mengb gaos teb rub nengb yangb.

扛剖号阿奶能久比便这，

Gangb boud hoax as niet nengb jious bib bias zhet,

窝起能抽巴鸟想。

Aos qib nengb choux bas niaob xiangb.

会通内苟周热热，

Huis tongb niet gous zhoub rei reib,

感谢度标闹厨房。

Gans xieb dub bous naob cub fangx.

【意译】

你们好饭又好菜，好的饭菜真的香。

口味又好我们爱，真的好吃不要讲。

我们也一人吃了四五碗，肚内吃饭嘴还想。

走到路边笑颜开，感谢东家和厨房。

在唱辣椒歌时，主客双方都是以年青歌手出场的，同时，一般又都是主家姑娘与客人小伙对唱的，场面上既有相互谦让又有相互爱慕之气氛，这种气氛往往会成为散客以后男女双方恋爱的基础。

(七)慰客歌共 2 类

慰客歌指专门宽慰客人的歌，是当客吃饭时，为了让客人吃好吃饱，且主方自称无甚美味好菜招待客人而自愧难当，而客人抬来很多贵重的礼物，为了表示感谢而唱的一种苗歌。本篇共有 2 类，分别是：1. 请客吃饭自愧歌；2. 劝酒慰客歌。

慰客歌往往只是主家一方唱给客人听的。当然，也有客人按捺不住而接歌对唱的，但这种情况较为少见。慰客歌大多较长，这里只能举些短小的苗歌为例。

【歌词】

出卡拢通剖浪组，

Chus kab longb tongs boub langb zus,

埋拢出卡剖浪当。

Manb longb chus kab bous langb dangx.

内卡完全莎辛苦，

Niet kab wanb qianb shad qinb kub,

共汉虫浓打产刚。

Gongb hais congb nongb das canb gangt.

担照堂屋出阿如，

Danb zhaob tangb wux chus as rub,

窝得太虫莎几羊。

Aos deb taib congb shax jis yangx.

镜瓶彩挂有无数，

Jinb pinb cais guab yous wub shux,

再斗钱当和子羊。

Zaib dous qiangb dangb heb zis yangx.

炮头吉话同松偶，

Paob tous jib huab tongb songt out,

天响地动振山岗。

Tianb xiangb deib dongb zhenb shanb gangb.

来汝费力阿充久，

Lais rub feib lis as congb jioud,

恩深情重阿充筐。

Enb shenb qing zhongb as congb kuangb.

后辈告炯莎拢久，

Hous beib gaos jiongb shax longb jious,

子妹上班为姑娘。

Zis meib shangb bans weib gus niangb.

兰共兰先尼巴都，

Lans gongb lanb xianb nib bas dux,

列抽嘎捕锐明堂。

Liet chous gas pub ruis mingb tangb.

加剖几到窝求出，

Jias boub jis daox aos qiub chus，

自己方面无高常。

Zis jib fangb mianb wub gaos changb.

淡饭粗茶列管五，

Danb fanb cus cab liet guanb wux，

出写阿挡想几筐。

Chus xieb as dangb xiangb jis kuangx.

要汉昂能闹酒夫，

Yaos haib ghax nengb naos jioun fux，

对人不住嘎几将。

Dis renb bub zhub gas jis jiangb.

得后几没到阿补，

Des houb jis meib daob as bux，

宽想远看好心肠。

Kuais xiangb kanb haos xinb changb.

王记细没窝兰鲁，

Wangb jis xib meib aos lanb lux，

甲乙丙丁不全堂。

Jias yib binb dins bub qianx tangb.

苟度难为照拢久，

Gous dub nans weib zhaos longb jious，

各位亲亲列郎当。

Geb weib qins qins liet langb dangb.

【意译】

做客来到我们处，你们做客我们寨。
亲朋完全都辛苦，抬来贺礼有几千。
摆在我家的堂屋，地下堂屋都摆满。
镜瓶彩挂有无数，再有钱币和花边。
爆竹震天如雷述，天响地动震天边。
好亲费心费力做，恩深情重如东海。

后辈舅爷太辛苦，姊妹上班姑娘来。

新旧亲朋笑乎乎，饱饭莫讲不好菜。

我家贫穷家不富，你们总要想得宽。

淡饭粗茶心无主，你们总要想宽宽。

又少酒来又少肉，对人不住莫心烦。

豆腐没有得一坨，宽想远看好心怀。

皇上也有穷亲做，甲乙丙丁不能全。

把话说明对不住，各位进餐要慢当。

歌中先唱客人的礼品贵重、情深谊长，又唱少酒少肉主家抱愧，再唱古亲旧眷，开亲了就是一家人，连皇帝的亲戚也有穷的。这种结构安排、内容设置、比喻事例，无不体现了一个"妙"字。既收了别人的厚礼，又找出了自己怠慢的理由，使听众听了之后，得到了心理上的宽慰和艺术上的享受。

(八) 祝福歌共 9 类

祝福歌指在喜贺庆祝的场合中专门唱颂祝福内容的苗歌。本篇共有 9 类，分别是：1. 双喜宴席祝酒歌；2. 拦门祝酒歌；3. 插香过礼祝酒歌；4. 劝酒歌；5. 祝寿歌；6. 祝龙歌；7. 十贺十喜；8. 接龙贺喜；9. 团圆歌贺喜。

祝福歌又可以叫作奉承歌，说白了，就是专讲好听的话、吉利的话、光明的话、幸福的话。比如《十贺十喜歌》：

【歌词】

今日转去单久昂，

Jinb rib zhuanb qib danb jious ghax,

欧内补乙你埋标。

Ous niet bub tus nid manb bous.

对剖招待无比江，

Dis boub zhaob danb wub bib jiangd,

亚扛昂能亚扛酒。

Yas gangb ghax nongx yas gangb jious.

能数服抽苟萨藏，

Nengb shud fub chous gous seax changb,

祝贺大炯扛度标。

Zhus heb dab jiangb gangb dub boud.

一贺一喜传名筐，

Yis heb yis xib chuanb mingb kuangs,

一句传名天下知。

Yis jub chuanb mingb tians xias zhis.

二贺二喜自然强，

Erb heb ers xis zib ranb qiangb,

紫微高照新北斗。

Zis weib gaos zhaob xins baibb dout.

三贺好比关云长，

Sanb heb haos bib guanb yunb changb,

三人结义得长久。

Sanb renb jied yib des changb jious.

四贺四喜四发扬，

Sib heb sib xis sib fab yangs,

四季发财拢单斗。

Sib jib fangb cais longb dans dous.

五贺五喜状元郎，

Wux heb wux xis zhangb yuanb langd,

五子登科拢单标。

Wux zis dengs koub longb danb bous.

六贺家内大吉昌，

Lius heb jias niet dab jib chans,

六畜兴旺家门有。

Lius chub xinb wanb jias menb yous.

七贺七姐下凡阳，

Qib heb qis jied xiab fanb yangd,

七星高照星北斗。

Qib xins gaox zhaob xinb bais dout.

八贺还有八仙堂，

Bas heb hais youb bad xianb tangd,

八仙漂闹家门口。

Bas xianb piaob naos jias menb kout.

九贺还有九成双，

Jious heb haib yous jious chengb sangb,

九天玄女同来此。

Jious tianb xianx nvs tongb lais cis.

十贺还有十元良，

Shid heb haib yous shid yuanx liangb,

十个元良出君子。

Shid geb yuanb liangx chus jinb zis.

祝贺全家坐安康，

Zhub heb qians jias zuob ans kangx,

寿比南山炯到头。

Soub bib nanb shand jiongb daob tout.

十贺十喜发得长，

Shid heb shid xis fab des changb,

人财两旺发得久。

Renb caib liangb wangb fas des jiout.

【意译】

今日要转回家堂，住了三天又两日。
热情招待我面上，又送肉来又送酒。
肉饱酒醉把歌扬，祝贺主人唱一首。
一贺一喜传名广，一举传名天下知。
二贺二喜自然强，紫微高照新北斗。
三贺好比关云长，三人结义得长久。
四贺四喜四发扬，四季发财乐悠悠。
五贺五喜状元郎，五子登科忧元子。
六贺家内大吉昌，六畜兴旺家门有。
七贺七姐下凡阳，七星高照家里头。
八贺还有八仙堂，八仙漂闹家门口。
九贺还有九成双，九天玄女同来此。
十贺还有十元良，十个元良出君子。
祝贺全家坐安康，寿比南山多福寿。
十贺十喜发得长，人财两旺发得久。
　　以上从一到十都唱得十分顺口，让人听了心情舒畅。这就是一种祝福、一种愿望、一种理想、一种目标和一种追求。人生在世的所谓幸福，不是这些又是什么呢？

(九) 古礼拾遗歌共 5 类

拾遗歌是指苗族在喜贺庆祝场合中所唱颂的却被遗漏了的，想要补入原已编辑过的那部分之中，因考虑到其已成体系而不便补进去，但现在看来又很有必要补进去的古歌。这类苗歌在古礼歌系列中被称为拾遗歌。本篇共有5类，分别是：1. 古代媒人篇；2. 开天立地远古歌；3. 分姓氏定居歌；4. 近古歌；5. 踩门歌。

被遗失的歌当然很多，远远不止这些，这里只是一小部分而已。拾遗歌的内容大多很长，不少是笔者认为较有情趣的，因此被增补进来。比如踩门歌就有特别的情趣：

【歌词】

好事保兰嘎埋昂，
Haos shid baob lanb gas manb ghax，
出卡埋让足江起。
Chus kab manb rangb zhus jiangb qix.
急急忙忙搞阿大，
Jis jis mangb mangb gaos as dax，
阿大从从足吃亏。
As dax congb congs zhus chis kuib.
那要苟浪苟要牙，
Nas yaob gous langb gous yaod yas，
桶酒特列莎拢最。
Tongb jious teb liet shax longb zuib.
吉吾子羊没阿吧，
Jib wut zis yangb meib as bas，
摆照弄拔西腊配。
Bans zhaob nongb pab xis lab peib.
炮竹也买得一挂，
Paos zub yeb mans deb yis guab，
几个少头没阿起。

Jis geb shaob toub meib as qix.

共白扛内不值价，

Gongb bais gangb niet bus zhis jiab，

人大生蠢每得力。

Renb dab shengb chengb meib des lid.

求补大为告吉腊，

Qius bub dab weid gaos jib lax，

白袍吉江闹加锐。

Bais paob jib jiangb naos jiax ruib.

草闹吉江闹棒便，

Caos naos jib jiangb naob bangb bias，

几安抓包阿交儿。

Jis anb zhas baob as jiaos jix.

一阵狂风片嘎岔，

Yis zhenb kuangb fongb pianb gas cab，

子羊吹散如鸟飞。

Zis yangb cuis suanb rub niaos feib.

片够几斗窝得岔，

Pianb gous jid out aos deb cax，

用闹帮苟同录最。

Yongb naos bangb gous tongx lub zuis.

求冬比补歇一下，

Qiub dongb bib bus xieb yis xiab，

打席吉难炯休息。

Dab xis jib nanb jiongb xious xib.

服烟炮头豆吉瓦，

Fub yuanb paos toub dout jib wax，

半路失火莎窝齐。

Bans lub shid huob shax aos qib.

高那高苟炯吉踏，

Gaos nab gaos goub jiongb jib tax，

麻让尖尖发脾气。

Mas rangb jianb jianb fab pib qix.

喂叉卜洞：

Weis cab pub dongs：

错了索兴莫讲话，

Cuos leb suob xins mob jiangb huas，

吉踏苟出阿种儿。

Jib tab gous chus as zhongb jis.

内浪贺喜做客事情大，

Niet langb heb xis zuos keb shid qings dab，

只有前进不可退。

Zhis youb qianb jinb bub keb tix.

阿瓦弄叉见、空空入也出内卡，

As wab nongb cab jeans、kongb kongb rub yeb chus niet kas，

出卡腊苟欧奶锤。

Chus kad las goub ous niet chuib.

拢单扳竹埋当他，

Longb dans bans zhus mangb dangx tas，

莫想肉味进口吃。

Mos xiangb roub weib jinb kous chis.

【意译】

好事报信到我家，闻信喜欢在心里。
急急忙忙一早下，忙了一早最吃亏。
邀集弟兄叔伯大，房族人等都邀齐。
集中款子百上下，摆在茶盘也很美。
爆竹也买得一挂，烧起也可响一会。
抬来粑粑不值价，人大生蠢没得力。
上坡一脚踩打滑，粑粑滚下悬崖去。
抛撒滚落下山崖，不知掉走去哪里。
一阵狂风吹来大，子羊吹散如鸟飞。[①]
飞得远远没有法，飞进山林草丛里。
上登坡头歇一下，大家相议坐休息。
吃烟爆竹都爆炸，半路失火都炸毁。
老弟哥兄来相骂，年青统统发脾气。

我才讲——

错了索性莫讲话，相骂不能来讲理。

人家贺喜做客事情大，只有前进不可退。

这一次才成空空如也不成话，做客只拿一张嘴。

来到门边礼行大，莫想肉味进口吃。

【注】
①子羊：方言，即纸币。

　　试想歌中所提到的这些情节：先是接得喜讯要去贺喜，内心欢喜，然后去报房族大家同去，个个送了彩礼，收得几百元人民币，打了一担的糍粑，买得了爆竹，然后将糍粑装在筐里，把钱币摆在盘子，也还觉得面子十足。谁知挑着担子走山坡路，一不小心，滚倒了，筐翻了，糍粑滚落悬崖下去了，钱币也被风刮飞得无影无踪了，上登坡头因为坐下休息吃烟，走火将爆竹也全炸了，什么也没有了。而此时做客的时间也紧了，不能回去再备礼品，并且人家的好事也耽误不得，只好硬着头皮前去。谁知到边一看，主家还用拦门酒礼迎接，在这种情况之下，还有脸面吗？实际上当然并非如此，可这首歌的作者就是用这些非常人能想出的聪明才智，来设计出这看似顺理成章的自然情节，把这些事情说清道明，既可怜又可笑，既合情又合理，让人听起来啼笑皆非。这就是文学，这就是艺术，有其独特的可读性和趣味性。

九、《古堂歌》简述

　　凡是古代流传下来的在堂屋中所唱的大型陪客的歌，原则上都被称为古堂歌。过去时代，苗家人在结婚时，当晚都要在堂屋烧树蔸蔸柴，点桐油灯，宾主欢聚一堂，双方要请歌手对唱苗歌，通宵达旦。先由主家歌师请歌，把有关结婚的主要内容通唱一遍，然后唱奉请正客歌师接唱的歌。这样的三番五次请歌之后，客人歌师接歌。先是唱互相奉承的内容，叫水口歌，即热歌。然后唱古人古事，或盘歌对答，或唱猜谜，或唱通史（穿歌），等等，直到天亮洗脸时方才散伙。这是千百年以来苗家人在结婚时陪客的一种特别方式。

　　本册共有代表性的古堂歌7种40类228首，分别是：1.堂更主人起歌篇共 15 类；2. 正客接歌共 4 类；3. 对赞及水口歌共 5 类；4. 交接及比文才的歌共 2 类；5. 投师及替唱的歌共 3 类；6. 祝贺及分别的歌共 2 类；7. 堂屋跳鼓的歌共 9 类。

古堂歌又可叫作堂更歌，即坐在堂屋中唱着陪客人过更（过夜）的歌，从一更开始直唱到五更天亮为止，因此称为堂更歌。

下面，我们将这第九大系列——苗族古堂歌的种类分而述之。

(一) 堂更主人起歌篇共 15 类

堂更歌是由主人先起唱的，起唱的歌手要把一整堂的花烛喜酒的基本内容全部简明扼要地唱一遍。内容包括：1. 起唱；2. 唱厨房；3. 唱堂屋的火；4. 唱媒人；5. 唱养女的苦难；6. 唱嫁女；7. 唱引亲娘；8. 唱背亲小舅子；9. 唱伴娘；10. 唱新郎；11. 唱新娘；12. 唱嫁妆；13. 唱副客；14. 放歌给正客接；15. 第二轮添歌补歌。共 15 类。我们且把其中的唱媒人的歌略举一首如下。

【歌词】

苟固够受难为起，

Gous gub gous soub nanb weix qib,

堂卡出萨难为埋。

Tangb kax chub seax nanb weib manb.

天上无云不下雨，

Tianb shangb wud yunx bub xias yux,

地下无水不通船。

Deib xiab wub shuid bub tongs chuanb.

蒙候卜到贵家浪小女，

Mengb hous pub daox guib jias langb xiaos nvb,

苟篓出令从几然。

Gous loub chus liongb zongb jis rab.

【意译】

把话感谢媒人起，堂中歌唱谢你言。

天上无云不下雨，地下无水不通船。

你帮讲得贵家的小女，你的情义记千年。

在苗族的婚姻文化中，传统观念最看重的是媒人，在婚庆活动中，处处尊重媒人,处处抬举媒人,于是,媒人便成为整堂喜庆中的重要人物了。在这堂更起歌的种类中,唱媒人、唱娘家、唱新娘、唱新郎都是要唱到位的,特别是唱新娘歌词中的三从四德,唱新郎歌词中的仁义礼智,都要表述得十分过细,教导双方相互尊重,相互礼让、理解、团结、帮助,唱得十分到位。在这些礼仪文化因素的基础上,过去苗区内的离婚率几乎为零,哪个家庭若是离婚,会被苗区社会舆论所谴责,被认为是天大的坏事与不幸。当然,到了现代离婚事情偶尔有之,但也绝对不会如彭学明所出的书《娘》里面所讲的那样,他娘竟然离婚再嫁了5次之多(在土家族地区),若在苗区,岂不成了千古稀奇!

(二)正客接歌共 4 类

主家歌手用歌再三邀请之后,作为正客一方的歌手在众人七嘴八舌的要求之下才肯接歌。接歌的内容共 4 类,分别是:1. 第一轮推辞歌;2. 第二轮推辞歌;3. 正客接歌;4. 互赞的歌。

古堂歌系列的第二种就是正客的歌手正式接唱,在接唱之始还是要先唱推辞的内容,用歌表明正客人愚生蠢,不会唱歌,还找出了很多理由,企图把对唱推辞掉了。比如要经过两轮以上的推辞,还是推不掉以后才不得已接唱,好像十分被动的样子。我们且把其中的推辞歌略举一首如下。

【歌词】

苟度商量埋度标,

Gous dub shangb liangb manb dub bous,

安埋依度被久依。

Ans manb yis dub beix jious yib.

出卡埋冬送牙苟,

Chub kas manb dongx songb yas goux,

拢岔阿特昂平摧。

Longb cab as toub ghangx pingb cuis.

把得昂爬平剖口,

Bas deb ghangb pab pingb bous koux,

服数能抽白久起。

Fub shub nengb chous bais jioub qix.

意见阿件几没斗,

Yis jianb as jianb jis meib dous,

要求抱岔乖阿级。

Yaos qiub baox cab guangt as jib.

将忙埋够萨吉丑，

Jiangb mangb mans gooub seax jib coub,

够萨告旧剖几水。

Goub seax gaob jiub bout jis shuix.

见度应当少拢友，

Jeans dub yinb dangb shaox longb youb,

正数忙弄苟埋陪。

Zengb shub mangb nongb gous manb peib.

埋列容情剖浪久，

Mans lieb rongb qingx bous langb jious,

要求萨袍嘎楚逼。

Yaos qiub seax paob gas chub bis.

【意译】

> 把话商量报主子，不知依话或不依。
> 做客我们嫁女子，来找一餐肉平吃。
> 猪肉肥肉香满口，酒醉肉饱心满意。
> 意见一点也没有，要求睡觉得安逸。
> 整夜你歌唱不休，要唱歌言我不会。
> 若是能唱就接口，正数今夜把你陪。
> 若不容情我心忧，要求歌唱莫威逼。

歌中表明：我们是来嫁女，来找肉找酒吃的，既然你们把客人看大，肉饱酒醉之后应当让客人安逸睡觉，反而要唱歌，我们又不会唱，因此向你们要求不要我们接歌了好吗？这种讲法，表面上看似乎合情合理，可歌里又有"正数今夜把你陪"，这下可好，岂不暗示要和你唱吗？这种似是而非的讲法让人大有不言而喻的意味，体现出了苗族人含蓄的气质。

(三) 对赞及水口歌共5类

正客接歌之后，双方便你来我往地对唱起来，先是相互赞扬对方，降低自己，这种唱法在堂更歌系列里称为"水口歌"。在这里收载的只是一般有代表性的水口歌，具体包括：1. 赞叹对方高才歌；2. 水口热歌；3. 互讽的歌；4. 讽刺对方有人报歌；5. 宵夜歌。

我们且把其中的歌略举一首如下。

【歌词】

三亲求挂大奶苟，

Sanb qinb qius guax dab niet gous,

浪兰同葡四海扬。

Langb lanb tongb pub sid hais yangx.

相逢好事我才知，

Xiangb fongb haos shid wob caib zhis,

浪除叉安蒙没钢。

Langb chus cab ans mengb meid gangx.

精通礼义善才子，

Jings tongx lis yib shuanx caib zis,

尼总儿安弄儿强。

Nib zongs jid anb nongb jis qiangx.

洞召蒙够喂哑口，

Dongb zhaos mengb gous weib yas koux,

文善人小要投降。

Wenb shuanb renb xiaos yaob toub xiangb.

【意译】

三厅上过几重有，听你名声四海扬。

相逢好事我才知，听了才知你有钢。

精通礼仪善才子，是人不知如何讲。

听了你唱我哑口，人小只有来投降。

这里的三厅指乾城(吉首市)、凤凰(县)和永绥(花垣县)，过去清朝代设为厅，三厅指这苗族聚居的三县市。歌中表明：唱遍了，扬名了，赞颂对方很有名气，很有才智，把我这等无文无才、无智无慧的人吓倒了。表面上看好像赞扬对方，但从歌词的结构组合、平仄押韵、用句组词等方面来看，那便是精巧玲珑、妙语连珠的高作了。这种用体现奥妙的艺术性的手笔去赞扬对方，实际上也彰显了自己，文明就体现在这里，艺术就体现在这里。

(四)交接及比文才的歌共 2 类

古堂歌系列的第 4 个种类包括：1. 还尾句交接的歌；2. 唱比文才的歌。共 2 类。之所以把这 2 类列入此中，正是因为其有独到之处。苗族虽然没有文字，但有文化，也能包容其他民族文化，有包容才有创新，有创新才有活力，才有生命力。文才就是通过学习汉族的先进文化而获得的，苗歌虽然是苗文化，但也包容有汉文化。还有，歌手在交歌接歌时的唱词别有一番趣味，更是苗歌的一个亮点和特色。我们不妨把其中的交接歌略举一首如下。

【歌词】

【歌后唱·虾子换鱼】
吉要欧奶照弄周，
Jib yaob ous niet zhaob nongb zhous,
出声吉良牙打缪。
Chus shongb jib liangb yas dab mious.

【还·虾子换鱼】
【Huans ·xias zis huanb yus】
萨袍交边单喂友，
Seax paob jiaob bianb dans weib youx,
莎载仇仇单喂容。
Shax zaib choub choub danb weib rongb.
西昂内共保剖周，
Xis ghangb niet gongb baos boub zhous,
阿逃度弄没原公。
As taob dub nongb meib yuans gongx.
打声吉良缪尼勾，
Dab shongb jib liangx mious nib goux,
难缪莎难召打声。
Nans mioub shax nanb zhaob dab shongx.
达尼苟声猛良缪，
Dab nib gous shongb mengb liangb mioux,
吉良几斗蒙得赢。

Jib liangx jis doub mengb des yinb.

【意译】

【歌后唱·虾子换鱼】
歌唱两个摆这里，用虾来换你的鱼。

【还·虾子换鱼】
歌唱交边到我替，打止之后到我云。
老人留的话有意，这句话儿有原根。
名叫虾子和鱼比，鱼虾高上难分明。
若是用虾来换鱼，换了没有你的赢。
歌中意思是说：你故意说你的虾子小，其实它比鱼还要大，你用那比鲤鱼还要大的虾来和我交换小鱼，结果是你吃亏了。这种翻着跟斗上坡的做法，难道还不能堪称苗歌坛上的一大情趣吗？

(五) 投师及替唱的歌

向对方歌手投师与代替别人来唱也是堂更歌系列的一大种类。这里收有3类，分别是：1.要向对方投师学歌；2.替唱接歌；3.替唱起歌。
在与对方歌手对唱时，总觉得对方很会唱歌，唱得太好了，因此自愧不如，要拜其为师而唱投师歌。当然，其中不免也有对方唱得很糟的，己方故意讽刺对方而唱的所谓投师歌。我们且把其中的投师歌略举一首如下。

【歌词】

吉除堂根蒙嘎然，
Jib chus tangb gend mengb gas rax,
大寨头等浪英雄。
Das zuanb tous dengb langs yinb xiongx.
车汉古人一叭拉，
Ches hais gub renb yus pas lax,
蜡文腊屋够几朋。
Lab wenb las wub gous jid pongb.
洞牙够充莎想假，
Dongb yas gous congb shab xiangb jias,

哑口几到度当容。

Yas kous jid daox dub dangb rongx.

投师龙牙偶大然，

Tous shid longd yas ous dab rax,

领教埋让萨大炯。

Lins jiaos manb rangx seax das jiongb.

不是漂言乱扯夸，

Bus shis piaos yuanx luanb ches kuas,

句句是讲话实情。

Jus jus shid jiangb huas shid qingb.

列浓阿苟汝昂爬，

Liet nongb as gous rub ghax pas,

吉油背斗没大寸。

Jib yous beix dous meib das cenb.

几尼龙葵偶卡卡，

Jis nieb longs kuib ous kas kass,

酷牙几单扛台蒙。

Kus yax jis danb gangb tuanb mengb.

苟度内蒙巴江萨，

Gous dub niet mengb bad jiangb seax,

同情喂浪意见被几同。

Tongb qingb weib langb yis jianb beib jis dongb.

【意译】

歌唱堂更你才大，大寨头等的高才。

扯那古人一叽拉，横竖都要把我喊。

听妹唱歌我无法，哑口没有话接来。

投师和你学歌话，领教和你学歌言。

不是漂言乱扯夸，句句是讲话实在。

要买一条猪腿大，连带尾巴五寸远。

不是和你学空耍，走妹不送人讲谈。

今天问你实情话，同情我的意见莫扯远。

这里的"一叽拉"，指方言，即是一大篇的意思。歌中意思是说：听了你的歌，我感到大大不如，和你商量，你能够收我当徒弟吗？我拜师是要抬礼品来的，一大猪腿肉连那猪尾七八寸长哩，我有模有样地来拜师文，你同不同意呀？听众听来，觉得歌手多么的诚心诚意。这是歌手在堂更歌场上相互尊重、相互抬举或相互讥讽的一种惯常做法。

(六) 祝贺及分别的歌共 2 类

堂更歌唱到天亮之后，就要收场了，俗话叫作拆歌台，即分散了的意思。这里所收载的分别歌有 2 类，分别是：1. 贺喜歌；2. 分别歌。

歌手唱了一夜，双方各有敬佩之情，甚至于有的还会产生仰慕之情，相互产生了一些情感，这也是在情在理的事。即使是用平常心来看待，在分别时也要互赠吉言才对。于是，祝贺主家发达兴旺、歌手互祝、互表敬佩之情便成为堂更分别歌的主要内容了。

我们且把其中的分别歌略举一首如下。

【歌词】

明当长孟几拔如，
Mingb dangb changb mengb jid pas rub,
苟最综秀几蒙浪。
Gous zuis zongb xious jib mengb langb.
长猛剖标坐不住，
Changb mengb bous biaod zuos bub zhub,
纵秀那林汝萨忙。
Zongb xious nab liongb rub seax mangb.
隔山隔水远隔路，
Gous shuanb goub shuid yuanb geb lub,
弟绒弟便弟洞夯
Dis rongb dib bias dib dongb hangb.
出录用猛弄召度，
Chus lub yongb mengb nongb zhaos dub,
东泥苟最喂叉长。
Dongb nib gous zuis weib cab changb.
排山夭岭远给路，
Pais shuanb yaos liongb yuanb geib lus,

开条大路好来往。

Kais tiaob dab lub haos laib wangb.

江太列孟埋浪无，

Jiangb tais liet mengb manb langb wux，

琼花豆汝崩窝江。

Qiongb huas doub rub bongb aos jiangx.

酷蒙酷喂席腊汝，

Kus mengb keb weib xis las rub，

苟最古孟牙酷长。

Gous zuis gub mengb yas kus changb.

【意译】

天明回家分别述，把哥留恋在心上。

回到家中坐不住，留恋歌师好歌郎。

隔山隔水远隔路，山川峡谷隔深夯。

做个鸟儿飞云雾，要飞来和你歌唱。

翻山越岭走远路，开条大路好来往。

我好常来到你屋，琼花开放喜心肠。

走你走我有好处，肚中有话好来讲。

从这里的歌词中，我们不难体会到情感的潮水在悄悄地涌动，似在双方的心田种下了莫名的种子。倘若这种子发芽出土，开花结果，那么将是一个什么样的结局？这个问题的答案只有靠我们自己去想象了。

(七) 堂屋跳鼓的歌共 9 类

堂屋跳鼓，就是在椎牛祭大祖的仪式中的一种大型活动。与跳鼓直接相关的古歌姊妹就是拦门迎宾，因此，我们把椎牛的拦门歌也一起编入本类型之中。具体包括：1.拦门主人唱的歌；2.拦门客人唱的歌；3.堂屋跳鼓主人唱的歌；4.堂屋跳鼓客人唱的歌；5.堂屋跳鼓风流歌；6.敬神茶酒的歌；7.另一套拦门接客的歌；8.开鼓歌；9.另一套跳鼓的歌。

跳鼓的古歌也是在堂屋之中进行的，并且通宵达旦，因而也将其一并编入古堂歌的系列之中。

跳鼓的歌有很多，其所唱的内容也十分古老少见、稀有奇特，随着时代的发展、社会习俗的改变，其在当今已不再流行。这类古歌对于今人来说，已经十分生疏，难述一二，实属濒临灭绝的一类歌种，但要了解苗族的历史、文明史、发展史却非得从这里着手探寻不可，其文学价值、艺术价值、历史意义非同一般，故而才将此类古歌较全面、系统地整理、编辑，为苗族历史上曾经有过的一个非常强烈的符号加强一点烙印。

我们且把其中的跳鼓歌略举一首如下。

【歌词】

娘尼扛剖阿齐抓，

Niangb nid gangb bous as qib zhas,

剖陇出卡埋朗得。

Bous longb chus kax manb langd des.

巴秋浪标埋龙爬，

Bas qiub langb bous mail longb pab,

兰汝浪标埋龙尼。

Lans rub langb bous manb longb nid.

炯那炯勾闹埋昂，

Jiongb nas jiongb goud naos manb ghangx,

几叟吉研周热热。

Jis soub jib nians zhous reib reib.

陇通埋标要见嘎，

Longb tongd manb boux yaos jeans gas,

埋松共要洽咱奶。

Manb songb gongb yaos qiax zas niet.

陇单板竹自当他，

Longb dans bans zhus zis dangb tas,

几扛闹标格闹热。

Jis gangb naos boud ged naos ret.

干干陇埋朴好话，

Gans ganb longb manb bub haos huax,

会讲好话人有德。

Huis jiangb haos huab renb yous deb.

夫埋吉［柔翁］龙埋莎，

Fub manb jis［roub wenb］longb manb shad,

出写阿烫列嘎则。

Chus xieb as tangb liet gas zeb.

【意译】

椎牛送我一腿肉，我们才到你这里。
椎牛家中好事大，好亲家内把牛椎。
我们闻听报客话，欢天喜地笑眯眯。
抬少礼物心里怕，怕见众客怕见你。
来到门口你挡下，不准进到堂屋里。
悄悄和你讲好话，讲尽好话把礼陪。
和你讨求饶一下，宽大容情要靠你。

请舅娘开鼓的歌：

【歌词】

读拢列充埋内卡，

Dub longb liet congb manb niet kas,

列然内卡候读拢。

Liet ras niet kas hous dub longb.

闹热堂拢达然然，

Naos reb tangb longb dab ras ras,

比排照告拢几朋。

Bis pais zhaob gaos longb jis pongb.

发才发喜到林嘎，

Fas cais fas xis daob liongb gas,

出斗出他令猛冬。

Chus doub chus tab liongb mengb dongb.

【意译】

打鼓要请客人到，要请客人来跳鼓。
要把鼓堂搞热闹，四方八面都欢乐。
发财发喜大财到，荣华富贵发得多。

舅娘开鼓的歌：

【歌词】

奈牙开拢开上上，

Nanx yas kais longb kaid shangb shangb,

跟刀达吾勾拢豆。

Genb daos dab wub gous longb dout.

发才发喜令出忙，

Fas caib fas xib liongb chus mangb,

得恩嘎格少拢首。

Des ghenb gas gheit shaob longb soud.

福如东海发白邦，

Fub rub dongb hais fab bais bangx,

寿比南山炯到头。

Soud bib nanb shuanb jiongb daox toub.

【意译】

请妹开鼓妹便开，马上就来打鼓手。

发财发喜发得快，黄金白银来得有。

福如东海发大财，寿比南山坐得久。

有关椎牛跳鼓的古歌实在太多，在此不能一一举出。同时，散落于民间的此类古歌还有很多，但也都只是一些零碎作品。估计这里所收集的资料恐怕就是迄今为止在湘西苗区所搜集到最详细、最系统、最全面的跳鼓古歌了。

十、《古玩歌》简述

古玩歌，顾名思义，凡是古代流传下来的玩乐嬉笑散心所唱的歌，原则上都称作古玩歌，即古代苗族人谈情说爱、娱乐玩耍、轻松开心的歌。苗族是注重情感、追求才智的民族，年轻人谈情说爱，往往以歌为媒，靠歌沟通、靠歌架桥、靠歌拉近、靠歌结合者为多数。因此，情歌成为年轻人谈恋爱、找对象首要法宝。在苗族的青年男女中，绝大多数都会唱情歌，因而苗族的情歌也特别多，体系很大，内容很广，具体的小种类很多，这里所收录的仅仅只是沧海一粟而已。

在玩年庆节的娱乐活动中，在赶秋、坐八人秋节的娱乐中，在吃樱桃时，在富有笑料的生活细节中，苗歌将这些日常生活的素材唱得五彩缤纷、万紫千红。

本册内容包括7种35大类，分别是：1.男人情歌篇共2类；2.女人情歌篇共1类；3.男女综合共用情歌篇共11类；4.赶秋歌篇共2类；5.八人秋节千歌篇共5类；6.吃樱桃的歌篇共5类；7.搞笑歌篇共9类。

下面，我们将这第十大系列——苗族古玩歌的种类分而述之。

(一)男人情歌篇共2类

男人情歌篇是适合男人专用的情歌。本篇包括2类：1.男人情歌；2.高腔歌。

所谓情歌，是从血液里喷洒出来的情感，从骨髓里穿骨而出的韵味。说到这里，人们特别是年轻人大多能切身体会到这种情感。要说到歌的作用，真可谓能达到以身相许、以死相报的情感之力了。在情歌这一玩乐的体系中，用天花乱坠、千姿百态来形容是一点也不过分的。我们且以其中的一首为例。

【歌词一】

几夫造到打片萨，

Jid fub zhaob daob dad pianb sead，

不会唱歌又为难。

Bub huib changb guod yous weix nanx.

高够龙牙会几杂，

Gaob goud longs yab huib jid zhab，

王拢莎会几关天。

Wangx longd sead huib jib guans tiand.

吾鸟吉度喂朋牙，

Wut niaox jid dub wed pengx yab，

够闹背公浓见先。

Goud laob beid gongb niongx jianx xiant.

蒙卜昂几尼昂阿，

Mengx pub ghax jid nib ghax as,

总总阿逃久几边。

Zongb zongb ad taob jud jib bians.

到出夫计不要她，

Daob chub fub jib bub yaod tas,

腊尼拿拢浪没善。

Lab nib nad longs nangd meix shaid.

常嘎嘎东猛出加，

Changb gad gad dongs mengx chub jiad,

内拔几洽高根见。

Neix pab jid qiab gaod gend jianx.

斗炯内冬列吉打，

Dous jongb neix dongt lieb jid das,

脚色卜度嘎悔善。

Jiaod seb pub dub gad fid shait.

【意译】

挂念造成歌几首，不会唱歌又为难。

当初和你把路走，现在上瘾不管天。

口水吐下我接受，吞下喉中浓油盐。

你讲的话有准头，总总一句不能偏。

得你来做女朋友，满心满意在心间。

若是肯做我妻子，愿花万千的银钱。

若是得成心无忧，角色讲话如钉板。

【歌词二】

几偶苟萨够阿炯，

Jid ous goud sead goud ad jongb,

都要学习唱几嘴。

Dous yaod xued xid changb jid zuis.

几没良拔数溜够汝洞，

Jid meix langb pab shub liud goud rub dongx,

同样口琴吹一吹。

Tongx yangb koud qingx cuid yib cuid.

相交秀蒙阿吼弄，

Xiangb jiaod xiud mengx ad houb nongd,

谈唱牙林为师矣。

Tand changb yad liongx weid shid yid.

今天会合得相碰，

Jinb tianb huib hed dex xiangb pengd,

又要大家帮家归。

Youb yaod dad jiad bangb jiad guis.

汝蒙常猛婆家送，

Rub mengx changs mengx pod jiad songb,

修豆斗劳亚不几。

Xiub dous doud laod yad bub jis.

单标亚没崩苟梦，

Dans bioud yad meix bengd goud mengx,

窝起到他心中美。

Aod qit daod tab xinb zhongb meix.

夜里同床一枕共，

Yued lib tongx chuangb yid zhengd gongb,

阿全几没想照最。

Ad quanb jid meix xiangb zhaob zuib.

汉浓孤单忧愁重，

Haid niongb gud dans youd choud zhongb,

免达龙埋拔美女。

Mianb dad longs manx pad meix nid.

阿修标标拿儿蒙，

Ad xiub bioud bioud nad jib mengx,

病重伤在我心里。

Bingb zhongb shangb zaib wod xinb lis.

苟冬你出内内炯，

Goud dongt nit chub neid neid jongb,

各项工作无心理。

Ged xiangb gongb zuob wux xinb lid.

排天想常龙蒙炯，

Paib tianb xiangb changd longd mengx jongb,

尼江会牙喂没干。

Nid jiangb huib yad wed meix gans.

【意译】

学习把歌唱一轮，都要学习唱几嘴。

没有似妹熟溜唱好听，同样口琴吹一吹。

相交爱你嘴俐伶，弹唱小姐为师矣。

今天会合得相迎，又要大家把家归。

好你转去婆家门，举步动脚篓又背。

到家丈夫把你迎，喜爱快活心中美。

夜里同床共一枕，一点没想我的意。

害我孤单愁不轻，留恋你这大美女。

一身萎弱一身病，病重伤在我心里。

工夫不搞都不行，各项工作无心理。

排天想和你相迎，一心只想会和你。

在上面的情歌中，男方想念女方而得了相思病，恐怕女方另有相好而抛弃自己。历史上得相思病而亡的例子不少，梁山伯就是传说中的一个。

(二) 女人情歌篇共 1 类

女人情歌篇是适合女人专用的情歌，女人情歌和男人情歌相比起来，倒显得被动和含蓄一些，但也恰恰是这种被动和含蓄使得男方追求得更加强烈。我们且以其中的一首为例。

【歌词】

克最松佩亚松让，

Ked zuib songb peib yad songb rangb,

毕求崩先浪窝苟。

Bib qiub bengd xianb nangd aos goud.

尼内克咱秋内娘，

Nib neix ked zab qiut nanx niangx,

朋冲几单剖浪斗。

Bengd chongb jid danb bioud nangd dous.

告起排最浪航上，

Gaox qit paid zuib nangd hangx shangb，

秀达阿图汝排子。

Xiub dad ad tub rub paix zis.

排单起写楼堂当，

Paib danb qit xied lous tangb dangs，

拢几到娘见阿标。

Longd jid daob niangx jianb ad bious.

【意译】

看哥帅气好青年，好似鲜花才初开。

是人见了是人爱，想拿难得到手边。

想你在我心里面，留恋你的好人才。

想在心里都操烂，怎么才能成家眷。

女方如此表白，男方该怎么想呢？这么精练的歌词，具有一定的艺术性。

(三) 男女综合共用情歌篇共 10 类

在情歌这个体系中，还有男女综合共用情歌篇，具体包括：1. 讨菜歌；2. 失约重逢歌；3. 讨情物歌；4. 讨糖歌；5. 讨年粑歌；6. 探情歌；7. 情人相会歌；8. 分别歌；9. 情恋歌；10. 悼念情人的妈妈歌。

情歌是心灵的黏合剂、是情感的捕捉器，心灵一旦被抓住便想逃脱也难。我们不妨把其中的男女情歌略举两首如下。

男唱：

【歌词】

秀牙排子楼腊楼，

Xiub yab paid zid loud lad loud，

得牙得样溜溜配。

Dex yab dex yangb loud loud peib.

乙排乙想腊乙秀，

Yid paid yid xiangb lad yis xiub,

纵想纵秀纵几力。

Zongb xiangb zongb xiub zongb jid lis.

秀猛秀常几水够,

Xiud mengx xiud changes jid shuit goud,

排兵排报几水齐。

Paid bingb paid baod jis shuid qit.

同缪秀格麻冬油,

Tongb mioud xiud gies max dongb yous,

同油纵秀帮汝锐。

Tongb youd zongb xiud bangd rub ruit.

【意译】

恋妹排子真漂亮,样子身段真的美。

越盘害我就越想,总想总恋在心里。

恋去恋来不能放,恋进恋出无法比。

如鱼恋那深水塘,如牛恋那青草吃。

女唱:

【歌词】

秀那汝从汝哈篓,

Xiud nab rub zongb rub had lous,

亚汝哈篓亚忠良。

Yad rub had lous yad zhongb langx.

下鸟下弄方言有,

Xiab niaod xiab nongb fangb yanx yous,

卜度对喂松浪当。

Pub dus duis wed songd nangd dangs.

汝牙汝样汝排子,

Rub yab rub yangd rub paid zis,

周汝笑脸腊强强。

Zhoub rub xiaod lianb lad qiangx qiangx.

排蒙到牙阿休口,

Paid mengx daob yab ad xiud kous,

乙到棍口喂越江。

Yib daob ghunt koud wed yued jiangs.

【意译】

恋哥理解我心事,又好心事又忠良。

轻言细语方言有,讲对对我细商量。

又好模样好排子,和谐笑脸喜飞扬。

想你我心遭难受,越得难受我越想。

这首情歌十分直白。爱情的基础是双方不仅外貌好,而且还通情达理、斯文温和,如此才会美满幸福。

(四)赶秋歌篇共 2 类

本种类是作为年节歌来编辑的,具体包括:1. 赶秋歌;2. 年节歌。共 2 类。因以赶秋歌为重点,故以赶秋歌来做标题。

苗族是一个古老的农耕民族,从古至今以务农为业,农民的最大愿望就是粮食能够获得丰收,而立秋就是粮食即将收获的一个关口,因此,苗族人民把立秋这个节日看得很重要。每到赶秋节日,人们便会从四面八方赶往秋场,打鼓唱歌,热烈庆祝。这里所说的赶秋歌就是唱这个方面的内容。我们且把其中的赶秋歌略举一首如下。

【歌词】

堂秋喂将窝声萨,

Tangx qius wed jiangs aod shongt sead,

够加够汝关否求。

Goud jiad goud rub guanb woud qiub.

尼内够充喂几加,

Nib neix goud chongb wed jis jiad,

加汝够兵几浓秋。

Jiad rub goud biongb jid niongb qius.

崩那崩豆抄几瓦,

Bengd nas bengd dous chaod jis wab,

草闹崩那同都受。

Caod laob bengd nad tongb dous shoud.

窝虐交秋亚常挂，

Aod niub jiaod qius yad changs guab，

春来夏往浪窝久。

Chund laid xiab wangb nangd aod jus.

交秋出你几冬腊，

Jiaod qius chub nid jid dongs lab，

出召号拢楼吼吼。

Chub zhaob haod longs loud hous hous.

赶秋浪内拢出八，

Ganb qius nangd neix longd chub bas，

从纵必求邦儒休。

Congb congb bid qiub bangd rus xiud.

先目先梅同内巴，

Xianb mud xianb meib tongb neix bab，

声度产萨几吼豆。

Shongt dub chans sead jis houd dous.

【意译】

秋场我来把歌考，唱好唱差要莫管。
是人全部唱得好，好丑我唱来浓台。
一年四季轮轮打，车轮滚滚跑往前。
交秋日子讲的话，春来夏往不停转。
立秋闹秋闹热大，热烈庆祝在此间。
赶秋日子人来大，秋场人数万万千。
人人欢喜笑哈哈，欢呼热闹声震天。

在过去原始农业的时代，田间地头产量很低，一般人家到了农历四五月份已没有粮食了，故将四、五、六月称为五荒六月。人们好不容易熬到立秋，粮食开始成熟，苞谷开始可以连球带籽一起充饥了，人们慢慢有了能充饥的食物，才有了定心丸。因此，人们对立秋节赶秋是很有兴趣的。

赶秋歌的内容很多，除了直接唱述赶秋情节之外，还有坐八人秋千的歌、年轻人谈情说爱的歌等。

(五)八人秋千歌篇共5类

八人秋千是苗族地区唱歌娱乐的重要项目之一。苗歌的艺术特色是除了歌本身的内容情节高超之外，尚有歌手的声音美妙、人才优美等。在人山人海的玩年庆节的场合，为了突出以上特色，人们便将歌手请上八人秋千，坐到半空中去唱，使场内观众既能听到歌又能清楚地看到人。于是便有了在玩年庆节坐八人秋千唱歌的传统习俗，八人秋千成了苗族地区唱歌娱乐的重要项目之一。本篇所收入的八人秋千歌有5类，分别是：1. 八人秋千的根源歌之一；2. 八人秋千的根源歌之二；3. 八人秋千的根源歌之三；4. 坐秋歌；5. 解放初坐秋千唱新闻的歌。内容很多，我们且把其中的坐秋歌略举两首如下。

【歌词一】

辽花乙奶得况乔，

Liaod huab yid lieb des kuanb qiaob，

乙奶况乔况疗花。

Yid lieb kungb qiaob kuangb liaox huad.

辽花不剖几午告，

Liaox huad bub bioud jid wud gaos，

辽图锐剖苟几瓜。

Liaod tub ruit bioud goud jib guab.

【意译】

秋千八个竹篾圈，八个篾圈套得开。

秋千载我转圈圈，秋架载我转起来。

【歌词二】

辽花欧奶得窝告，

Liaod huab out lieb des aod gaob，

窝告欧奶补洞油。

Aod gaob out liet bub dongb yous.

够松够萨苟吉报，

Goud songb goud sead goud jib baod，

亚够萨浪亚出无。

Yad goud sead nangb yad chub wus.

窝冬几叟出热闹，

Aod dongt jib shoud chub rex laob,

窝虐吉年闹热足。

Aod niub jid nianb laod rax zus.

【意译】

秋架又往两头靠，两头两个木梁弯。

坐秋要把歌言造，要唱秋歌才浓台。

今天我们做热闹，今日我们很喜欢。

八人秋节歌因为有八个歌手要唱，因此其歌短小，并且又多是苗语结构。上面所列举的这两首歌中，第一首道出了八人秋节的架构，第二首道出了八人秋节的娱乐，这都是非常精简、直入主题的优秀作品，让人听了以后，感受到天真、古朴的泥土芳香。

(六)吃樱桃的歌篇共5类

本篇共5类，分别为：1.樱桃歌根源；2.樱桃会的传说；3.樱桃会的恋情歌；4.樱桃情歌；5.吃樱桃的情趣。

我们且把其中的歌略举一首如下。

【歌词】

汝内单冬四月八

Rub niub danb dongt sib yuex bax,

最久麻让求绒苟。

Zuid jud max rangb qiub rongx goud.

帮儒帮图先背瓦，

Bangb rub bangb tub xiand beid wat,

不信充埋猛吉斗。

Bub xinb chongb manx mengd jid dous.

先穷好比达绒哇，

Xianb qiongb haod bib dad rongx was,

几奶柳加几奶苟。

Jid lieb liub jiad jib lieb goud.

男女成对会儿达，

Nanb nid chengd duib huib jid dad，

少将声无吉话苟。

Shaod jiangb shongt wud jid huad goud.

相亲相爱汝儿良，

Xiangd qinb xiangd aid rub jid liangb，

度汝扛蒙扛喂苟。

Dub rub gangx mengx gangb wed gous.

安喂比度良儿良，

Anb wed bid dub langd jib langd，

岔度包埋闹苟娄。

Chab dub baod manx laod goud ned.

【意译】

日期到了四月八，年轻的人都上山。

山坡熟了樱桃花，不信你们可去看。

红的熟透把光发，先去摘得是神仙。

男女成对来参加，唱着歌儿传遍山。

相亲相爱情可达，好话当面都说开。

不知可是实情话，照直讲话不能偏。

吃樱桃，本来就是苗族男女青年谈恋爱、找对象的一个借口，也可以说是苗族的一个情人节。在过去时代，苗族青年男女恋爱是不能公开的，只能在晚上或山坡上约会，可到了樱桃成熟的时节，人们便可以以吃樱桃为借口到山坡上去相会，这也是过去时代的一种做法。到了现在，观念开放了，加上生活无忧无虑，青年男女可以公开拥抱。现在，原来不定期的吃樱桃已改成了四月八樱桃会。

(七)搞笑歌篇共9类

搞笑的歌，顾名思义，是逗人玩笑的歌。这里的搞笑歌篇共收入了9类，分别是：1.年肉被狗吃的歌；2.道师打脱尿歌；3.染匠与染布者互嘲歌；4.脚马子歌；5.劝夫妻莫吵架歌；6.某人翻车被人嘲笑而作的歌；7.石忠珍还龙云富的歌；8.还讽的歌；9.嘲笑一帮歌手捉鱼出洋相歌。

搞笑歌最大的一个特点就是借题发挥，哪怕是一丁点儿的原因，也会被说成活灵活现的一大堆事情，让人听了忍不住捧腹大笑。这类歌大多有唱的也有还的。我们且把其中的道师打脱尿歌略举一首如下。

歌中说的是，近代传说某道师于法事前都已胀尿，欲去方便，被其师叫住，因其师与其是表兄弟之故，其师在法事中故意拖延时间而导致其胀尿难忍，法事刚一完毕还顾不上解衣就于门前打脱尿，丑态百出，被其老表用苗歌唱出，后人多喜传唱。

其师唱的歌：

【歌词】

> 吃饭外头这么久，
> Chib fanb waid toud zheb mod jus,
> 不懂坛内的规矩。
> Bux dongb tand neix des guid jus.
> 屙尿屙在大门口，
> Ed niaob ed zaid dad menx koud,
> 格惹格照阿交乙。
> Geid roud geid zhaob ad jiaod yib.
> 多走一脚你懒走，
> Duos zoud yib jiaod nid lanb zoud,
> 养会大冬洽吃亏。
> Yangb huib dad dongb qiab chib kuid.
> 菩萨江江充单标，
> Pub sead jiangs jiangs chongb danb bioud,
> 达务格惹苟得罪。
> Dad wus gied roud goud dex zuib.
> 喂洽菩萨发气苟蒙娄，
> Wed qiab pub sead fax qib goud mengs ned,
> 锐最喂洽弟公起。
> Ruit zuid wed qiad dis gongb qis.
> 扛内召追几占蒙浪欧，
> Gangx neix zhaob zhuib jid zhanb mengd nangd ous,
> 必求打油几占锐。

Bix qiub dad yous jid zhanb ruit.

【意译】

> 吃饭外头这么久，不懂坛内的规矩。
> 屙尿屙在大门口，撒尿撒在门口里。
> 多走一脚你懒走，多走几步怕吃亏。
> 菩萨刚刚请到此，马上屙尿来得罪。
> 我怕菩萨发气把你收，把你打死把命归。
> 让人在后霸占你妻子，好似牛争青草吃。

道师本人还的歌：

【歌词】

> 排弟浪列喂能久，
> Paid dib nangd lieb wed nongb jud,
> 坛内规矩喂克咱。
> Tanx neid guid jus wed ke zas.
> 想照汉弄头几夫，
> Xiangb zhaob haid nongb toud jid fud,
> 偷苟埋丢喂浪加。
> Toud goud manx dius wed nangd jiad.
> 阿气想起包师夫，
> Ad qib xiangb qid baod shid fus,
> 包洞喂列猛格惹。
> Baod dongt wed lieb mengd gied rous.
> 否洞、坚持阿气得得初，
> Woud dongt、jianb chid ad qib ded ded chub,
> 上上法师自苟茶。
> Shangb shangd fab shid zid goud chab.
> 格惹格挂追板竹，
> Gied roud gied guab zuid banx zhux,
> 格照茅首阿交阿。
> Gied zhaob maod shoud ad jiaod as.

埋骂龙喂出阿如，

Manx mab longd wed chub ad rub,

否尼格嘎喂格惹。

Woud nib gied gad wed giad roud.

抖苟卜喂浪鲁素，

Dous goud pub wed nangd lud sud,

蒙让提提蒙久卡。

Mengd rangb tid tid mengd jud kas.

菩萨候浓喂几夫，

Pub sead houb niongb wed jid fus,

锐最抱见棍达加。

Ruit zuid baod jianb ghunb dad jias.

召追内抢蒙浪足，

Zhaob zhuib neix qiangb mengd nangd zus,

毕求打容吉抢惹。

Bid qiub dad rongb jid qiangd rous.

【意译】

外头的饭我吃久，坛内规矩我也见。

想到这些我心忧，故意你丢我丑面。

那时想起报我师，报他我去屙尿来。

他说你再坚持一阵子，马上法事就搞完。

屙尿屙过大门口，屙在茅厕的里面。

你爸和我一同走，他是大便我小便。

故意你丢我的丑，你还是个小青年。

菩萨把我来保佑，把你打死受大难。

在后争抢你妻子，好似羊子抢粪便。

这件事情本来不是什么大事，可在歌手们的眼中，却变成了一个难得的笑料。可能只是解小便的人没到厕所就撒尿了，不至于在大门边。可是，苗族的老表可不顾这些，在他口中，死人也能说成活的，他硬说是在大门边。但被说的人也不示弱，他说他是和这老表的父亲一起方便的，这不也是造假吗？以假对假，谁说更起劲，谁就赢了。这就是搞笑。这样的事情，使我们的生活富于情趣，并且生动活泼。吃饱饭后无事做，无事找事乐，生活才充实。

十一、《古仪歌》简述

苗家的婚姻习俗有些特殊,特殊在新娘家随嫁前来的客人叫作正客,婆家前来贺喜的亲戚六眷、朋友三四叫作副客。在婚典当天,正客副客齐聚婆家,到晚上宾主双方的歌师要通宵达旦唱歌。第二天早饭后,要在堂屋摆下婚宴酒席,通常为八碗酒,八盘猪的五脏肝脏肉,另有糍粑、香烟、花生、瓜子和水果,还有两份香纸蜡烛等物。摆16个凳子,奉请娘家的舅爷、引亲娘、背亲小舅子、房族长者、礼郎等主要人物8个。婆家的媒人、舅爷、房族主要人物、礼郎等也是8个,双方共同入席就座。先鸣礼炮,然后由主家礼郎开言请席,接下来双方开讲古老话,讲姻亲叙话,之后开酒敬天地、敬祖先、敬媒人、敬舅爷、敬引亲娘、敬背亲小舅子、敬六亲、敬大众,8碗酒分别敬完后,便开始由娘家向婆家的媒人、祖父母、亲家父母、新郎、新郎的哥兄老弟及叔爷伯子、厨房帮手、择日先生、礼郎歌师等送礼,或被子、或床单、或布匹、或衣裤、或香烟肥皂等。每开一件,都要唱歌讲古老姻亲话。娘家逐一开礼过后,再由婆家开钱,也是先由媒人开起,再到娘家的舅爷、引亲娘、小舅子、陪嫁的姑娘们,到亲家母的奶钱、亲家父的抚养钱、择日先生、礼郎等都有钱送。在整个坐席的过程中,歌话不断,坐席的人始终不能动凳子,更不能离席。这已成为一种固定的仪式。苗家人对这种仪式特别重视,认为这是婚姻稳定的基石、建立幸福和睦家庭的基础、兴旺繁荣的起点。其场面热情洋溢,但又庄严肃穆、井然有序。所以在婚姻宴席上所唱的才叫作古仪歌。

本册《古仪歌》共5种80类婚庆坐席歌。分别是:1.婚典酒席歌主人篇共23类;2.婚典酒席歌客人篇共14类;3.结亲坐席综合歌共33类;4.另一套坐席歌共6类;5.简仪古话古歌共4类。

下面,我们将这第十一大系列——苗族古仪歌所涵的种类分而述之。

(一)婚典酒席歌主人篇共23类

在苗族的婚典礼仪中,最大的仪式恐怕就是婚仪酒宴了,俗称坐席,即苗语所说的"板岁"。席间规矩很多,相当于整堂婚庆主客的核心。其间,主客双方的主要人物、重要人物都被请上宴席,以辈分、主次按规矩一一就座,不得有丝毫差错。席间主客双方紧紧围绕婚嫁话题，或讲古老姻亲叙话，或唱开亲结义古歌，气氛严肃而热烈，是主客双方才智碰撞的特殊场合。这里所收集的主家宴席歌共有 23 类，分别是：1.唱酒席起缘的歌；2.唱开亲的歌；3.唱媒人的歌；4.赞嫁妆的歌；5.出嫁分别悲泪的歌；6.唱娘家养女苦的歌；7.打发媒人的歌；8.打发娘家舅爷的歌；9.打发引亲娘的歌；10.打发背亲小舅子的歌；11.打发培秋的歌；12.打发娘家的歌；13.添加娘家奶钱的歌；14.自愧开少钱的歌；15.打发娘家择日先生的歌；16.唱新娘的歌；17.唱背亲小舅子的歌；18.唱小舅妈的歌；19.唱新郎的歌；20.唱妯娌的歌；21.唱自家大哥老弟的歌；22.唱自家婆婆的歌；23.唱自家公公的歌。

在接亲宴席中，婆家(男方)是作为主人来陪客人的，所唱的多是自谦自愧、对不住客人的内容，这种内容共有 23 种之多，在此我们不能一一列举，只能把其中的打发娘家的《进喜歌》略举一首如下。

【歌词】

进喜喂除萨忙容，
Jin xid wed chus sead mangb rongx，
朋够几到窝求友。
Bengb goud jid daob aod quid yous.
扑内扑蒙埋浪从，
Pub niex pub mengd manb nangd zongb，
阿虐首得嘎养口。
Ad niub shoub ded gad yangb kous.
勾让否拢扛内炯，
Goud rangb woud longd gangb niex jongb，
吉飘窝闹通窝斗。
Jib piaod aod laob tongt aod dous.
洽弄跟倒首大凸，
Qiab nongb gend daob shoub dad baox，
莫送冷风片窝否。
Mod songb lengd fengs pianb aod wous.
妈你窝叫能句容，
Mad nit aod jiaob nongx goud rongx，
背叫浪昂莎炯勾。

Bid jiaob nangd ghax sead jongb goud.

阿谷打就亚章林,

Ad guox dad jiub yad zhangb liongx,

人材松汝桃花某。

Rend caib songb rub taob huas moux.

勾拢将闹剖浪冬,

Goud longd jiangs laob boud nangd dongt,

将闹剖冬剖浪标。

Jiangs laob boud dongt boud nangd bioud.

同图章拢扛林林,

Tongb tub zhangs longd gangb liongb liongb,

汝图花录章汝勾。

Rub tub huad nux zhangs rub goud.

毕拿打缪包拿声,

Bid nad dad mious bhed nad shongt,

同声窝昂寿出抽。

Tongd shongt aod ghax shoub chub choud.

让斗亚要否浪阿秋浓,

Rangb doud yad yaob woud nangd ad qiut niongb,

擂锐亚要阿让勾。

Liet ruit yad yaob ad rangb goud.

就没吉克阿板冬,

Jiud miex jib ket ad biab dongt,

皇上不能养女子。

Guangb shangd bub nengd yangb nit zid.

再斗大哥大嫂句酷蒙,

Zaid dous dad goud dad saos goud kut mengd,

勾冬麻让几久投。

Goud dongt mad rangb jid jud tous.

剖毕几到蒙浪从,

Boud bid jid daob mengd nangd zongb,

钱当零分交在手。

Qianb dngt meid fent jiaot zaib shoub.

没昂需要没勾用，

Mied ghax xid yaob mied goud yongb,

肥皂买坨勾茶斗。

Feib zaob maod tuod goud cad dous.

【意译】

　　进喜人众听歌云，想唱不能唱几首。

　　岳父岳母的恩情，儿女生下苦养育。

　　女儿她来送你引，抚摸脚腿又到手。

　　怕冷又厚包衣裙，莫送冷风吹打抖。

　　奶在胸间喂儿饮，膝上肉皮都坐瘦。

　　一十多岁又长成，人才美似桃花某。

　　许口嫁到我们村，我家小哥配妻室。

　　如竹似木发满岭，大树发芽果满枝。

　　发如鱼虾游海深，如同鱼虾东海游。

　　这一次打柴少她背一捆，打菜少她一背篓。

　　抬眼要看世间人，皇上不能养女子。

　　还有大哥大嫂养你们，工夫有儿有嫂做。

　　待情不到莫冷心，总要宽想莫忧愁。

　　深恩难报我知情，钱币一分交在手。

　　有时需要拿去应，肥皂买坨来洗斗。

　　这歌从怀胎养女的苦处直讲到嫁女、正好得力而没有享受、骨肉分别等情节，最后以数万元钱来报恩，同时还说这些钱太少了，只能拿去买坨洗手的肥皂而已。这种抬举对方、压低自己的做法是苗族人待人接物、为人处事惯用的手法。也正是这些做法，造就了苗族区域内良好、和谐的社会环境。

（二）婚典酒席歌客人篇共 14 类

　　在婚庆酒席歌客人篇中，共收集了 14 类内容，分别是：1. 客人坐席起歌；2. 唱欠缺嫁妆的歌；3. 辞别婆家的歌；4. 开媒人的歌；5. 开婆家舅爷的歌；6. 开婆家祖公祖婆的歌；7. 开亲家夫妇的歌；8. 开新郎的歌；9. 开妯娌的歌；10. 开新郎兄弟的歌；11. 开婆家房族叔伯的歌；12. 开厨房厨师的歌；13. 开婆家请先生看日子的歌；14. 开礼郎歌师的歌。

　　关于客人所唱的歌，也大多是以缺少嫁妆、缺少答谢礼品而自愧难当的内容。我们且把其中的歌略举一首如下。

【歌词】

送秋剖腊几个,

Songb quit poud lab jib goub,

想洞列拢送吉汝,

Xiangd dongb lieb longd songb jib rub,

几奶空会空空送牙苟。

Jib liet kongb huib kongt kongt songb yab gous.

几个腊想阿奶葡,

Jib goub lad xiangd ad liet pub,

吉线扛埋扛板标。

Jib xianb gangb manb gangb bias bioud.

上场要买几匹布,

Shangx changb yaob maib jid pib bub,

送个新郎样样有。

Songb goub xins langb yangb yangb youd.

几奶安洞剖号,

Jid liet and dongb poud haob,

家贫寒苦无靠处,

Jiab pingb haib kud wus kaod chub,

扯破耳朵不到口。

Ched pob ers duod bub daob kous.

浪样腊见八久葡,

Nangd yangb lad jianb bad jus pub,

搞坏名誉丢了丑。

Gaos huaib mingb yib dous leb choud.

【意译】

嫁女我们也想把那嫁妆做,哪个肯来空空走。

我们也想把名出,礼物要送家家知。

上场要买几匹布,送个新郎样样有。

哪个知道我们家贫寒苦无靠处,扯破耳朵不到口。

这样才丑名声无，搞坏名誉丢了丑。

从上面的歌中，我们大可体会到娘家的万般无奈。虽然实际不是这样，嫁妆虽然富丽堂皇、十分丰富，但作为客人，都得这样唱、这样讲，这也许是苗族谦虚做人的本性吧。

(三) 结亲坐席综合歌共 33 类

为了做到一览无余、通盘展示，我们将主客双方在婚典宴席中所唱的歌一并编入此篇，让读者能全方位地、系统地了解到其内容。这些内容共有 33 类，分别是：1. 唱祭祖、分酒的歌；2. 开天辟地的歌；3. 迁徙而来的歌；4. 分姓氏定居的歌；5. 另一方接歌；6. 媒人古老歌；7. 娘家开礼起唱的歌；8. 娘家开媒人礼互接的歌；9. 娘家唱开布的歌；10. 娘家开婆家舅爷互唱的歌；11. 娘家开婆家祖父母互唱的歌；12. 娘家开婆家兄弟的歌；13. 娘家开新郎哥兄互唱的歌；14. 娘家开新郎弟弟互唱的歌；15. 娘家开婆家妯娌互唱的歌；16. 娘家开亲家夫妇互唱的歌；17. 娘家开新郎互唱的歌；18. 娘家开婆家房族互唱的歌；19. 娘家开婆家厨师互唱的歌；20. 娘家开婆家礼郎互唱的歌；21. 娘家开婆家择日先生互唱的歌；22. 婆家开媒人互唱的歌；23. 婆家开娘家舅爷礼互唱的歌(一)；24. 婆家开娘家舅爷礼互唱的歌(二)；25. 婆家开新娘的兄弟们的歌；26. 婆家开新娘的姊妹的歌；27. 婆家开娘家引亲娘礼互唱的歌；28. 婆家开娘家背亲小舅子礼互唱的歌；29. 婆家开娘家陪亲礼互唱的歌；30. 婆家开娘家奶钱礼互唱的歌；31. 婆家添加娘家奶钱礼互唱的歌；32. 婆家开娘家择日先生礼互唱的歌；33. 婆家开娘家礼郎互唱的歌。

既然是主客在婚典宴席上所唱的歌，那必定是有唱有答才是。由于内容太多，我们且把其中有代表性的歌略举几首如下。

【歌词】

卜单阿内和阿蒙，

Pub dais as nies hed as mengb，

欧奶欧图费心烈。

Ous nieb ous tub huid xind lieb.

过礼埋苟银元共，

Guob lis manb goud yins yanb gongb，

钱米花费久考色。

Qianb mid huas huid jius kaod suid.

请客婚礼足斩劲，

Qingd keb fengs lid zhus zanb jinb,

莎尼大富浪标内。

Shab nid das fux langx boud nied.

他弄剖标苟秋送，

Tab nongb bud boub goud quid songd,

嫁女一样都每得。

Jiab nvd yis yangb dous meib des.

家下贫寒要久绒，

Jias xib pinb haid yaod jioub rongs,

嫁妆礼仪我晓得。

Jias zhangb lid yid wod xiaob deb.

一世生来我无用，

Yis sid shens laix wod wus yongb,

头半加乙召堂内。

Toub band jias yis zhaob tangb nied.

佩加佩下关否红，

Peib jias peid xiab guand wous hongd,

蒙列远看几够克。

Mengs lied yanb kanb jis goud keib.

【意译】

讲到婆婆和公公，两个人都费心力。
过礼你把银圆用，钱米花费不可惜。
请客婚礼你用劲，都是大富人所为。
今天我家把亲送，嫁女一样都没齐。
家下贫寒力不从，嫁妆礼仪我少的。
一世生来我无用，丢丑无面来见你。
缺少礼物愧心中，你要远看在心里。

作为娘家一方，答谢婆家夫妇(新娘的公婆)一般都是一床棉被，这是十分普遍的，当然，有的地方也可能不同，但双方互送礼物这一环节是不可免去的。作为婆家，在宴席上送亲家夫妇的当然是钱了。在如今，可能要数万元钱才够，称为"送奶水钱"。其歌的内容我们在前面已做过介绍，请参考

《进喜歌》便可知一二。

(四)另一套坐席歌共 6 类

由于苗区地域较广，有关婚典酒席歌当然还有很多，为了不让在以上几篇中没有提到的被遗漏，便在本篇收入一些，以"另一套坐席歌"为标题来进行介绍。本篇共 6 类，具体是：1. 谢媒人歌；2. 娘家开礼歌；3. 婆家开亲钱歌；4. 婆家添钱歌；5. 酒席后祝贺歌；6. 又一套坐席参考歌。

这套坐席歌的内容，笔者觉得有其独到之处，其中具有代表性的内容恐怕就是唱新娘和唱新郎的歌了。我们且把其中的两首歌略举如下。

①唱新娘

【歌词】

斗度拔秋列架捕，

Doud dub pax qiut lieb jiad pub，

喂卜几洽蒙几江。

Wed pub jib qiat mengd jib jiangs.

三从四德立在书，

Sand congx sib deb lid zaib shub，

告浪礼书没头忙。

Gaox nangd lid shub miex toud mangd.

在家由父嫁从夫，

Zaib jiab youd fub jiad zongb fub，

久同你内骂吉标浪窝昂。

Jud tongb nit mieb mab jid bioud nangd aod gahx.

孝顺公婆为父母，

Xiaob shund gongb pot weid fub mub，

斗度嘎崩列浪当。

Doud dub gad bengd lieb nangd dangt.

求茶浪昂列候出，

Qiub cad nangd ghax lieb houb chub，

男帮女寸互相帮。

Nand bangb nit cund hub xiangb bangb.

茶渣浪昂列出标，

Cac zhab nangd ghax lieb chub bioud,
乖从弟爬列蒙荒。

Guad zongb dis pad lieb mengd huangb.
闲空浪昂苟兰古,

Xianb kongb nangd ghax goud lanb gus,
吉龙度崩走一双。

Jib longd dub bengd zoub yi shuangb.
尊敬爷娘炯苟虐,

Zund jund yeb niangx jongb goud niub,
这是完全理应当。

Zheb shib wanb qianb lid yind dangb.
嘎忙打奶无故会儿读,

Gad mangb dad liet wub gus huid jid dub,
出牙嘎搞王家强。

Chub yad gad gaos wangb jiad qiangb.
礼仪道德合当初,

Lin yid daob des hed dangx chut,
才是桂花满园香。

Caid shib guib huas manb yuanb xiangt.

【意译】

新娘听我歌来述,听我把话对你讲。
三从四德立在书,礼书里面有文章。
在家由父嫁从夫,不同你在父母的家堂。
孝顺公婆为父母,有事夫妻要商量。
农忙之时要帮做,男帮女撑互相帮。
农闲之时要织布,要补衣裤洗烂脏。
闲空之时走父母,夫妻同去走一双。
尊敬爷娘要你主,这是完全理应当。
不要自己无故把门出,都要莫搞忘假场。
礼仪道德合当初,才是桂花满园香。

②唱新郎

【歌词】

斗剖得苟卜大逃，

Doud bout dex goud pub dad taob，

喂卜几洽蒙几候。

Wed pub jib qiad mengd jib houb.

到得到欧奈烦照，

Daob dex daob oud nand fanb zhaob，

嘎忙无故苟内吼。

Gad mangb wud gub goub niex hongb.

思想不良要丢掉，

Sid xiangt bub liangb yaob diud diaob，

夫妇同堂万事休。

Fub hud tongb tangb wanb shib xiud.

几内阿苟单忙叫，

Jin niet ad goud dand mangb jiaob，

天要麻黑长闹标。

Tianb yaob manb hied zhangs loab bioud.

出内嘎苟皮气造，

Chub niex gad goub pib qid zaob，

家家如汝管否求。

Jiad jiad rub rub guanb woud qiub.

单久苟冬列吉辽，

Dan jud goud dongt lieb jib liaob，

互相商量来研究。

Hub xiangt shangb liangb laid yand jiux.

对蒙对喂哈哈笑，

Duib mengd duib wed has has xiaob，

卜度几叟吉年周。

Pub dub jib soud jib niand zhoub.

夫妇顺从莫骄傲，

Fud hub shunb zongb mod jiaod aob，

告浪三纲没头抽。

Gaox nangd sand gangb miex toud choud.

酷秋酷兰几炯闹,

Kut qiut kut lans jib jongb laob,

夫妇合睦一路走。

Fub hub heb mub yis lub zoub.

苟冬几批吉候到,

Goub dongt jib pis jib houb daob,

几娘照几列候头。

Jib niangx zhaob jib lieb houd toub.

嘎忙出汉几善吉矮召阿告,

Gad mangb chub hais jib shait jib and zhaob ad gaob,

几列内谈巴度秋。

Jib lieb niex tib bad dub qiut.

耕读为本最可靠,

Gend dub weis bend zuib ked kaos,

穿吃二字完全有。

Chuans chib erd zis wanb quanx youd.

【意译】

兄弟要听我来报,我讲要听话罗头。

得了媳妇莫骄傲,不能无故把人吼。

思想不良要丢掉,夫妇同堂万事休。

白天夜晚同一道,天要抹黑转家走。

做人不能脾气躁,细想不要冒火球。

农忙工夫时节到,互相商量来研究。

对你对我哈哈笑,讲话轻言细语有。

夫妇顺从莫骄傲,三纲五常要遵守。

走亲二人一同到,夫妇和睦一路走。

工夫繁忙要帮到,帮助岳丈家里头。

不要做那躲躲闪闪不理料,不要让人谈我丑。

耕读为本最可靠,穿吃二字完全有。

从上面的两首歌中,我们可以看到苗族人教育儿女的恳切与其对子女为人处事的要求和期盼。作为一堂婚典喜庆，其核心人物当然就是新郎和新娘了；在新组建起来的家庭中，核心人物当然也是新郎和新娘了。新郎新娘的和睦相处、为人处事，当然也就是这个家庭以后幸福的基础。在这里，歌师把这些深奥的道理用简单的苗歌唱出来，既容易听懂又容易让人接受。这种良好教育的受益者既是新郎新娘本身，又是在场的人们，以及或听闻、或传闻的社会大众，真是利莫大焉，益莫大焉，福莫大焉。

(五)简仪古话古歌共 4 类

古仪歌系列的第 5 种共有 4 类，分别是：1.天地形成的古话古歌；2.人类祖先的古话古歌；3.部落纷争的古话古歌；4.苗族迁徙的古话古歌。

所谓简仪，即简单的歌仪。实施的时候，不仅礼仪简单，歌也简单，且必须在不同的时段采用不同的方式和方法。为了适应那些由于某种特殊的原因而需要速战速决的礼仪，我们把简仪古歌收入本篇，以便在"天晴不要落雨要"的特殊场合中应用。至于其中例子，由于篇幅关系，在此我们就不列举了。

苗歌的种类是依据其所唱的内容、性质、场合、时段等来区分的。以上所列举出来的种类不少，值得对此进行研究。

十二、《古阴歌》简述

古阴歌，顾名思义，即专门唱诵阴间内容情节的歌。所谓阴间，是人们按照生活环境、习惯、规律、法则、实践等情节在脑海里形成的一种思维和影像，认为人身有阴阳，其中的阳是人体的骨肉，阴是思维的魂魄，有阴有阳，有身有魂，有生有死，人虽死，而其魂可以上天去永住永存。正如古代诗人唐寅诗中所说的那样："生在阳间有散场，死归地府又何妨。阳间地府俱相似，只当漂流在异乡。"这里所指的地府是黄泉，而苗族人则认为魂归天堂，是上天界去的。不管是地府黄泉也好，天界天堂也罢，人们统统将其称为阴界或阴间。那么，什么叫阴间？阴间在哪里？什么是魂魄？魂魄在哪里？答案很简单，在人们的脑海里，在人们的思维里，除此之外，别无他处。不管是科学上所称的阴性物质也好，量子电波也罢，归根到底都离不开思维，其地方止于脑海。

苗族人的传统观念认为，人死之后，魂魄就升天了，一般的人升天入驻祖堂"纪流纪补"或"依流西向、意苟纪补"，巴代则入驻"老君大堂、玉皇大殿"，经过苗道奉送的则入驻"西天佛爷殿"，等等，因此，过去苗区村寨一旦有人死亡，安葬之后即要举行两种祭祀仪式：一种是"招新亡入祖籍"；一种是请香娘(一说仙娘)上天寻找新亡，名曰送饭，苗语称为"送列"。故将香娘上天寻找新亡所唱的祭祀歌称为阴歌，因其是古代流传下来的歌种，故称为"古阴歌"。

香娘自远方村寨请来，一般不知丧家死者之具体事情。来家之后，于地楼板上摆设一张饭桌，上置米升插香摆利什、一碗凉水、一碗酒，并铺一块布，名曰"上天之桥"，尚有一些糖食果品等物。一个人于旁边负责烧纸，并专门负责与香娘对话，传下凡间与众人听。

香娘烧纸叩师之后，便用帕子或围裙挡住脸面，开始催眠并用拖腔唱阴歌，然后起跳入阴间。其歌词内容大体为：香娘在其师父的带领下，与烧纸人一起，由主家出发，去该村的土地堂(村宗寨祖堂)去借神马，然后上天梯"求补窝踏"，上登坡后，经过"迷魂井"和巴代送酒肉的大岩扳，进入天堂的花园、鼓场、歌场、秋千场等地，然后到先祖堂、佛界(西天)、仙界(老君玉皇殿)、大祖堂(林豆林且)等处寻找新亡。凡是一般性死亡的在先祖堂"纪流纪补"找，经过苗道打绕棺送的则在西天找，若是祭师巴代死亡的则在"玉皇老君殿"等处找。在那里找到后，就不要去其他地方了。

找到新亡后，香娘要讲出死者的名字，要说出死亡时的情况，如有几人送终，缺哪些孝子不到边，发生一些什么特殊的情况，送了多少件衣裤，墓地有几分龙脉，亡者还有几分生气留给儿孙等。然后连同所找到的家祖一起敬送其饭食，之后便是慰亡魂，最后沿着来路转回凡间。

本册共收入古阴歌第一套 227 首，第二套 126 首，两套共是 353 首，以供读者研究和对照。

十三、《古歌汉译版》上、下册简述

2011 年 5 月 23 日，"苗族古歌"被国务院公布为第三批国家级非物质文化遗产扩展项目名录；2014 年 6 月，笔者的"花垣县苗族巴代文化保护基地"(笔者自家)被湘西州政府授牌为"苗族古歌传习所"；同年 8 月，被花垣县人民政府授牌命名为"花垣县董马库乡大洞冲村苗族古歌传习所"。三块政府授牌，集中体现出了国家对苗族古歌的充分肯定和高度重视。

苗族古歌是苗族人民世代相传的口头叙事诗歌，是苗族特有的口碑文献，是苗族民间文学重要体裁之一，是苗族巴代文化体系中的一个支系。历史悠久，内容丰富，体裁严格，平仄分明，韵脚严谨，普及面广，娱乐性强，爱好者众、妙趣横生，对研究古代苗族的历史、哲学、政治、军事、宗教、祭祀、仪式、人文、交际、礼仪、社科、民风、习俗、文学、艺术、医学、农学、天文、地理、生产、生活、婚姻、繁衍、部族纷争以及民族迁徙等，都具有十分重要的作用、价值和意义。

笔者生活在一个苗歌祖传世家，八九代以来，对苗歌一直都是在爱好、创作、传承、演唱的环境中生活，高祖石仕贵石仕官、尊祖石明章石明玉、祖公石永贤石光求、父亲石长先、母亲龙拔孝、大姐石赐兴、大哥石寿山等，在周边省、市、县一直都是享有名望的大歌师，所奉行的是"唱歌生、唱歌大、唱歌老、唱歌死、唱歌葬、唱歌祭"的世代家风，对苗歌天生就有一种离不开、放不下、丢不得、忘不掉的特殊情感，因而家中的苗歌底蕴特别深厚。在本家拥有的苗歌资料的基础上，笔者又从苗区民间广泛挖掘搜集、整编译注不少的资料，到目前为止已经出版了《湘西苗族巴代古歌》《湘西苗族古老歌话》等4本书籍，尚有《古灰歌》《古红歌》《古蓝歌》《古白歌》《古人歌》《古杂歌》《古礼歌》《古堂歌》《古玩歌》《古仪歌》《古阴歌》共11集、496大类、3217首古歌有待出版，本册的《古歌汉译》就是从《古人歌》到《古阴歌》这7集书稿中的古歌内容汉译部分。

本册内容共分七章。

第一章为《古人歌》的汉译版，内含古人歌28卷105个历史故事共700首苗歌的汉译文字。

第二章为《古杂歌》的汉译版，内含古杂歌8卷71类237首我们平时很少传唱的稀有苗歌。

第三章为《古礼歌》的汉译版，内含古礼歌9卷48类179首苗族地区礼尚往来、人际交往的苗歌。

第四章为《古堂歌》的汉译版，内含古堂歌7卷41类289首从古以来在苗家堂屋陪客、男女通宵达旦对唱的苗歌。

第五章为《古玩歌》的汉译版，内含古玩歌7卷34类187首苗族玩乐杂耍时男女所唱的古代苗歌。

第六章为《古仪歌》的汉译版，内含古仪歌5卷80类272首婚典喜庆仪式主宾陪客、互致礼品的古代苗歌。

第七章为《古阴歌》的汉译版，内含古阴歌 2 卷 21 类 353 首香(仙)娘上天门、入阴司寻找并敬食给新故或已故亡灵的歌。

由于篇幅有限，尚有《古灰歌》《古红歌》《古蓝歌》《古白歌》的汉译部分未能编入进来。

苗歌的翻译分为直译和意译两种模式，为了保持歌的韵味，译时尽量达到用苗语唱来是歌、用汉语唱来也是歌的要求。本册采用的是意译模式。

本册的出版意在开拓、扩展、推广苗歌宣传的新模式，让更多的人知道苗歌的体裁、内容及文化价值、社会作用、实际意义，为研究苗族文化的爱好者及有关课题提供较为完整、系统、全面的第一手资料。

第七章　历代手抄本之简述

　　巴代文化与其他民族文化一样，都是有根的文化。从苗族的文化表象来看，历代手抄本就是其传承史料。当然，由于民族的特殊性，巴代文化历代以来都是本着异族不传、女性不传、劣子不传、歹人不传、六耳不传（即有三人六只耳朵在场不传）等规矩，历朝历代以来一直都是口传心授，口口传承，至于写书立字、公开传教是不允许的。更何况在过去时代苗区内会讲汉语的人少之又少，写书立字更是无从谈起。凡是有史料记载的大多是明清时期以及民国时期的事，要想找到明清之前的巴代史料（手抄本）是根本不可能的事，因此明清时期的手抄本成了苗族巴代最古最老的史料文献。

　　笔者为本家祖传苗师"巴代雄"第 32 代掌坛师，客师"巴代扎"第 11 代掌坛师，民间正一道第 18 代掌坛师。而本家祖上以来又有"读书不是为了做官，只是为了传承巴代道艺"的祖训和祖辈坚持"家养艺"而不是"艺养家"的家风，因而，从清朝中期的高曾祖到祖父再到家父，都是读了长书（如家祖石永贤就读了 18 年长书）之后就来传承苗族的巴代道艺，包括苗师"巴代雄"、客师"巴代扎"、道师"巴代年"、药师"巴江嘎"、歌师"巴江萨"以及苗族的阴阳玄学（堪舆预测等），苗族的人文交际礼仪、风俗习惯等传统文化内容，所积累的各种手抄资料特别多，同时，由于长期使用毛笔，所写出来的字体堪称上乘书法，非常珍贵。可是，由于本家成分特殊，家业大，又是巴代文化集大成的传承者，在特殊的历史时期被扣上了剥削阶级和牛鬼蛇神的帽子，屡被批斗和抄家，家中整箱整担的文物及手抄本被视为封建迷信而遭没收、销毁，至今所剩的这 230 余册手抄本是当年用油布包裹而藏在牛屎粪堆内才得以保存下来，而这次扫描出版的仅仅只是其中一小部分而已。

　　这些史料所记录的内容大体分为三大类。第一类，秘不示人的内坛秘诀。比如客师神名通书、传度科一科二、保坛真诀、上刀梯穿街秘诀、开天门真诀、真诀全本、各项秘诀等；第二类，赞唱法事科仪。比如安坛科、赞唱科、上表科、傩歌本、求子赞唱科等仪式科仪；第三类，文疏表章神联吊挂。比如巴代文疏表章、下马进表、经文等。本基地的历代手抄本史料共有22集，这些史料由于在"文化大革命"时期东搬西藏，大多封面残缺破损，不得已而照抄另换，并非原装书壳。

巴代历史文献资料扫描件，全是历代的手抄本，是本家祖传史料的十分之一，而十分之九的手抄本在"文化大革命"时期被抄家没收，有的被毁掉，有的被造反派盗走成了他们的东西。笔者曾看到很多本家的手抄本成了别人的资料，无奈之至，才将这余下的十分之一的手抄本之折页处盖上印章，唯恐再被窃贼盗走而没有凭据，如此才形成现在的手抄本扫描件上的印章痕迹，实在是无奈之举。

《巴代手抄本扫描》共有14本，159册，有4128个图。因为过去的这些手抄本都比较薄，页面一般也只有2～30页，我们只有将这些手抄本汇集整编，使其达到一定的厚度，所以每册里面又有具体的手抄本扫描件若干本。下面遂将这些汇编了的书目逐一明细，以便读者了解。

第一本共有4册258图，包括以下几册手抄本；1.报恩科47图。2.请圣科3图。3.请师科28图。4.丧堂备用通书86图。

第二本共有7册256图，包括以下几册手抄本；1.慈悲道场忏法26图。2.六根水忏上中下三卷41图。3.弥陀宝忏31图。4.十王忏44图。5.礼坛忏悔科32图。6.功曹科30图。7.招亡科52图。

第三本共有13册267图，包括以下几册手抄本；1.炳烛科25图。2.发文科36图。3.传度科上下本45图。4.巡坛科17图。5.倒坛科7图。6.倒榄科7图。7.解释冤孽科32图。8.结界科25图。9.扫荡秽气科13图。10.启建科15图。11.燃蜡科26图。12.谢虚空倒法界科7图。13.宣榜科19图。

第四本共有5册271图，包括以下几册手抄本；1.地狱救母科78图。2～4.目连科68图。5.行狱科28图。

第五本共有13册264图，包括以下几册手抄本；1.地藏科23图。2.告歇科12图。3.交经科7图。4.界灯破狱科12图。5.留驾施食科36图。6.盂兰盆经13图。7.取经科15图。8.上香科29图。9.申牒文19图。10.释门取经科19图。11.说法科(二)40图。12.叹亡科26图。

第六本共有14册263图，包括以下几册手抄本；1～9.十王案，包括：1.上王上案28图。2.上王左案12图。3.上王右案31图。4.又上王上案20

图。5. 又上王左案 9 图。6. 又上王右案 13 图。7. 再上王上案 24 图。8. 再上王左案 13 图。9. 再上王右案 14 图。10. 解结科 21 图。11. 开冥路科 20 图。12. 绕棺科 31 图。13. 送丧绕 9 图。14. 叹十王 18 图。

第七本共有 12 册 256 图，包括以下几册手抄本；1. 安灶神科 7 图。2. 拜礼五方佛 15 图。3. 行香科 15 图。4. 开路科 19 图。5. 七佛忏 15 图。6. 香山上案 34 图。7. 香山左案 32 图。8. 香山右案 36 图。9. 血盆上案 34 图。10. 血盆左案 20 图。11. 血盆右案 18 图。12. 杂记本 11 图。

第八本共有 12 册 174 图，包括以下几册手抄本；1. 榜文科 18 图。2. 表文科一 13 图。3. 表文科二 14 图。4. 表文科三 22 图。5. 表文科四 13 图。6. 课余偶抄 44 图。7. 申文科 14 图。8. 疏文科 71 图。9. 疏文科二 14 图。10. 疏文科三 13 图。11. 疏文状文科 33 图。12. 文公堂典仪 59 图。

第九本共有 16 册 253 图，包括以下几册手抄本；1. 丧堂奠仪 17 图。2. 奠灵科 12 图。3. 宫口牌位科 17 图。4. 观音宝忏 14 图。5. 行狱科 33 图。6. 结界科 19 图。7. 请佛科 47 图。8. 请水科 14 图。9. 开道科 44 图。10. 三教灵幡科 11 图。11. 散花集 5 图。12. 十二大愿观音科 27 图。13. 太阳太阴经 7 图。14. 信众参圣 15 图。15. 血盆宝忏 14 图。16. 赈济科 23 图。

第十本共有 13 册 253 图，包括以下几册手抄本；1. 热坛科 15 图。2. 敬表唱下马 21 图。3. 求子卷一 34 图。4. 求子卷二 18 图。5. 度法斗答本 13 图。6. 度法科问本 14 图。7. 度亡启建道场 17 图。8. 结界科右翻 19 图。9. 救苦血盆经合集 27 图。10. 犒赏科 16 图。11. 弥陀经 22 图。12. 追荐科 22 图。

第十一本共有 10 册 288 图，包括以下几册手抄本；1. 北斗经 22 图。2. 佛说阿弥陀经 20 图。3. 高王观世音经 11 图。4. 观世音经 28 图。5. 观音妙经 47 图。6. 金刚普门纂 20 图。7. 阿弥陀经老本 18 图。8. 妙法莲华经 30 图。9. 诸品妙经一 46 图。10. 诸品妙经二 20 图。

第十二本共有 11 册 263 图，包括以下几册手抄本；1. 取水开五科 18 图。2. 玄门绕棺度亡上中下三卷 20 图。3. 玄门解结下坛 20 图。4. 赞唱科 35 图。5. 上表科 19 图。6. 傩歌 51 图。7. 史记 16 图。8. 和神科 18 图。9. 求子课本二 12 图。10. 杂唱 24 图。11. 杂录一本 19 图。

第十三本共有 8 册 270 图，包括以下 13 册手抄本；1. 大悲往生咒 12 图。2. 金刚经老本 56 图。3. 启圣规 45 图。4. 三教一家序 7 图。5. 升法科 66 图。6. 说法科 39 图。7. 送圣启经科 32 图。8. 宿坛安位 13 图。

第十四本共有 9 册 400 图，包括以下 9 册扫描本：巴代文化留言评论第

1 册至第 9 册。

第一本扫描本内容

1. 报恩科内容简介。这里报恩指报父母生身养育恩，但内容则侧重于报母恩。传统观念认为，母亲的恩德大于父亲，故世间多有母爱、伟大的女性等等说法，说明母亲的爱多于、大于父亲所爱，此种说法不知能不能够得到你的认同？

报恩科仪多在打"报恩绕"的时候举演，是打报绕的前奏科目之一。

报恩科将父母恩德数了又数，从怀胎到出生，从小孩到成人，从少年到老年，无时无刻，无处无地，无日无夜无不牵挂在父母心肝上，在唱诵、阅读时都在催人泪下，是一本教育人性、德行、品质、风范的好教材。对营造良好的社会风气，和谐团结，忠义孝道有其重要的社会价值和深远的教育意义。

2. 请圣科内容简介。请圣科又称为请佛科、请神科等，是苗族道场中"超度亡灵""祈福求安""村寨保安""自修证果"等法事的主体部分。在此何以将其称为请圣科而不叫其他呢？因为科仪里面的内容既有佛教的成分，也有道教的成分，又有本地神等的成分在内。其中虽然以佛教术语、圣号、秘咒、形态等内容冠在显要位置，但其内在掺杂有相当数量的道教及本地神成分，可以说其结构是佛、道、神三者合为一体的仪式，故以请圣科冠之，才不至于倾向于其中的任何一方而忽视了其余的分量。

请圣科是苗族道场特别是"超度亡灵""追宗荐祖"等丧葬白文化的基本科仪，不管是什么样的道场仪式，都得先要请圣，之后才能进行"目的呈情"等科项。因此，请圣科是苗族道场的本根和基础。

请圣科分"小请""中请"和"大请"请法，亦有"简请""繁请"之别。其中"中请"和"大请"基本上包括了道师教中的绝大部分唱腔和打击乐曲牌，也就是俗话所讲的"九腔十八板"（实际上的腔板远远超出了这个数目）。故而，只要熟练地掌握了请圣科内的腔板和内容，便基本上能行持苗族道场的其他科典。

这里所介绍的请圣科为"超度亡魂"（苗族道场"绕棺戏"）仪式科典。同时，也是"中请"规模的内容。

这里所介绍的请圣科仪是在丧家堂屋前部举行，在堂屋中安放棺柩，在棺前挡一门板，门板前置一大桌，以门板为界扎一牌楼，谓之"孝堂"。门板贴上亡者灵位，再于灵位前张挂佛像，像前摆"三宝、祖师、本音先祖"等牌位。桌面上摆香米利什、香花灯烛、茶果供仪。桌中有一碗"圣水"，上压令牌。桌的左面安置鼓乐坊，一般都为"掌坛师"掌鼓，设有鼓、铜锣、包锣、头钹、二钹等乐队座位。桌的右面为磬、铛子、唢呐、香蜡师等座位。桌下置一铁锅当"化钱炉"，桌前地下铺设棉被为拜垫，"挂衣师"头戴"毗卢帽"，身披"袈裟"，手执"如意"，于桌前边唱"请圣"词边带领众孝眷们不时地礼拜坛上的神圣。

请圣科分两大部分进行。第一部分为铺设坛场。包括赞菩萨、称圣号、皈依三宝、安隅土地龙神、洒净坛场、炳灯、炳烛、焚香、上香、赞佛等内容。第二部分为正式请圣。包括请佛圣、请菩萨、请天地水阳四京神、请三教福神、请土地龙神、请历代祖师、请孝家祖先、招亡灵、献茶、上疏文、安位、献钱财、忏悔、下坛等内容。

3.请师科内容简介。请师，即是去请道坛之祖师，而祖师又包括有宗师、本尊师、开坛演教祖师、历代行持祖师、顶戴传教祖师、保举师、传法师等等，一般称法为：

1.本师释迦牟尼文佛；

2.本尊地藏王菩萨；

3.金山启教应供祖师；

4.南泉教主普愿(一称为普崦)祖师；

5.西天东土历代祖师(一称为"西来东土历代祖师")；

6.三坛两教宗本仁师；

7.行坛会上诸大师真；

8.开坛启教渊源师尊。

以上各名号，都是道坛的祖师范畴，成为道坛所崇奉的祖师体系。

古人设教，可谓方圆兼顾、古今汇合、释道融通、神圣和合。没有这中外兼容，释道会通的庞大体系，是难以达到神圣和合、人神贯通、阴阳统筹之目的。这种做法充分体现出古人的精神寄托和哲学理念，反映了人类的基本诉求和求生存、求发展、求幸福美好的强烈欲望。

请师仪式在经堂内举行，实为掌坛师主持的主要法仪之一。

4.丧堂备用通书内容简介。丧堂备用通书是指在丧堂里面所要写的悼词、悼联、牌位、门额和一些在一般法事科仪常用的文疏表章，专指文字之类。

这本通书内容大体包括：《丧堂孝联词》《常用丧联》《哀词》《牌位》《祭奠外场备要》《火关簿》《小事烧包火关簿文》《门额式》《文疏表章》等等。

第二本扫描本内容

1. 慈悲道场忏法内容简介。道坛忏悔科是运用在宫观、道坛法会之内的一种忏悔科仪，当年在吉首市三合宫内运用的就是此科仪。此科仪以佛教之香赞为起头，然后接用道教之香词来引出下文，再接下便直接切入要点，进入忏悔的具体内容，有机地将佛道融为一体，打破了历史以来的一教排斥他教的僵硬局面。本科简明扼要，直奔主题，言辞易懂，中心突出，是一种不可多得的忏悔科仪。

礼忏科概述。礼忏又叫拜忏、忏悔、忏罪等。忏悔原来是佛祖为僧团制定的诵戒仪式，每半个月举行一次，让犯戒的僧人在受戒僧团内部讲出自己的犯戒事实，当众悔过，今后不再触犯这种过失，即改恶从善的一种活动，与当今的过组织生活相似。如《华严经·普贤行愿品》中的忏悔文：我昔所造诸恶业，皆由无始贪嗔痴，从身语意之所生，一切我今皆忏悔。佛教认为通过忏悔，可以灭罪免苦，如《业报差别经》所言：若人作重罪，作已深自责，忏悔更不造，能拔根本罪。《心地观经》卷一说：若复罪者，罪即增长。发露忏悔，罪即消除。忏悔之后，罪苦消除，便达到净化心灵之效果。后来发展到民间度亡时为亡魂忏悔生前所犯之罪过，孝子在挂衣行法师的带领下，代替亡魂，当作诸佛菩萨的面，边礼拜边表白此前所做的坏事，犯下的罪孽，并保证今后不再犯，求佛圣庇护，不受到恶报。

忏书有多种内容，根据不同的道场而使用，如玉皇宝忏、三昧水忏、梁皇宝忏、血盆宝忏、十王宝忏、七佛忏、北斗忏、交经忏、净土忏、地藏忏等，有佛教也有道教的内容。

2. 六根水忏科简介。六根，佛教用语，指人的眼耳鼻舌身意六个部位，由这六个部位的感觉产生出的欲望而造出的恶孽都要通过忏悔而洗掉。

3. 弥陀宝忏内容简介。慈悲弥陀宝忏简称为弥陀忏，是念诵《弥陀经》之后要拜礼的一部忏法，与诵《弥陀经》、打"弥陀绕"是相互配套的一种科仪。

弥陀宝忏在湘西苗族丧葬仪古白歌绕棺戏中有多种版本，这些版本有简有繁，无不都在述说阿弥陀佛的大慈大悲，大心大愿，大功大德。这里所载的是较为简单的版本之一。

在打"弥陀绕"时，白天念《弥陀经》、拜《弥陀忏》、晚上则打"弥陀绕"，相互连接贯通，自成一体，其目的都是为了超度亡魂往生西方极乐世界，引导人们崇奉阿弥陀佛，修行净土法门，这也是佛教普度众生的八万四千法门之一。

4. 十王忏内容简介。参礼十殿阎王，求其为亡魂解除罪孽，赦放亡魂往生佛国净土。

5. 礼坛忏悔科概述。礼坛忏悔即是礼拜诸佛菩萨，这里的礼坛可理解为当着诸佛菩萨的面来披露自己的过错或罪过，而忏悔即是深刻认识、检讨这些过错，以保证今后不再犯。

人非圣贤，孰能无过？按照宗教传统的道德底线和要求，人的举手投足，口角言语乃至起心动念，都有过错。这些过错往往会带来因果报应，特别是人死之后，据说还会判生到畜生道、饿鬼道甚至地狱道中去，堕入无边的苦海，求出无期，那才可悲可怕。因而，要在诸佛菩萨面前当下披露过失或罪孽，才能从根本上消除这些灾难，远离苦海。

礼坛忏悔简称拜忏或礼忏，而忏悔的内容和科仪也有多种，比如《十王忏》《水忏》《净土忏》等等，这里的礼坛忏悔只是绕棺戏中笼统的忏悔之一。

这里的礼坛忏悔主要指弟子、主家、办供人等、供品供具等方面在这堂道场中不经意所犯的一些过失，对佛菩萨进行忏悔，乞求佛圣不要责怪。

6. 功曹科内容简介。宗教术语中的"功曹"，又叫作"传文使者"，就是专门负责给举演绕棺戏的道坛传递(送)文书的神员，相当于当今负责送信的邮递员一样。

按传统说法，这阴间也就是在人们精神世界里的功曹神由本地域内的土地神扮演，又称为本坊土地或当坊土地，这土地神除了负责管理本地平安吉利等事之外，还负责给绕棺戏等有关祭祀法坛当传文使者。

功曹神分有两大体系、四大类别。这两大体系为值年、值月、值日、值时系和天界、地界、水界、阳界系，称为"四界功曹"；而四大类别则是值年、值月、值日和值时功曹，称为"四值功曹"。这功曹统称为"四界四值功曹"或"四界四值传文使者"。

7. 招亡科内容简介。招亡也可称为接亡，即是把亡魂召回灵前接受超度的意思。有的人在外面死亡，按传统说法，在外死亡的灵魂是回转不到家中的，为了使亡魂能够回到家中与家祖们团聚，以便在今后能接受后代子孙们的供奉，因而要举行此科仪式将亡魂接回家中。

招亡还有一种说法，即是女亡魂在经过破血盆地狱之后，要通过招亡的形式将其灵魂接回来。因而，在破血盆之后往往也要举演招亡科仪。

招亡时，要用一块木板从门外坪架到屋内灵前桌子上，然后用 1.5 丈白布铺在上面，称为接亡桥。挂衣师在滴水担前摇铃赞唱招亡词，孝子手执引魂旗跪在桥头，唱着唱着孝子拿引魂旗的手会自行抖动起来，说明亡魂已经来了，此时挂衣师要请亡魂上桥，并用一只雄鸡自行地从桥上走过去，直到屋内的桌子上。同时桥下摆有一盆水，当亡魂上桥时，一般三四岁的小孩能够看见亡人的影子在水盆里出现。

第三本扫描本内容

1. 炳烛科内容简介。炳烛实际上就是点燃蜡烛来照亮坛堂，照亮神圣的意思。在过去时代，贫穷困苦，原始落后，夜晚点亮多用松脂、火把，到后来才慢慢用上桐油、清油、植物油，但由于价格昂贵，人们在灯盏内只能用一根灯芯，并且燃尽了还舍不得挑亮，尽量节约，场地昏暗，几乎摸黑，生活十分窘贫，只有少量的富贵之家用得起两根灯芯，当然就亮一些，使人们感觉到舒服一些。至于蜡烛则稀有，往往要在一些非常特殊的场合才稍用一点，比如敬神、供佛等才用，这就显得十分的珍贵稀有，被人羡慕不已。因此，点烛供养神圣便成为最高的礼仪之一了。

为了表达人们对神圣的敬仰，为了表达虔诚恭敬，实现人们心中的期盼和要求，人们便不惜一切代价，出高价购买蜡烛照亮神堂，以此来作为与神圣交易条件之一，于是便有本科的秉烛仪式。

2. 发文科内容简介。发文，即是把道坛在仪式中所要请的神圣、所要做的事情、要达到什么目的等内容，通过文疏的方式发给对方，让对方能够了解到：现在人间某村寨内发生了死人或其他事情，现在要做超度道场或相关的法事，要达到超度某某亡魂到西方极乐世界去，要这些神圣全力以助，取得圆满无缺的效果。

发文仪式在经堂内举行，事先要准备好所有的疏文、表文、牒文、状文等文书和香盘，填写好各神圣的宫口（地址），摆在坛前的长凳之上，然后才起法事。

到发文时，挂衣师边唱边将文疏发出，用一人在门外接去，交送香蜡师拿去烧化在门外坪场的铁锅之内。

3.传度科内容简介。传度指巴代学艺圆满而举行的一种巴代身份认定的仪式。这种仪式共有上本和下本两种科仪。

4.巡坛科内容简介。巡坛与结界是为姊妹科仪，有结界必有巡坛，有巡坛必须要结界，二者相辅相成，相帮相结，都是为了保护坛场的平安吉利所设。

巡坛可在屋外围绕表丧家举行，也可在灵前围绕棺木五方举行。

5.倒坛科内容简介。凡是举行祭祀，都要设置祭坛，凡是设置的祭坛，在祭祀完毕之后都要拆除，这拆除祭坛的法仪式又叫倒坛，即将启建之初所设置的坛场撤销移除，使其不再存在。

传说：有的祭祀活动未经倒坛撤除仪式，其桌台椅凳虽然尽数撤去了，明眼人看不见了，实物没有了，但那些走阴的人，扛仙的仙娘们，照水碗的卜测人却仍然看见有神坛祭坛的存在，阴间的鬼神仍然在那里不肯离去，由于没有供品供奉，他们便会祸害人间，形成无穷无尽的后患，因此，祭祀活动凡有启建，就必须要有倒坛才行。

倒坛在原祭祀场中举行。可由坛班人员大做，也可由挂衣师单人小做。

6.倒桄科内容简介。倒桄，即将道场门外所立的灯桄放倒。

7.解释冤孽科内容简介。解释冤孽科指道坛在举行"打清醮""荡秽""保洞斋"等中大型法会时，为了给信众解冤释结而举行的一科法事。传统观念认为：人在世上之所以会有灾难，全是因为自己在前世今生所造的恶孽而引起的，在有意或无意中，在身、口、心境中伤害了别个，结成冤孽、债孽、凶孽、恶孽，在机缘成熟之时，这些恶孽发动，事意中的冤家债主找上门来，灾祸便应运而生了。为了消灾免难，于是请师修连解冤释结道场，借用神圣法力，解除冤孽，将祸害扼杀于萌芽中，根除灾难。

在度亡大道场中，四十九天，场内孝眷人等，也有必要举行此仪，以保今后安康吉利。

科仪举行要三张大桌、三十六碗茶、三十六份钱财纸马、三十六根蜡烛、三丈六尺青布、鞋子一双、水盆一个、麻三十根纯、一把新剪刀、灯三盏、豆腐、糍粑等项。

8.结界科内容简介。结界，即是划出阴间的地界，不让阴间的凶鬼恶神进入到举行仪式的地盘中来捣乱破坏。

结界仪式在坛前举行，用四个凳子摆在四角，凳子上摆香米、香盘纸马、纸钱、净茶、供果、糖饼等供品。

9. 扫荡秽气科内容简介。 又叫三教荡秽科。三教，指佛、道、儒三教。这三教在中国形成了普遍信仰的三大教，也成为融会贯通的一种宗教意识体。人们在有欲有求，有望有盼的时候，总想依仗这三大教来实现想和愿望。

这里的三教实以佛教为体，道教为用，亦佛亦道而又非佛非道。

这里的三教醮坛扫荡，指某个村寨或某条街道发生多起凶死、夭亡、闹鬼、怪异，或者瘟疫、时气等被认为是严重干扰、影响人们的生存的因素，于是便有打醮扫荡的做法。

打清醮为扫荡秽气，保本境内平安清吉，要用三十六函钱财纸马、三十六碗香米、香烛、大桌三张、天桥布 15 尺、新伞一把、纸船三只、布符、净水、杨枝、茶盘、几把香、十二把蜡烛、水饭、五谷一碗、信众、酒茶、香米利什等物。

在村中空闲处设坛打清醮。

10. 启建科内容简介。 启建科为道坛所主持的中型仪式特别是大型仪式的首堂仪式，是中大仪式的基础和前提，意为所有仪式的开启、启首、启动，即开始修建道场的简称——启建。

启建科仪以焚香、赞佛、颂扬菩萨普度四生的功德为纲要，以救度亡者不堕恶道，超度亡魂出离苦海、往生极乐为目的来进行的。使度亡或祈福法会从一开始便抓住纲要，突出目的。这便是前人设教的指导思想和具体做法。

11. 燃蜡科内容简介。 燃蜡是指点燃蜡烛来供奉神圣的意思。在过去那贫穷贫苦的时代，人们点亮照明所用的燃料大多是草把、火把、柴头棒、天然的松脂、松油柴等，到后来才慢慢地用上了桐油或其他植物油，并且只用一根灯芯，而且是燃尽了还舍不得挑，其光灰暗淡黄，使人感觉非常不舒服，只有达官贵人才用两根以上的灯芯，真可谓是贫困潦倒。可是，人们为了供神，博得神圣的庇佑荐拔，不惜重金去买蜡烛来点亮供奉，并且还不是单支焚燃，而是以组群来燃，少则一对，多则十二支、二十四支、三十六支、八十八支、一百单八支等等，可见其心虔诚，其意真切。

本科燃蜡所供奉的对象是诸天菩萨，俗语有"二十四诸天"之说，故而要燃二十四支蜡烛，过去是插在二十四碗米之上的。燃蜡时，在家外坪场内举行，要重叠放两张桌子，其上的桌子象征着天。在桌面三方沿着桌边摆二十四碗米（每方八碗），插上二十四支蜡烛。桌中摆一大升米，插二十四炷香，还要摆豆腐、斋粑、果品、净水、净茶等供品。下一张桌面上摆纸钱、疏文、香盘、供果、铜钹等品，每方点蜡一支，乐队则在两边伴奏即可。

燃蜡时间不是晚上子时便是白天午时，称为燃子时蜡或者午时蜡。

燃蜡有寺庙宫观燃蜡和度亡燃蜡以及醮坛燃蜡、燃新年蜡、土地蜡、财喜蜡、功名蜡、祈福蜡、延寿蜡、预修蜡、迁升蜡、安坛蜡等等多种类别，本堂燃蜡指在绕棺戏中的度亡蜡。

12.谢虚空倒法界科内容简介。在启建法会之初有"扎虚空"仪式，即把门外的神灵安奉在门外所扎的神坛之内予以供奉，如今法会圆满了，就要把起先所安的虚空神坛给撤销了，把这些神灵遣送回其本处，再也不能在此逗留了，这便是撤虚空仪式的本意。

撤虚空仪式在门外虚空坛前举行，可用坛班人员大做，也可用一人敲铜钹小做。

撤虚空的供品用供果、净茶、香纸蜡烛等。

13.宣榜科内容简介。宣榜就是张挂道坛的榜文，内容为东家户主某某某要做些什么事情，对外通告，让大家（听得到锣鼓声的范围内）都知道。比如道师安坛或度法，一旦打响包包锣，很容易让别人理解为死人，其实不是，所以，要出榜公布，让人们知道是办什么事情。

榜文在正坛举行仪式之后，便可拿到村头寨尾，三岔路口等处张贴。

第四本扫描本内容

1.地狱救母科内容简介。地狱救母又可称为"连寻带破"，简称为寻破狱。演唱的是目连大孝子去到地狱寻找他的母亲的故事情节，为了救度娘亲，目连寻遍了十八地狱，最后将其娘亲救出。科仪以讲白、演唱、对答、念诵等形式，生动地刻画出一个动人的故事。

连寻带破科仪要在丧家屋外的大坪场内举行。先要石灰线划出十八地狱的平面图，插上或挂上十王神轴画像，周围标出十八地狱坐标及名称，摆上凳子，上摆香米碗、插香点烛、一杯茶、两个糖果、一沓纸钱、一盏清油灯。中间摆上三宝牌及地藏、观音、大势至、文殊、普贤、阿弥陀佛牌位或圣像。

科仪从家里灵前三饭出发，挂衣师踏着伴奏乐带领众孝子从家内出发，至场地后绕场三圈，然后进入狱堂，边唱边寻，然后逐方破狱，最后在中堂参拜，礼毕后踏乐回家，到灵前安位化财。

2～4.目莲科内容简介。演唱大孝子为了救度母亲而去地狱遍寻其母阴魂的所见所闻。

5.行狱科内容简介。行狱科是按传说目连寻母故事中的说法来设置的一科仪式，意为人在世间，造作恶业（孽），死后恐堕入地狱受罪，因而要依靠佛法之力到地狱中去寻找亲人，求阎君放出超生天界。行狱又叫寻狱，到地狱去寻找亲人（死者）魂魄出来，超度上天。

行狱警示人们，不要违法犯纪，不要作恶造罪，不要超越做人的道德底线，防犯罪于前，是人间创造和谐孝顺、文明道德的社会环境的基本因素。

行狱有大行狱和小行狱之分别，其中大行狱又叫连行带破、带解结，需要3个小时的时间。小行狱又叫探狱，要孝子用锡杖挑经书和亡灵牌位、一双草鞋，跟在道师后面，躬身弯腰，哭号而行。

第五本扫描本内容

1.地藏科内容简介。地藏绕又叫祝融幽冥科，这是因为地藏王菩萨在东土的应化道场有两处比较闻名，这就是安徽九华山和湖南的祝融峰，而地处南方湘西苗族则对湖南的祝融峰比较熟习，于是以祝融峰为信赖。

地藏绕是绕棺戏中的大型绕棺，其与十王绕、血盆绕、请水绕、封丧绕、报恩绕、弥陀绕、三宝绕、莲华绕、香山绕、送丧绕、奠祭绕等一样，都是绕棺戏中的科目之一。

传说中地藏王菩萨是释迦牟尼佛在《地藏经》中所交代的，专门接替他在灭度后负责普度众生的一位菩萨，也可说是当代佛教中的掌门人，同时，又是发愿"众生度尽方证菩提，地狱未空誓不成佛"的、专门普度堕入地狱的所有鬼魂的大愿菩萨，因此，凡人死后求他超度也就成了基本惯例。于是，打地藏绕也就成了绕棺戏中的常事。

打地藏绕要在丧家门前摆上十八张桌子，其十二张桌上摆十王及左右二司的画像牌位，六张桌上摆地藏王、观世音、阿弥陀佛、释迦佛、文殊、普贤画像牌位，配上纸扎神帐和皇伞，很有气派，场面很大。打绕棺时，十几个道师带领上百孝子穿梭其间，从屋里到屋外，十分壮观。

2. **告歇科内容简介**。告歇是休息之意，即念了一天的经，从早晨直到夜晚，仪式到此已经告一段落，现在该是休息的时候了。

道坛在举行念经法事的时候，程式安排法，分每天早、中、晚三次进行，清早擂鼓开静，上午取经念经，下午念经拜忏，晚上交经、告歇或交经之后便送圣。若是交经后告歇则需要鸣锣打更，若是交经后送圣则需要奠灵开荤。过去多用交经之后告歇的做法，如此则道坛师父与孝子们都要持斋禁荤，以严法度及表虔诚。现在则多采取交经后送神，奠灵之后即可开荤了。若第二天还要念经，则第二天再来封斋，这样做则坛班师父及孝子们在晚上休息时都无所禁忌，轻松方便一些，但却不够虔诚。

告歇的内容大体是报告佛圣，天色已晚，经忏暂时告一段落，诸佛菩萨可以安位休息，并布置金刚、天王等这些护法神将，要严格把守坛门，做好保卫平安的工作，不要让邪魔妖鬼、魑魅魍魉混进场内破坏捣乱。最后在长声锣中，用令牌沾净水对坛内外上下画符锁坛即可。

3. **交经科内容简介**。交经指将道场内所念的经文交到阴间的经堂内，证明解脱亡灵所造的一切罪孽。

4. **界灯破狱科内容简介**。界灯，又可称为"迎灯"或"十王灯"等，是专门供奉地府十殿阎君的一种科仪。

十殿阎君又叫作十殿阎王，传说是专管地府内判决亡人罪行大小、专门管理地狱惩罚罪魂、判定投生好坏的官员，是地府黄泉世界的主宰。因此，传统观念认为：人死之后都非常惧怕他们。故而，人们在举演绕棺戏的时候，对他们总是毕恭毕敬。本科界灯仪式就是以把供奉十王的灯从门外坪场迎奉回来作为基本内容的。

我们都知道，地府黄泉是个黑暗无光的地方，按照活人的思维，那是非常阴森和可怕的。正因如此，灯光便自然而然地成为人们脑海中最迫切的追求了，故而，用灯供养冥王便成为人们心目中最好的礼仪了。十殿阎王共有十盏清油灯，打绕棺时是和十王牌一起摆在门外坪场上的，打完绕棺之后要将其迎回灵前来，于是便将这些灯一盏一盏地搬回来，而搬在本地的方言叫"界"，于是搬灯便被讲成了界灯。

5. **留驾施食科内容简介**。留驾指在请圣之后，经过了一段较长的时间，但法事还没有完毕，为了避免送了又请，请了又送这些繁杂的环节，而干脆用留驾的方式把佛圣给留了下来，免得第二天又要去请，这如同诵经仪式中的告歇一样，暂时把神圣留住，以便到时再来接着做下一堂法事。

留驾还得要供奉食品，这些食品包括：饭、斋菜、梨子、花生、粑、甘蔗、桃子、柑橘、松子、馒头、葵花、糖饼、饼干、起码得十三种以上，当然，多者不限。

留驾施食仪式多用晚上子时和白天子时这两个时段举行，因为佛教有过午不食的规矩，道教有过早不食的讲法，即佛教每天只吃午餐，道教只吃早餐，而只有鬼神才不论，一般也只是在晚上用餐，因此，吃子午餐是最适合了的。

为了尊重佛圣，不管是有没有法事可做，在做了行香拜庙、请师发文、立榇升灯、扬幡宣榜这些法事之后，一般都要举行留驾施食这科仪式。

留驾施食在经堂或灵堂前举行，多用两个或三个人挂衣，以便到时有人帮手供献食品，并显得隆重一些。

6.盂兰盆经内容简介。盂兰盆经是佛为了救度地狱饿鬼出离苦海的一本经文。

7.取经科内容简介。取经科又叫请经科，是念经之前的必行科仪。因为民间家庭自修或丧家不是寺庙，不是专门的宗教活动场所，其宗教气氛、佛与菩萨圣众的气息不浓厚，因而要先举行取经仪式方能加重这种气氛的营造、加强这种气息的沟通，才能起到摄心专注、超凡入圣之目的，可见古人设教，是有一定的道理的。

取经科有两种范本：一种是以述说佛教界历代高僧大德翻译佛经、传承到东土的内容，此科与佛教正史基本相同；另一种是以传说中的唐僧取经故事为主要题材来表达取经的内容。前者为佛教内部人熟习，后者由于名著《西游记》的传播而被广大社会人士所熟悉，为民间信仰所容易接受，因此本科所载的也就是后者的内容。

取经仪式在灵前举行，挂衣师身着素衣素帽，持钹带领孝子礼佛赞唱。

8.上香科内容简介。一般来说，把佛圣请来之后，就得要举行上香仪式，佛圣入堂之后，随即上香供养，这是理所当然的事情。

俗话说：人争一口气，神争一炉香。烧香是供神最起码而又最普遍的一件事情。香烟渺渺，不仅香气四溢，而且神秘莫测，给人带来庄严肃穆以及无限的想象空间，是净化心灵，摄心集念的一种上好的方式。

上香要孝子沐手焚香，在仪式情节中恭敬上香才显虔诚。

9.申牒文内容简介。申文和牒文是建道场向神圣表达诉求的一种文书，称为申文或牒文。

10.释门取经科内容简介。释门即佛门、佛教，此科仪的内容指历代佛教徒到西方求经、译经、传经的情况。

11. 说法科内容简介。指讲经说法的一些相关内容的科本。

12. 叹亡科内容简介。所谓叹亡又可称为探亡、慰亡等，即赞叹人间生死无常，自古以来，人皆难免，个个都必须经历，没有哪个得以逃脱，但又是一个极为悲伤无奈的事情，是人都怕。所以，借以好言相慰，即是慰他，更是慰己！

叹亡科从表面到实质如实地表述了世间的人际关系、相互情感，对世间的看法和观念，也道出了所谓人生的实质，表白了，也不过如此。

叹亡可于开路前、绕棺后等时段内举行，等于哭丧一样，用这种方式来寄托哀思。

第六本扫描本内容

1~9. 十王案内容简介。十王案又叫演对十王法案，意思为人死之后，到了阴司要受十殿阎王的审判，即我们平常所说的对案，把在生之时的罪过逐一审判。对案时有上案、左案、右案三种，要一起进行，上案对完了到左案，左案对完了到右案。以下几种都是对案的内容。

左案（概述参阅上篇）

右案（概述参阅上篇）

冥王全案（概述参阅上篇）

冥王简案（概述参阅上篇）

10. 解结科内容简介。解结又叫作解冤释结，意思为亡者在生之日，为生活、为名利，有意或无意、主动或被动地做出损伤他人利益、甚至于杀生害命等损伤人性道德的事情，造作恶孽，结下冤仇，死后被阎王审查定罪，打下地狱或判生恶道，受苦遭罪。因此，在破狱取出亡魂之后，要凭借佛力神咒，把亡人解冤释结、消除恶孽，以免在阴司遭到恶报。

解结要用 7 根麻线或丝线，长 1.2 米左右，用 7 个小铜钱穿系于两头，称为"解结线"或"解结钱"。在灵桌上点 3 盏油灯或 3 支蜡烛，一个净水碗（神水）。在念解结咒时将解结钱浸于净水中，然后牵出悬于灯火焰上，到唱解结词时将小钱游放于跪着的孝子当面，孝子则呼唤亡者并用手摸一下小铜钱即可。

解完结后，将丝线于灯火上烧断，然后摆在香米上。传说这解结线可把小孩子绚胎取吓，系在小孩手腕上即可去病脱灾，很是灵验的。

11. 开冥路科内容简介。开冥路又叫作开通五方升天冥路。传统观念认为：人死以后，其灵魂就会进入黄泉，即地府、阴间，而阴曹地府又是一个不见天日的地方，不仅黑暗寂寞，而且还会受到种种的迫害和苦难，因而，按照阳间活人的想法，要用佛道神圣的法力将亡魂从阴曹地府中解救出来，送上天堂或者西方极乐世界中去享福，不再受苦。而上升到天堂去的道路共有五条，即东、南、西、北、中五个方位，各方都有一条升天的路可以通向天堂。所谓的开冥路就是给亡魂开通这五条道路，奉送亡魂从这五条路上天享福。

湘西苗族的开冥路共有 5 种不同的版本，比如有的叫开路，有的叫开冥路，有的叫度亡升天，有的叫开道，有的叫往生路等等。本科的开冥路便只是其中之一。

12. 绕棺科内容简介。绕棺科又叫作开方科，包括绕棺头唱词、绕方、打绕棺、退方、跑狱场和绕棺尾唱词六个部分，其中绕棺头是要打绕棺前在灵前的唱段，绕棺尾是结束绕棺时的唱段。

绕棺，顾名思义，围绕棺木转圈子。为什么要围绕棺木转圈子呢？因为棺木里卧的正是其亲人的尸体呀，人死不能复生，万般无奈，有什么辩法呢？出于对亲人的感情太深太厚，出于亲人对自己的恩德太深太大，出于人间的亲情难割难舍，在这千秋永别、一去不复返的情况之下，唯一的辩法就是只有围绕其棺木边哭泣边绕圈子，因而便形成了绕棺的习俗，并一直流传至今，这就是绕棺的原始本义。

随着时代的发展和变迁，随着佛教的传入和影响，后人慢慢地移入了佛教的教义和内容，使其由原来的单纯的边绕棺边哭号、悲泣演变成为由道师赞唱佛义哀歌、诵以经咒并围绕棺木做出了各种花架子、舞步等动作，而改变成了当今的打绕棺了，孝子只是尾随其后，手执哭丧棒，垂首落泪，悲悲切切，痛断肝肠，沉痛悼念，寄托哀思。围绕棺木转圈，名曰作法事，实则哀思悼念亡者，难舍难分，绕到天亮，万般无奈，只有抬出去埋葬了，这就是所谓打绕棺的由来。

13. 送丧绕内容简介。送丧绕是在送亡人灵柩上山安葬途中所打的一种绕棺仪式。为了表示葬礼隆重，为了表示孝子与亡者的亲情深厚、万分的难割难舍、难分难别，在安葬途中不断地将棺木停下来，围绕棺木来回绕行，这也是寄托哀思、抚慰伤情的一种做法。

亡人棺木在途中停放时是不能着地的，必须用人抬一副三脚马跟随，在道途宽平之处安放三脚马后方能停枢。同时，用人扶住，保持稳定、牢固才能打送丧绕。

打送丧绕时，道师挂衣持法，并用香蜡师端香盘前行，香火不能断灭。同时，打了送丧绕之后还可路祭。

14. 叹十王内容简介。 十王就是十殿阎王，又叫作十殿阎君或十宫冥王。十王分别是：地府一殿，秦广大王。地府二殿，楚江大王。地府三殿，宋帝大王。地府四殿，五官大王。地府五殿，阎罗天子。地府六殿，卞程大王。地府七殿，泰山大王。地府八殿，平顶大王。地府九殿，都司大王。地府十殿，转轮大王。

除了十王之外，尚有地府左司宫崔大丞相，地府右司宫夏侯卿相。如此算来，便有 12 位大王了。

传说人死后都要往十王案下经过，逐一审问亡魂在生之时作何善恶，好来判定发放何处。为了讨好阎王，求其开恩，并且表示亡魂愿意改恶从善，一心向佛，乞求赦罪消愆，判放往好地方去投生。因此，在绕棺戏中便有了赞叹十王功德的科仪设置和举演。

第七本扫描本内容

1. 安灶神科内容简介。 安灶神是安奉灶神的意思，在人们的传承观念中，灶神是玉皇大帝派下人间主使主家吉凶祸福的神灵，传说每年的腊月二十三日回天上向天神报告其所在的那家人的言行举止，所作所为，或好或坏，有无坏良心、损阴德的事，或者有修积阴功、行孝慈善的功德，一一向上天做汇报，让上天或恩赐这家人福禄寿喜，或降下灾难祸害。到大年三十回到其家，继续履行其鉴察职责，故有"上天言好事，回宫降吉祥"的俗语之说，人们将灶神侍奉为一家之主的神灵。

安灶神有平时安奉及特殊时段安奉两种作法。平时安奉指家中有口嘴、官非、病痛等灾难时，请道师或巴代来家安奉灶神，让灶神于阴间保佑人们消灾脱难。特殊时段安奉指家中有人过世或者遭火灾之后，唯恐灶神不安而导致更大的灾难，因而也要安奉灶神以求保吉。

安奉灶神要用斋供，即豆腐、糍粑、净茶、香纸、蜡烛等，于灶房设供祀奉。可用坛班大祭，也可单人敲一符铜钹祀奉。

2. 拜礼五方佛内容简介。即参拜、朝拜五方佛圣的科仪。

3. 行香科内容简介。行香，又称作行香拜庙，是朝拜当地阴间地方神的一种仪式。大凡要做祭祀法事，都先得朝拜当地阴间的地方神才行，因为他们是掌管本地阴间的一切事务，作祭祀法事还得劳驾他们到场来做东道主神才行。

行香时，当地如果有庙宇宫观则要去朝拜庙宇宫观，或祠堂什么的，如果没有宫观庙宇，则要朝拜本地的当坊土地或城隍。

行香时，要备足香花宝烛、净茶酒礼、各种果供，用小碟盘装盛，摆在茶盘上，最好凑足三盘，方表隆重。先从正坛唱三皈依赞后，打长声锣出场，一路走到后边，放下盘子，烧纸赞唱。

4. 开路科内容简介。开路科本身就包括荐灵和开路两个部分，可单行又可合行。单行者，荐灵部分可以单独进行。合行者，开路本身就先要荐灵而后开路，本来就是一科。

荐灵又叫祭灵、奠灵，即敬送亡人酒食的意思。荐灵有多种原因，有早、中、晚餐之前，先给亡人敬送（荐灵），活人们再开饭的做法；也有在杀猪或羊来当客时，将猪羊的五花肉（内脏肉）煮熟后切片穿在竹签中共五串肉来荐灵的做法；也有亡人的女儿或外甥来吊祭时用五串肉来荐灵的做法；也有在上山安葬时路途中停丧来荐灵的做法；还有要给亡人开路送往西方去之前，先敬送酒食荐灵的做法等等，本科介绍的是合在开路科中的荐灵方式和内容。

开路荐灵部分包括欢亡、招亡、安灵、敬酒食、化财等内容；而开路部分包括求佛、揭破五方地狱真言、招亡上幡、念佛号、往生咒、奉送等内容。

荐灵开路要事先准备三碗酒、一碗茶、一碗饭、上插筷子一双、内夹一片熟肉、一碗肉、一沓纸钱等供品，摆在灵桌上。挂衣师手持铜钹、孝子持引魂旗在旁陪拜。

5. 七佛忏内容简介。七佛忏又叫作七佛宝忏，名目上虽称七佛，实际上则有八佛，本书所拜的八佛是：1. 过去毗婆尸佛，2. 拘那含牟尼佛，3. 毗舍浮佛，4. 释迦牟尼佛，5. 尸叶佛，6. 迦叶佛，7. 拘留孙佛，8. 当来弥勒尊佛。传说这是过去、当今与未来三劫无量诸佛，为适应中国人的有关"七长八缩"的传统说法，才将这八佛改称为七佛。从这个意义来说，礼拜七佛也就等同于礼拜万佛了，不可思议，功德无量。因而，从正规的佛教到民间信仰，都非常重视礼拜七佛宝忏。

本忏可在佛堂礼拜，可为自身自生礼拜，也可在绕棺戏中，不管是男亡女亡，也不管在念什么经书超度，这七佛宝忏都可礼拜，都可派上用场的。

6～8. 香山案内容简介。 香山案是在打了香山绕之后才能够举演的一种科仪戏，又可叫作对香山案。

对香山案时，要在灵前摆三张桌子，面对灵堂，成品字形，上案居中，左右案居边。

香山案主要是讲述观音菩萨修行成道的故事，内中多用《妙法莲华经·观音菩萨普门品》内的词句和内容，揭示和引导人们如何去修行，才能脱离苦海，超登彼岸。

香山案共有 12 大段演案内容，即应对了从子时到亥时这 12 个时辰(一昼夜)如何不间断地审视自身的缺点，从而达到身心清净之目的。通过对案的方式，让亡魂从中受到启发，随佛超度往生西方极乐世界。

9. 血盆上案内容简介。 血盆案是专门为女亡魂所举演的一种科仪，在打血盆绕之后，就要破血盆狱，对血盆案。血盆案共有三部，分为上案、左案和右案，要三个人轮番演唱。本科所载的是血盆上案。

本科所举演的大多是表述妇女在发育、生育中的身体不净，血水污秽而获罪报的内容，不知古人是如何看待自然物像的，这些本是人的生理必有的正常现象，但是却被描述得如此的惊恐怕人，是否有违常理，悖逆人性？世上男人难道不是从女人身上生养出来的吗？如此歧视女性，怎能说得过去啊。

10. 血盆左案内容简介。 血盆案是专门为女亡魂所举演的一种科仪，在打血盆绕之后，就要破血盆狱，对血盆案。血盆案共有三部，分为上案、左案和右案，要三个人轮番演唱。本科所载的是血盆左案部分。

本科所举演的大多是表述娘亲的养育深恩的内容，从十月怀胎叙述起，直到孩儿养大成人，时时刻刻、年年月月、里里外外，一切一切都在牵动着慈母的心，确实太伟大了，世界上的女性！这才是公道，这才叫作人性！请不要咒骂女人，不要歧视女性，她们的辛苦是值得我们尊敬的。

11. 血盆右案内容简介。 血盆案是专门为女亡魂所举演的一种科仪，在打血盆绕之后，就要破血盆狱，对血盆案。血盆案共有三部，分为上案、左案和右案，要三个人轮番演唱。本科所载的是血盆右案部分。

本科所举演的大多是表述娘亲的养育深恩的内容，从十月怀胎叙述起，直到孩儿养大成人，时时刻刻、年年月月、里里外外，一切一切都在牵动着慈母的心，确实太伟大了，世界上的女性！这才是公道，这才叫作人性！请不要咒骂女人，不要歧视女性，她们的辛苦是值得我们尊敬的。

12.杂记内容简介。这是一本记录与道场有关的各种内容的抄本。

第八本扫描本内容

1.榜文科内容简介。榜文指丧葬仪式中举演古白歌绕棺戏过程中对外张贴公布的有关内容的一种文章体裁，实质上就是把有关内容出榜公布，让大家都知道孝家、道坛在做些什么事，大家要如何配合，要注意些什么。

2～5.表文科一、二、三、四内容简介。从一到四都是向道场神圣表述乞求的内容。

6.课余偶抄内容简介。这是一种抄录有关丧葬文化内容的手抄本。

7.申文科内容简介。申文是丧葬仪式中古白歌、绕棺戏中一种向其系统的上司申报道场法会，并带有请求性质的较简便的文章体裁之一，其特点是比较简单明白，便于法事之前书写呈送。

8～11.疏文科内容简介。疏文是苗族民间道坛（苗道）在举演古白歌绕棺戏科仪中，为了加强科仪的内容成分而专门向诸佛菩萨及有关神圣进行文字沟通，表达诉求的一种较为细致的文章体裁。一般多用在法会中的请圣、迎驾等较为重要的核心仪式当中。

12.文公堂典议内容简介。灵前祭奠礼一般级别又称为"丧堂奠仪""演丧祭礼""灵前三献礼"等，高等级别称为"周公礼""文公礼"等，这里所介绍的科仪是"丧堂奠仪"型，为中等混合类型的奠仪。

丧堂奠仪大体可分为：家祭礼与客祭礼两种，亦称为主祭礼和宾祭礼。具体又可分为送终礼、丧服礼、跪拜礼、早奠礼（主祭礼）、暮奠礼（主祭、宾祭礼）、排班礼、绕棺礼、陈设礼、盥洗礼、迎灵招魂礼、参神礼、上香礼、读祝礼、初献礼、亚献礼、三献礼、通献礼、侑食礼、焚楮礼、路祭礼、墓祭礼、点主礼、安祖礼、除服礼、净宅礼等等三四十种，都是丧葬祭礼的内容和礼仪。我地的礼仪多由"巴代"来持司，故也可列为"巴代文化"圈子之内，是一种由本地习俗与儒家文化有机交融整合的丧祭模式。

丧堂祭奠是人们对亡者情感抒发的一种体现，亡者虽然已经死亡，其肉体、思维等已没有什么感觉了，但由于其在活人心目中的亲情、眷情等关系，促使人们按照活人的生活方式及习俗，设宴席来侍候、供奉于他（她），以达到安慰活人的这种依依不舍、难别难分、尊敬孝顺的心思情怀。笔者认为，这是活人做给活人观看，活人做给活人得到感受的做法，对于死人，仅仅只是提高其在活人心目中良好形象及崇高地位的一种氛围，是停留于活人思维印象中的一种幻神。

第九本扫描本内容

1.丧堂奠仪内容简介。丧堂奠仪大体可分为：家祭礼与客祭礼两种，亦称为主祭礼和宾祭礼。具体又可分为送终礼、丧服礼、跪拜礼、早奠礼(主祭礼)、暮奠礼(主祭、宾祭礼)、排班礼、绕棺礼、陈设礼、盥洗礼、迎灵招魂礼、参神礼、上香礼、读祝礼、初献礼、亚献礼、三献礼、通献礼、侑食礼、焚楮礼、路祭礼、墓祭礼、点主礼、安祖礼、除服礼、净宅礼等等三四十种，都是丧葬祭礼的内容和礼仪，是一种由本地习俗与儒家文化有机交融整合的丧祭模式。

本科为内容较齐全并有一定的代表性、广泛性和可参考性的资料，具体内容与做法可参阅卷139的概述部分。

2.奠灵科内容简介。奠灵即敬送亡人酒食的意思。有多种原因，有早、中、晚餐之前，先给亡人敬送(荐灵)，活人们再开饭的做法；也有在杀猪或羊来当客时，将猪羊的五花肉(内脏肉)煮熟后切片穿在竹签中共五串肉来奠灵的做法；也有亡人的女儿或外甥来吊祭时用五串肉来荐灵的做法；也有在上山安葬时路途中停丧来荐灵的做法；还有要给亡人开路送往西方去之前、先敬送酒食荐灵的做法等等，本科介绍的是送经拜之后的奠灵内容。

荐灵开路要事先准备三碗酒、一碗茶、一碗饭、上插筷子一双、内夹一片熟肉、一碗肉、一沓纸钱等供品，摆在灵桌上。挂衣师手持铜钹、孝子持引魂旗在旁陪拜。

3.宫口牌位科内容简介。所谓宫口是丧葬仪式古白歌绕棺戏所用的术语之一，即指古白歌绕棺戏与之相关的各种各类神圣所住的处所(住址)，因为在举演绕棺戏时，时不时地会请到他们，敬到他们。按照古白歌绕棺戏的要求，要有这些神圣作为支撑，作为人们精神世界里所崇敬的对象，这绕棺戏才能从悲哀的情感中得到释放、得到平衡、得到抚慰、得到解脱。当然，我们也都知道，这些所谓的神圣是由历朝历代人们所树建、追认起来的，但是，悲就悲在，人们在贫穷中、在困境中、在灾难中、在祸害中、在绝望中总想寻求一种依靠、一种寄托、一种幻想、一种追求、一种理想、一种出路，即使是在衣食无忧的当今，人们吃饱了饭没有事做，也会在传统观念的驱使下去想些无名无堂的事，不管是自觉或不自觉，都会有意无意地去牵强附会，即使是无神论者，他们也有精神世界，也会有无聊的时候，这些幻影怪象无孔不入，神圣便成了人们精神世界的代名词，何况大千世界，无奇不有，很多现象是解释不通的，不然哉，何有神秘一词的出现。

宫口便是神圣的居所，要请他们，要敬他们，要求他们，要知道他们的处所，在上表、上疏、化财等的时候，要有具体的处所去投呈，去敬奉。

4. 观音宝忏内容简介。观音宝忏又称为慈悲观音宝忏，共有忏头、忏文、回向三大部分，共分成三大卷，其中每大卷中又分为卷之一、卷之二、卷之三，其实就等于每卷各有三大念、唱段，如上卷之一就只有一段念白(忏悔的内容)和一段唱拜(礼拜诸佛菩萨的内容)，以下各卷各号皆同。

观音宝忏是在念诵观音经咒之后才来礼忏的，俗话说："无经不成忏，无忏不成经。"这就是说，念了经之后必须要拜忏，才能达到目的，念经为了开悟，而开悟之后须回头审视自身的所作所为，知错必改，以后不再犯，这样才能达到洁身自重，巩固开悟之后的效果，如此想来，这就是证果成佛了。

念诵观音经咒，礼拜观音宝忏，再打观音绕(香山绕)，对演香山案，用这一整套的举措和办法。仪式和作为来实现其学习观音菩萨修行，来达到证果成佛之目的，这就是佛教普度众生的具体方式和方法。

5. 行狱科内容简介。行狱科是按传说目连寻母故事中的说法来设置的一科仪式，意为人在世间，造作恶业(孽)，死后恐堕入地狱受罪，因而要依靠佛法之力到地狱中去寻找亲人，求阎君放出超生天界。行狱又叫寻狱，到地狱去寻找亲人(死者)魂魄出来，超度上天。

行狱警示人们，不要违法犯纪，不要作恶造罪，不要超越做人的道德底线，防犯罪于前，是人间创造和谐孝顺、文明道德的社会环境的基本因素。

行狱有大行狱和小行狱之分别，其中大行狱又叫连行带破、带解结，需要3个小时左右的时间。小行狱又叫探狱，要孝子用锡杖挑经书和亡灵牌位、一双草鞋，跟在道师后面，躬身弯腰，哭号而行。

6. 结界科内容简介。结界，即是划出阴间的地界，不让阴间的凶鬼恶神进入到举行仪式的地盘中来捣乱破坏。

结界仪式在坛前举行，用四个凳子摆在四角，凳子上摆香米、香盘纸马、纸钱、净茶、供果、糖饼等供品。

7. 请佛科内容简介。这里所介绍的小请佛科仪是在丧家堂屋前部举行，在堂屋中安放棺柩，在棺前挡一门板，门板前置一大桌，以门板为界扎一牌楼，谓之"孝堂"。由于此堂要举行诵经礼忏的仪式，故又称为"经堂"。门板贴上亡者灵位，再于灵位前张挂佛像，像前摆"三宝、祖师、本音先祖"等牌位。桌面上摆香米利什、香花灯烛、茶果供仪。桌中有一碗"圣水"，上压令牌。桌的左面安置鼓乐坊，一般都为"掌坛师"掌鼓，设有鼓、铜锣、包锣、头钹、二钹等乐队座位。桌的右面为磬、铛子、唢呐、香蜡师等座位。桌下置一铁锅当"化钱炉"，桌前地下铺设棉被为拜垫，"挂衣师"头戴"素帽"，身披"素衣"，手执铜钹，于桌前边唱"请圣"词边带领众孝眷们不时地礼拜坛上的神圣。

8. **请水科内容简介**。取水又名请水，即是到井中去舀取新鲜洁净清凉的水回到坛中（丧堂）来洗净坛场，然后才好请神请佛来为亡者举行超度法事。

传统观念认为，凡人的世界是一个不干净的世界，佛语称为"南阎浮提"，即"五触恶世"，而佛、神则是洁净无染的，为了使安置佛、神的坛场洁净无染，因而在未正式请佛、神之前就先要到井中取来新鲜洁净清凉之水洗洒场地。又，亡人进入阴司，也必须要沐浴洗体，也得要用井水洗洒净身，令其洁净无染，才好超凡入圣。

取水的仪式要到井边去举行。届时要准备好筛子一把，内置香米碗、刀头肉、纸钱一摞、香十二柱、酒一碗、一个水罐、内放五枚或七枚硬币（过去用小铜钱，是用来倒入井中和龙王买水的）、鞭炮一封。由香蜡师端起，与道师、孝子等一行人敲打锣鼓，于灵前演唱"三饭赞"后，出发去井边举行取水仪式。到井边将筛盘摆在井前空地，烧香9炷分三组插于井前，然后烧化纸钱，再将水罐中的硬币倒入井中，用水罐舀水摆在筛盘上，放鞭炮。回来时，孝子一行将一长匹白布顶在头上，犹如舞龙，一路回丧家。道师一行绕棺穿花，名曰"打请水绕"，然后用清水洒净。

9. **开道科内容简介**。传说人死之后，有六条道路去投生，俗称"六道轮回"。而这六条道路中，又分有三条善道、三条恶道。这三善道指天道、阿修罗道和人道，三恶道指畜生道、饿鬼道和地狱道。如果是去三善道投生则好，若是去三恶道投生，岂不苦海无边了，因此，民间便有救度三恶道的苦难，俗称"三途"。绕棺戏古白歌有救三途之说，称为"大乘三途路上引魂引路王菩萨"。而先前道坛则称为"大圣三途引接大天尊"。本科仪则是先前道坛的绕棺戏中为亡魂开冥路的内容，载出以留后世并供研究参考。

10. **三教灵幡内容简介**。指佛、道、儒三教对亡灵的各种称谓，并将这些称谓写在引魂旗（幡）上的格式和内容。

11. 散花科内容简介。荐亡散花科简称做散花科仪，又称为散花歌，是丧堂绕棺戏古白歌经典之一。

散花科仪是在一夜晚的绕棺戏进行到天快亮时，在进行完解结科仪之后，若还有时间，则可举演散花科仪。

散花科仪的举行，一则可冲淡丧堂的悲哀和凄凉，让生者得到适当的抚慰；二则可以让前来吊丧、伴葬的有才人士得以发挥出自己的聪明才智，让大众参与，让大家露才；三者，则可借此告慰死者，老"花"虽"散"，新"花"已开，并且百世其昌。散花是哀悼逝者，为撒手尘寰者祝福安魂、送行道别的，属于庄重肃穆之仪歌。人活着是一朵小花，死后回归花山圣母。

举行散花科仪之时，要挂衣师用锡杖担一竹篮，内有小纸花、纸钱团和一些钱币，过去是小铜钱，现在则用硬币，或5角或1元的不等，多少不限，在围绕棺木转圈的时候，不时地抛撒两边，让一些人(特别是小孩)捡拾。而跟随挂衣师的孝子们则每人手拿一沓纸钱，沿棺枢不断地一张一张地烧化，沿灵枢边共烧成8堆。(一边4堆) 直到散完为此。

散花不仅是道师们唱，而主要的还是让大家都来唱的。本科收录了28大项有关散花的内容，是覆盖面广、内涵度深、精亮度高的、不可多得的散花科仪。

12. 十二大愿观音科内容简介。香山绕实际上就是观音绕，着重是赞颂观音菩萨的功德与好处。佛教有传言：观音菩萨原本是大丈夫身，传到中国之后，为了适应中土的国情，为了普度广大妇女，才化现出女人身，这是为了专门救度女人而现出女身的，当然，还有马头观音、鱼蓝观音、送子观音、香山观音、面然大士等等化身。

在民间，凡有女人亡故的，小的绕棺是血盆绕，大的绕棺便是香山绕了，当然也有男女共享的弥陀绕、地藏绕等。

香山绕是在请佛之后，才来举演此科仪式的。香山绕共分为上、中、下三卷，可分三大段或三个晚上来打的，打了香山绕之后，便要对香山案才行。

13. 太阳太阴经内容简介。太阳经是专门赞颂太阳对人类世界带来各种好处的经文，太阴指赞颂月亮功德的经文。

14. 信众参圣内容简介。指道场大众参拜神圣的一种科仪。

15. 血盆宝忏内容简介。是指女人在世间产下血水污染水域而造成的罪过，要通过忏悔才能解脱这种罪孽。

16. 赈济科内容简介。赈济科又叫作打赈济，与燃蜡科相配套，俗称为"燃蜡赈济"，是中大型法会道场所举演的科仪之一。

赈济是专门给那些孤魂野鬼供食品的科仪之一，所谓孤魂野鬼是指那些没有后人供奉香火、战死沙场无人理会、非正常死亡、非家内死亡等等类型的鬼魂，亦称为孤魂子孑、魑魅魍魉。传说这些鬼魂为饿鬼道鬼魂，佛经上说其腹大如鼓，而颈细如丝，时长饥饿难忍，加上又没人供食，苦难非常。依据佛道慈悲的思想，在做道场时要供奉它们，才有功德，而亡魂才能更有把握的超生善道，孝家也才能更有利益福分。

打赈济要打五六十斤米的粑粑，除了捏八九十个粑粑之外，其余的要捏成小砣，到时好抛撒让观众哄抢，还要夹些硬币才行。同时，还要做五个大鬼王粑，用墨画上嘴脸，谓之"面然大士"。传说观音菩萨为了超度饿鬼道的鬼魂，特意化现成鬼王，俗称"面然大士"去收服它们来超度，此鬼王大粑即是此意。

打赈济要在门外空旷地方举行，用一打谷子的大方桶扑摆在地下，其上摆大桌陈供。桌前竖一桅杆，顶端系一纸扎龙旗，上书"西方接引阿弥陀佛"，扎好写成之后，放上三十六枚硬币和一些钱纸坨坨，放好之后，卷成一筒，捆在旗杆顶上，再捆上三炷香和一小封爆竹，点香待燃到爆竹后，爆竹爆炸烧断捆卷旗的丝线，龙旗自然展开下垂，硬币与钱纸砣纷纷落下，让那些围观小孩哄抢。

科仪在进行到撒粑的情节之后，挂衣师边唱边向四面八方抛撒粑粑，让观众哄抢而去，场面非常壮观热烈。

打赈济仪式在黄昏后举行。到时满地插香，以供鬼魂。供品除了粑粑之外，还有水饭，毕会时还要倒堂霉水以隔路短道。

第十本扫描本内容

1. 热坛科内容简介。热坛科又可称作行法理坛科，就是在几天几夜连续大作法会的前提下，回过头重新打理一下坛场，温热一下坛场之意思。此仪式以不定期的方式来举行，意为加重一下坛场的神秘气氛。

2. 敬表唱下马内容简介。指还傩愿唱下马酒饭时所敬上给傩神来表达诉求的抄本。

3~4. 求子内容简介。指向傩神乞求贵子的一唱词抄本

5~6. 度法问答内容简介。指在巴代过法时对说的问本和答本。

7. 度亡启建道场内容简介。启建科为道坛所主持的中型仪式、特别是大型仪式的首堂仪式，是中、大型仪式的基础和前提，意为所有仪式的开启、启首、启动，即开始修建道场的简称——启建。

启建科仪以焚香、赞佛、颂扬菩萨普度四生的功德为纲要，以救度亡者不堕恶道，超度亡魂出离苦海、往生极乐为目的来进行的。使度亡或祈福法会从一开始便抓住纲要，突出目的。这便是前人设教的指导思想和具体做法。

8. 结界科内容简介。结界，即是划出阴间的地界，不让阴间的凶鬼恶神进入到举行仪式的地盘中来捣乱破坏。

结界仪式在坛前举行，用四个凳子摆在四角，凳子上摆香米，香盘纸马、纸钱、净茶、供果、糖饼等供品。

9. 救苦血盆经内容简介。救苦经与血盆经合钉的抄本。

10. 犒赏科内容简介。犒赏即是犒劳为道坛内给亡人搬运冥钱、冥具、冥财、宝马香车等物的那些人力车夫神员的一种科仪。在过去，一些富足的人家死人要烧很多的纸钱、冥币、冥车、金山银山、金童玉女、冥屋冥具等等件项，几乎摆满屋外坪场。所有这些都得劳动车夫力士搬运送给亡人，因此才设此犒赏科仪来犒劳这些车夫力士。

凡起超度道场法会，过去都会有大批的讨米叫花前来赶道场。这些人来后，孝家包吃包住，每天还要发一碗米送其包走。在这群人中，为首者称为叫花头，负责组织活动、维持秩序。他(她)们每人都要报其家先祖一名，登记入册编入本道场的车夫力士簿内，供道坛使役，而他们本身则在上山安葬日负责抬担上述的冥财冥具到坟地，让法师依科仪化炼，交给亡魂。

11. 弥陀经内容简介。指佛祖专门讲述西方极乐世界种种好处的经文抄本。

12. 追荐科内容简介。追荐又可称为"荐往生""追度"等，实为那些在死亡的时候，因为贫穷、因为时局限制、因为条件不济、因为孝子年纪尚小等因素，在当时没有得到超度的亡魂，到后来有条件了，想要对其进行超度的，所举演的仪式便称为追荐。

追荐道场，可大可小，还可以再招集亲戚六眷前来追忆悼念，只是不能哭丧。

追荐坛场，于家于外都可设置。其法仪可与平时超度一样，请水请佛后便可接此追荐科仪。之后可以绕灵桌、设经堂、念佛诵经、燃蜡赈济等。

时下这种仪式多有举行，因为在 1958 年后直到"文化大革命"十年浩劫期间，所死亡的人绝大多数都没有得到超度，如今条件好了，政策也不限制了，这种塑造社会人性道德的民族文化得以传承与保护了，因而人们也多有缅怀先人，借此来寄托对前人的亏欠、哀思，以追荐的方式来慰平心内的伤感。

第十一本扫描本内容

1.北斗经内容简介。这是一本道教经典，教人行善积德以求得北斗星君的庇佑而延年益寿。

2.佛说阿弥陀经内容简介。这是佛教净土宗的一本经典，专门述说西方极乐世界的种种奇妙诸乐，引导人们修行念佛法门从而得生阿弥陀佛极乐国土。

3.高王经内容简介。高王经又称为《高王观世经》，实质上为赞颂观世音菩萨的一篇经文，为了加强观世音菩萨的灵感强度而念诵的一篇经咒。

4~5.观音经咒科内容简介。观音经实际上就是《妙法莲华经》中的观世音菩萨普门品，妙法莲华经者，统诸佛降灵之本致也。蕴结大夏，出彼千龄。东传震旦，三百余载。西晋惠帝永康年中，长安青门、炖煌菩萨竺法护者，初翻此经，名正法华。东晋安帝、隆安年中，后秦弘始，龟兹沙门鸠摩罗什、次翻此经，名妙法莲华。隋氏仁寿，大兴善寺、北天竺沙门阇那、笈多、后所翻者，同名妙法。三经重沓，文旨互陈。时所宗尚，皆弘秦本。自余支品、别偈，不无其流。具如序历，故所非述。

6.金刚普门纂内容简介。金刚普门纂本是两种科仪，即《金刚纂》和《普门纂》两科，亦简称为金刚纂，是为了加强《金刚般若波罗蜜经》和《妙法莲华经观音菩萨普门品》的一种科仪，本科仪多为念诵，少有赞唱。

7.弥陀经老本内容简介。

8.妙法莲华经内容简介。

9~10.诸品妙经内容简介。这是一本集中道场内各种经咒合为一本的手抄本。

第十二本扫描本内容

1.取水开五科内容简介。民间修建道场，为了洁净场地，首先得去水井取水回来，用以洗净场地中的污垢秽气，这样才能修建法会。

2.玄门绕棺度亡科。玄门绕棺度亡科包括：玉帝旛；取水科；开咽喉、解秽、安灵、绕棺请神科、玄门绕棺上中下三卷；玄门解结科；玄门开辟五方科仪、下朝语、出柩起丧科等十二种小科仪。

通过阅读这些绕棺科仪文疏表章的内容，让我们知道苗族的巴代在历史上担负着什么样的责任，在社会上起到什么样的作用，巴代文化与道教、佛教是怎样的一种关系以及人们的传统观念，对宇宙自然的概念、社会意识等方面的思想是怎样形成和进化的。

本类科仪就是人们平常所说的"牛角道场"。

3.玄门解结下坛科仪内容简介。解结，指人生在世，不按伦理道德办事，与他人结仇结怨，称为"罪业""冤孽"。人死之后，这些冤魂会来纠缠亡魂，促使亡魂堕入恶道。这些所造的"因"，将今结出报应的"果"。因此，要借助天尊之神力，为亡魂解脱这些罪孽。实质上，设教者是想通过所谓"天尊劝说"的方式，借用"天尊"说出的语言来教育这些活人，哪些是不道德，非人性，不合伦理的言行。要人们遵守伦理道德，要守人性，不要损人利己。使人们明白人生在世，哪些事情可做可行，哪些事情不可做不可行。哪些言行对人类生存有利，哪些言行对人类生存不利。使人们明白这些道理，不要做不该做的事情，将犯罪杜绝于萌芽状态，尽量降低社今犯罪概率，避免犯罪的发生，引导人们走上人生的正确道路，从而造就一个团结和谐的人类社会。下面的这些言辞中，乍看起来，表面好像是"大道""天尊"所说，实际上则完全是设教者按照人类社会所必依附的生存条件和环境、顺逆来作为评判善恶的标准而说的，完全是设教者的思想言辞。

4～6.赞唱科内容简介。傩歌、杂唱等内容。

7.史记内容简介。记录本巴代世家人员生卒年份的内容抄本。

8.和神科内容简介。和合来到道场之内各路神圣的科仪抄本。

9.求子课本二内容简介。另一套求子内容的手抄本。

10.杂唱内容简介。在傩堂内唱些古今人事的手抄本。

11.杂录一本内容简介。 杂记录与道场法会相关的一些诀法和咒语的抄本。

第十三本扫描本内容

1.大悲往生咒内容简介。 是佛教课诵里的大悲咒和往生咒合抄在一起的文本。

2.金刚经老本内容简介。 参阅有关金刚经的内容。

3.启圣规内容简介。 指启建道场和奉请神圣的科仪抄本。

4.三教一家序内容简介。 专门讲述儒释道三家原本就可以融为一家的理由。

5.升法科内容简介。 生法又叫作升法，是在要进行核心法事的前一天下午或者晚上举行的一种通报仪式，所以又被称为隔夜生法。因为第二天将要举行大的法事(法会)，要请很多的神圣前来到会，因而要在前一天给这些将要被请来的神圣下文书，使他们心中有底，不至于到时误事，这提前给他们奉送文书的仪式就叫作升法。

升法仪式先在主坛前举行，到发文函时去大门边往门外发函，香蜡师于门外接去坪场中的化钱锅内烧化，这些文函一般共有57道。

6.说法科内容简介。 讲经说法的手抄本。

7.送圣启经科内容简介。 启经科也和《取经科一》一样，是绕棺戏要念经之前必须要先举演的一种科仪。不过，彼《取经科一》指佛教之扩展演义之《西游记》中的前往西天的取经四圣(唐僧、悟空、八戒、沙僧)，而此启经科所用的是佛教内容，两者虽同一科目，实质上有其教义、教规、教科方面的差别。比如：《救苦经》《十王经》《血盆经》等，其虽以佛教冠名，但其中有的语境、语气就不是佛教的内容和表现方式，同时，佛教的《大藏经》科目内也没有这些。但是，民间从古至今又都用他们来作为绕棺戏的经典之一，已成一种传统观念，不易修改和去掉。因此，笔者认为如果要念这些经的话，便用《取经科一》，如要念《金刚经》《弥陀经》《地藏经》等的话，用此启经科则较为适合。

本科是启经与送圣同为一卷的，即卷上为启经，卷下为送圣。

8.缩坛安位内容简介。 缩坛也就是把祭坛收起来，把神圣送回原宫原殿去，以免祭坛要不断香火地祭奉，省得许多麻烦。今天的法事仪程已举行完毕，明天要明天再来奉请。

缩坛又叫返驾、回宫、送圣等，而本科中的内容则有佛、有道、有神、有圣等，融会贯通，共为一体，体现出中土人的宽怀大肚，包容大量。

第十四本扫描本内容

本册内容简介。本册收载从 2008 年至 2020 年这段时间内的留言内容，共有 9 本。留言簿是苗族巴代文化保护基地在接待海内外各大专院校专家学者进行学术交流以及各级政府部门前来考察调研后而亲笔留下的指导意见和有关评论。通过这些意见和评论，使我们能客观地看到了苗族的巴代文化是一种什么样的文化，这种文化的缺点有哪些，优点有哪些。

第八章　湘西苗族巴代文化简述

一、开头语

　　《湘西苗族民间传统文化丛书》是以苗族巴代仪式结构、仪式程序、仪式形态、仪式内容、仪式音乐、仪式气氛、仪式因果、仪式神辞（科仪脚本）的录入为主要内容，这些苗族的传统文化又被称为"巴代文化"，也就是说录入《湘西苗族民间传统文化丛书》（以下简称《丛书》）中的主要成分也就是苗族的巴代文化内容。巴代文化究竟是一种什么样的文化，在《丛书通读》本里就很有必要进行一下简要的介绍。

　　都说神秘湘西，湘西神秘。神秘在哪里？哪里最神秘？神秘在富有传奇故事的山水里；神秘在湘西山民至今仍然保持有远古蚩尤部落所创建五大文明的文化元素里；神秘在只可意会、不可言传的意识形态里；神秘在原始风貌的风情习俗里；神秘在"苗族巴代文化"体系里；神秘在人类赖以生存和发展的"利生"文化里……

　　我们常说，要想了解一个民族的文化，首先要了解这个民族的历史，因为民族文化是在历史的锻造中产生的，是从历史的故事堆里形成而爬出来的，是在历史发展过程中成熟起来的。

　　涿鹿之战的结果和苗族频繁迁徙的历程，成就了苗族的七大民族特点。一、是一个在涿鹿之战后频繁迁徙的民族；二、是一个由于频繁迁徙没有充分时间积淀而没有形成统一全民族文字的民族；三、是一个由于长期频繁的迁徙致使造成几乎与世隔绝而形成遗留有浓厚的母系社会风范、尊重女性的民族；四、是一个由于长期分散迁徙而没有官府，不属王化、以村寨为社会板块的散居民族；五、是一个由于受战后所迫、长期频繁迁徙的历史环境与条件所束缚，而形成性格内向、内敛而不张扬，低调生活，封闭保守，谦虚谨慎的民族；六、是一个在极其特殊的历史时期致使苗族形成了具有显性文化表象和隐性文化实质这二元文化结构同时并存的民族；七、是一个由于没有统一全民族的文字和其他因素而促使巴代自然而然地成为传承和守护苗族主流文化、传统因子文化的民族。

综上所述，在长期频繁的迁徙、散居且没有官府、没有文字等情况下，是什么因素把苗族从远古带到了近代？答案非常简单，是"苗族巴代"，是苗族巴代文化。

巴代文化是在苗族极其特殊历史环境条件下自然而然地形成的一种独家、独创、独有、独到、独具、独占、独特文化。她是经过历史长河的积淀，数千年以来潜移默化的培育和教化，经过数万代以来苗族人民的努力和打磨而形成的一种文化符号和品牌。她既是苗族的一种历史社会现象，又是人们生活中的一种文化实存；是古代苗族文化经济价值与精神价值的双重凝聚；是一种浓缩的心理与社会内涵的符号系统；具有文化的主体性、集中性、权威性、严谨性、科学性、有机性、前瞻性和持续性；在历史上形成具有深广强大、无可替代的凝聚力、向心力、感染力、影响力、穿透力、生命力、震慑力、辐射力和说服力；这种文化以苗族乃至人类生存哲学基点为因子，筑就了苗族生生不息、发展壮大的文化信念，这种文化信念在内则形成了民族的观念、性格、素质、气节和精神，在外则形成了民族的风格、习俗、形象、身份和标志，是苗族独特的代表性文化品牌。巴代文化得到了历史、社会及广大民众的认同，成为具有苗族代表性的一种文化符号和品牌。

几千年以来，由于种种特殊的历史原因，人们对巴代文化讳莫如深，只看到显性文化表象，无法洞悉隐性文化实质。历代的封建王朝将楚文化定格为"巫鬼文化"，将苗族认定为"崇巫尚鬼、信鬼信神、做鬼做神"的民族，把传承古代苗族主流文化的"巴代"定性为"巫师、鬼师"等等。这显然是由于不了解苗族的巴代文化，才产生出来的一种偏见和误解。正是这种偏见和误解所产生出来的民族歧视，几千年以来一直困扰着苗族，限制着苗族文化的发展和文明的升华。新中国成立后，在党和国家民族平等大团结的英明政策指引下，苗族人民才从封建王朝的歧视排挤的压迫下解放出来，人模人样地生活在世上。

"苗族巴代"于2016年8月获批为湖南省第四批非物质文化遗产保护项目名录，巴代文化也被肯定为苗族优秀的传统文化。

乡土的草根文化是民族传统文化体系的基因库，只要正向、确切、适宜地打开这个基因库，我们就能找到民族的根和魂，感触到民族文化的神和命。巴代作为古代苗族主流文化的传承者，作为一个族群社会民众的集体意识，作为支撑古代苗族生存发展、生生不息的强大的精神支柱和崇高的文化图腾，作为苗族发展史、文明史曾经的符号，作为中华民族文化大一统中的亮丽一簇，从来未被较为全面系统、正向正位地披露过。为了进一步做好民族民间非物质文化遗产的挖掘搜集、整编译注、研究利用、保护传承工作，特别是让广大的民族学学者、民族宗教学学者、"非遗"文化研究保护工作者、苗族文化爱好者、民俗文化研究者、摄影爱好者以及"苗族巴代"传承者等社会群体，能够全方位、多视角、深层次、广泛深入、细致确切地了解苗族的巴代文化，积极配合国家优秀传统文化保护传承弘扬工作和乡村振兴文化建设，特作此篇《巴代文化简述》，计划分以下 20 小节对苗族的巴代文化进行简单扼要的概述，供大家关注、阅读、掌握和了解。

苗族是个文明而古老的民族。说其古老，其历史可追溯到四千多年以前，在黄河中下游就有住满七十一个滩、八十二个湾的说法，苗族《古老话》将其称为"七十一兄、八十二弟"，即当时的蚩尤部落联盟就有七十一个大部落、八十二个小部落之多，而苗族则是其中的主要成员，这个就是苗族古老的历史。说其文明，当时的蚩尤部落就创造出了五大文明，即农耕文明、天道文明、冶炼文明、刑罚文明和宗教文明，其中的宗教文明的文化元素，成为造就苗族独特的、贯通古今的巴代文化基因要素之一。

巴代是古代苗族祭祀仪式、习俗仪式以及各种社会活动仪式这三大仪式的主持者，更是苗族主流文化的传承者。因为古代苗族在涿鹿纷争后频繁迁徙、没有统一的民族文字、不属王化、封闭保守等因素，基于历史条件的限制与束缚，为了民族的生存和发展，苗族先人机灵地以巴代所主持的三大仪式为本民族的显性文化表象，来传承苗族文化的原生基因、本根元素、全准信息等这些只可意会，不可言传的隐性文化实质，因为三大仪式的主持者叫作巴代，故其所传承、主导、影响的苗族主流文化又被称为巴代文化，巴代也就自然而然地成为聚集古代苗族的哲学家、法学家、思想家、社会活动家、天文学家、地理学家、心理学家、医学家、史学家、语言学家、文学家、理论家、艺术家、易学家、曲艺家、音乐家、舞蹈家、农业学家等，集苗族诸大家之精华于一身的上层文化人，自古以来就一直受到苗族人民的信任、崇敬和尊重。

巴代文化体系简单说来为三大仪式、两大体系、八大板块和三十七种文化。其包括了苗族生存发展、生产生活、伦理道德、物质精神从里到表方方面面各个领域的文化，成为有效地记录与传承苗族文化的大乘载体、百科全书以及活态化石；成为带领苗族人民从远古一直走到近代的精神支柱和家园；成为苗族文化的根、魂、神、质、形、命的基因实质；成为具有苗族代表性的文化符号与品牌；成为神秘湘西、生态湘西的基本要素。

苗族的巴代文化与纳西族的东巴文化、羌族的释比文化、东北民族的萨满文化、汉族的儒家文化、藏族的甘朱尔等一样，是中华文明五千年的文化成分和民族文化大花园中亮丽一簇，是苗族文化的本源井和标柱石。巴代文化的定位是苗族文化的全面归纳、科学总结与文明升华。

二、什么叫巴代

(一)巴代的含义

巴代，在其他省份和地区又称为"刀香、江香、刀沙、巴眉、闹莎"等，而湘西绝大多数地方都称为巴代，这些都是苗族特有的原始名词，其"巴"者为阳性、为上、为主、为刚、为主流之意，"代"者为儿、为下、为从、为传承接代之意，两字合意为主流文化的传承者。比如在当今"非遗"名录中的椎牛吃牯脏、古老话、傩歌、绺巾舞、傩戏、古歌、上刀梯、接龙、习俗、绝技等，没有一项不是由巴代传承下来的，而这些不过是巴代仪式中的一个小支系、一小部分内容而已。因为巴代所传承的是苗族的多元文化，故而不能单纯地将其称为祭司、老司、法师，更不能称为巫师和鬼师，因为汉语词汇中没有任何一词能概括其全部，故根据名词不能翻译的原则，巴代只能被称为"巴代"。

(二)巴代的种类

苗族的巴代有苗师"巴代雄"、客师"巴代扎"和苗道"巴代年"三个种类。

1. 苗师"巴代雄"

苗师"巴代雄"是苗族原始本有的巴代，其启教最早，生态最古，历史最长，随着苗族而产生、发展至今。其神辞全是古苗语，没有间杂汉语，在祭祀中以静态(坐或站)为主进行，法衣为紫色(或青、蓝色)，主要道具为竹枑、蚩尤铃和骨卦或竹卦，乡间将其称为"苗教、祖教、文教(坐着不动之教)或苗老师"。其所祭祀的全是苗族传统观念中的"理念性祖神"和"人性化祖神"。其"祖神"的实质便是"自我"，我即我的祖先、我的祖先即我，因为当今的我便是过去祖先的化身。所以在敬献供品时"巴代雄"总是说"我喝你喝，我吃你吃"，说完后还必须让祭主(活人)动口吃喝，而不像其他民族献供那样地将酒食泼洒奠祭于地下。还有，"巴代雄"的祭祀实质为活人祭祀活人，不像客师"巴代扎"那样祭祀木偶、神像或牌位。比如在椎牛、吃猪祭祀中有舅爷坐坛领供，在接龙祭祀中有活人龙公龙婆坐坛领供，在祭村宗寨祖、当坊土地时有村寨中德高望重的人坐坛领供等，这些都是活人接受供奉的，是活人祭祀活人的做法。"巴代雄"的祭祖与汉文化定义中的祖先崇拜、灵魂崇拜是有区别的，究其实质是自我崇拜、精神崇拜，所宣扬的是"自我不灭论"教义，行持的是"自我崇拜""自我解脱"教法。它只是借助祭祖的气氛来树立一种战胜病魔灾害、克服困难的决心和意志，一切追求和愿望都是通过自我奋斗去实现的。据目前不完全的统计，其科仪有46堂之多。"巴代雄"没有"三十六堂神、七十二庙鬼"之说，为推崇"自我崇拜、自我不灭"的单神教。其祭祀仪式所记录和传承的全是苗族生态的民族文化，"巴代雄"是正统的苗族巴代的本根、主体、大教，也就是主教。

2. 客师"巴代扎"

客师"巴代扎"是苗汉杂居、文化交融之后而形成的产物，客师"巴代扎"的产生，可展现出苗族在历史过程中，由于文化交融的作用，原有牢固单一的文化体系受到冲击而被迫做出的回应，体现了苗族文化对其他文化的包容性。他基本上是按照苗师"巴代雄"的科仪结构模式而逐渐产生出来的各种祭仪，其启教在后，在祭祀中以动态(站或舞)为主进行，其神辞全是汉语，但有的祭仪也间杂一些为数极少的单句苗语，乡间将其称为"客教、武教(仪式以动态为主)或客老师"。因为她成教于苗汉杂居而形成的文化交融之后的时期，并且其经典神辞全系汉语，其仪规的语言形态也非全系苗族原生状态，因而将其称为客师，即巴代教的客人。又因她启教于苗区，成教于苗地，行教于苗乡，故成为苗族巴代的种类之一。其所祭祀的对象有道教神、本地域内所公认的祖神和一些行业神。据目前不完全的统计，其科仪有176堂，也就是人们常说的三十六堂神、七十二庙鬼。"巴代扎"为苗汉杂居之后的多神教，她的祭祀对象是木偶、神像及牌位。木偶如"傩公傩娘"、神像如"宗坛神袖"、牌位如"玉皇牌位、太上老君牌位"等。其供品也须奠洒于地下敬奉。她与道教等宗教一样，在某种程度上包含巫鬼的成分，是苗族巴代体系中的附着物。截至目前，历代专家学者在研究苗族文化特别是祭祀仪式问题时，一直都是以客师"巴代扎"为蓝本和依据的，他们忽视了苗师"巴代雄"才是苗族"巴代"的本根主体大教这个根本性问题，从而导致了把苗族定格为"重巫尚鬼"的民族，把"巴代"定格为"巫师或鬼师"这样的误解。客师"巴代扎"虽然也是苗族巴代的种类之一，但她不是苗族巴代的本根、主体、大教，而是后来的参合物，属于客教。

3. 苗道"巴代年"

苗道"巴代年"在苗区又被称为"道师"或"道士"，虽名目上讲其是"道师"或"道士"，但道教的宫观庙貌道派支系又不承认他们，有的人说其是佛教，可佛教的寺院庵堂各大宗派也不承认他们，因为他们没有三皈，也没有什么戒律。因其是一种以丧堂为戏台、以棺木为中心、以哀念超度亡者为内容，并带有本地宗教性质的地戏，鉴于其本质、内容和表现形式，人们将其称为融合佛教、道教及本地习俗于一体的绕棺戏。其宣演教义教法的教团称为"道坛"或"苗道坛"，其成员组织称为"坛班"。

在湘西苗区内的花垣、保靖、凤凰、泸溪、吉首等县，几乎每村每寨都有一两坛苗道坛班，村寨每每有人去世时，都必须请道坛班子演唱绕棺戏，俗称"请道师"或"打绕棺"，教法极为盛行。据目前为止不完全的统计，道坛"巴代年"的科仪有172堂之多。

巴代是一个有教主(祖神)、有教团(坛班)、有经典(神辞)、有仪规(祭仪)的综合体，这种严谨的结构模式一直都是千古遵循，亘古未变。

巴代的教主是祖神，祖先即我，我即祖先，自我不灭，一脉相承，崇拜自我。这种我命在我而不在天的顽强自信精神，正是苗族在种种艰难曲折的逆境中能够生存和发展下来的强大支柱。

巴代的教团(坛班)少则有"三兄四弟"，多则有"三十六名"，共同组成一坛的师兄师弟。他们也与远古时期的部落成员一样，用他们的言行共同担负起传承民族文化的责任。

据目前整理，巴代的经典(神辞)共有399章(堂)、7893节。这些经典如实地记录和传承了苗族的古代史、发展史、文明史以及社会文化的方方面面。比如，古老话属于巴代神辞的一个很小的支系，在椎牛时讲世界起源人文族史迁徙定居古老话、在敬雷神时讲宇宙自然古老话、在主持婚嫁仪式时讲婚嫁姻亲古老话、在主持吃血时讲誓盟古老话、在主持丧葬时讲火把古老话、在主持理论辩对时讲理辞古老话、在主持村规民约时讲规款古老话等，这些都是巴代经典的一个很小的支系，都只是一小部分而已。巴代经典就是苗族文学，是苗族文化的一部分。

巴代的仪式是苗族历史再现的活化石，通过巴代仪式这一特殊的载体，苗族远古的社会环境、时代背景、生活习俗、历史文化等被记录和传承了下来，在当今起到了培根铸魂的重大作用。以上"四有"的结构模式和作用，促使巴代如实地记录和传承了苗族的历史与文化，成为传承苗族文化的大乘载体、百科全书以及活态化石。

巴代是苗族特有的原始古语名词，有的人将其机械地译成祭师、法师、老司甚至于鬼师和巫师等的做法是极不科学也不全面的，特别是鬼师和巫师这一历史上遗留下来并强加在苗族巴代阵营中的贬义词，历朝历代以来已在一定程度上污染了苗族的文明史和巴代文化的圣洁。巴代作为苗族的原始古语名词，按照学术界"五不翻"原则中的名词不翻的规定，"巴代"是不能翻译的，更何况汉文词汇中没有任何一词能够包含其整体意义，巴代就是巴代。

三、巴代的功法

巴代的功法简单说来有"写、画、雕、扎、剪，吹、打、舞、诵、唱，绝技医和功，诚善祈福康"十五种功能。

1. 写功

巴代的写功除了要会书写正宗的原始符篆文、甲骨文、金文、篆体、楷体、草体文字之外，还需写出具有特色的祭祀文字，比如汉字注音的苗语神联、会意字文、组合字文、意向字文等。会意字文如"中"字，上写"不"，左下写"上"，右下写"下"，苗语读作"虫"，即不上不下而居中之意。再如"山"字，上写"大"，中写"高"，下写"地"，苗语读作"苟"，即大高地为山之意。再如"天"，左写"气"，右写"清"，即青气为天。还有"地"，上写"山"，中写"水"，下写"土"，即山水土合在一起为地。诸如此类，引申而展，极有特色。

写功既是巴代才华素质展示的窗口，也是营造庄严肃穆坛场气氛的重要措施和方法之一，更是衡量巴代艺道高低的一根标尺。

2. 画功

巴代的神轴神图多达几十种，牌位图像也有很多，作为巴代，不仅要会画不脱谱、作色艳丽、活灵活现、古色原意，而且要对其历史、出处、作用了如指掌、熟知不误。纵观古今，神灵是由人塑造出来的。有的是人们想象中的神，有的则是人们所敬仰的人死后被封为神。他们之所以被人们追认为神，是由于人们对他们怀有好感，对其抱有乞求依赖、精神寄托。通过画功将其形象描绘得端庄肃穆，给人以慈善威严、可敬可依之感，从而使祭祀达到良好的效果。

3. 雕功

巴代所用的神像面具、功曹神马、印版图章、法器道具多达七八十种，这些巴代都得熟练地雕刻才能使用。雕功居于画功之上，是对画功的进一步延展和升华。神像面具雕好之后，戴在活人脸上，配以装扮，舞蹈跳跃，可以直接起到视觉上的立体效果，这种效果可以娱神娱人，把祭祀仪式活动推向高潮。

4. 扎功

巴代在设置祭祀坛场的时候，这扎功便显得尤为重要，只有扎得活神活现、栩栩如生，以此来代替祖堂神境，才能达到庄严坛场、物化神境的效果。巴代扎功有扎"祖堂神坛、桃源仙洞、梅花仙殿、金洞银花、功曹土地、护法神王、金童玉女、灵屋殿堂、金山银山、铁鼎神马、牌楼匾对"等50余种。

5. 剪功

剪功在设置神坛中显得尤为重要，庄严坛场、物化神境是以剪功为基础的。这里所说的剪功即剪纸工艺，巴代的剪功配合扎功统称为"纸扎纸剪"，应该同属一个系统才对。但在一些中小型祭祀中，多用纸剪而不用纸扎，故将其分别论述。剪的名目有：纸马长钱、吊挥吊卦、花卉图案、飞禽走兽、人物形象、器具物品、齿花边格、旗幡兵器、梅花格、钱币格、中秋格、绣球格、门窗格、叶枝格、雾里花等120余种。名目繁多，花样怪杂，做工精细，具有很高的文化艺术价值和化心作用。

6. 吹功

吹功包括牛角、长号、唢呐、芦笙、竹笛、木叶等，其名目、种类、曲牌多达40余种。巴代的吹功光是牛角一项的便有：玉皇角、老君角、三清角、三元将军角、九州角、请神角、送神角、下马角、立营角、结界角、巡坛角、更角、接兵角、出坛角、管兵角、接雷神角、发兵角、收兵角等30余种。

7. 打功

巴代的乐器有鼓、锣、钹、铛、包、铃、柝、筶等十多种，其乐谱曲牌板眼有长声锣、转身锣、点锣、更锣、九锤锣、慢上紧、两头忙、两节瓜、凤朝阳、狮滚球、鬼挑担、路长引、蜻蜓点水、阳雀洗澡等70种之多。作为巴代，要求做到即拿即打、随拿随打，一打即合，即打即合。打击乐若不到位，祭祀演教则是无法进行的。

8. 舞功

舞功如椎牛中的鼓舞、播谷舞、迁徙舞，吃猪中的除怪舞、扫邪舞，傩祭中的绺巾舞、罡步舞、九州舞、傩戏子诸般舞等。作为巴代，至少应掌握二十几种舞蹈。

9. 诵功

诵功即念诵神辞。巴代的神辞到目前为止，据不完全的统计约有399（堂）、7968节、咒语300余宗、法水100余碗等巨大篇幅。在古代没有文字的情况下，巴代形成了口口相传的习惯，加上历代以来一直将其作为价值很高的艺道而严禁外泄，直到现在，很多的巴代坛班还不准用文字记录，过去曾有"外姓不传、六耳不传（凡有三人六耳在场者）、轻浮不传"等说法。这样巨大篇幅的神辞（包括诀、咒、水在内），靠巴代一句一句地随上代师父去学，代复一代地口口相传，背诵而来。因此说巴代不是巫，不能见神面鬼，不能和鬼神直接对话，其神辞是学来照念的，这是一件极为艰辛和困难的事情。

10. 唱功

巴代在祭祀中的腔和调多达80余种。在什么场合、什么时间要用什么腔调，都被巴代的祖师爷们规定得十分严格。因为苗族是一个没有文字甚至连语言都极不统一的散居民族，在古时就有散居于黄河流域71个滩、82道湾的诸多部落。当时就有71腔82调之多的音符。可到了崇山峻岭的湘西这一边陲寒地之后，如今只剩下56腔43调了。在巴代最常用的这56腔43调里，每腔都传承了一支或一系之音腔，每调则取用了一处或一地之音调。这些腔调由巴代传承下来，成为祭祀中所吟唱的基本腔调。唱功中有腔、调、赞、咏、吟、申、颂、白等。如云水腔、喊魂腔、敬酒腔、娘娘腔等等。在这些腔调中，有苦难的呻吟，有怨恨的号啕，有悲哀的叹息，有愤怒的呵斥，有激情的呐喊，有深情的呼唤，有清晰的表达，有平静的叙说，有轻松的嬉笑，有欢悦的调戏，有委婉的吟诵，有恭敬的陈述，等等。这些腔调无不都在述说着古代的历史，唱响原始的音符。

11. 自然功

自然功即按自然法则作用的一种功能，又称世间法。如上刀梯、摸油锅、端犁口、卧钢叉、滚刺床、吃火、踩铧口、咬碗、吞竹签等。自然功在传统习俗中又叫作巴代绝技，是巴代文化圈中的一个支系，同时也是巴代文化千奇百态中的一种表现形式。它用事物反串的原理，巧妙地把握物极必反的走向规律，有效掺和了物理学、化学、哲学特别是心理学等学科的技艺，充分提取深层次的内在物性，让其走向极端而产生反串，使其现出反常现象，给人以一种世出世间的神奇感受，营造出信士与其祖神沟通的气氛，增强其战胜病魔、摆脱灾难、跳出困境的信心和意志，达到清泰安康之目的。

绝技的主体是一种思想行为。她凝聚了施者与受者的思维，使其达到以心转物的高等境界，升华到世出世间法则，从而激发出人可胜天的斗志，打破逆来顺受的奴隶意识，打牢我命在我而不在天的理念基础，竖立起"人类本身才是世间真正的主人"的坚定信念。

12. 超自然功

超自然功是超出自然法则的一种功能，术语上又称"出世间法"。如神话中所提到的一些隐身、变幻、遁行、赶尸、神化搬运等违反常规的法术。虽然当今巴代多已失传此功，但现代科学领域正在试图研探，比如量子纠缠、暗物质互动变化等，就是现代人眼中的超出自然法则的奇特现象。

13. 慈善功

作为巴代不仅要才华出众，素质高尚，更要为人慈善，品质优良，强者不惧，弱者不欺，尊老爱幼，诚信厚道，本分老实，机智灵活。如此才能服心于民，取信于人，才能成为病者、弱者见了能产生出一种可以信仰和依赖之意的人。过去人们常说，病人看见巴代或药师进屋，病情便先退三分，说的正是此意。只有具备以上人品，才堪称巴代，成为受人尊敬、信仰崇拜、德高望重的师表人物。

14. 医药功

过去苗族的巴代，十有八九都会草药，是个多面手的人物。乡人一旦染患疾病，首先想到的便是去找草药医治，这集巴代和药师于一身的人物便会应请前去治疗。小病小伤一般多用咒水解决，如鱼刺或竹签卡住咽喉，巴代则多用诀法和咒语给化"鸬鹚水"（一说为"落池水"或"化刺水"）来解决。如一般的跌打损伤、破皮流血，巴代则多用"止血水"或"接骨水"来解决就行了。对于严重一些的，则要用草药来医治。过去乡间的巴代，最少也会百十来种草药，多者则会数百上千种草药。只有识草药、懂医术的巴代才堪称完美的巴代。

15. 和合功

在和合与调解方面，有疏导心结、组织制订椰规寨款（村规民约）、维护自治、劝合破裂家庭、解答疑难、安慰人心、公断悬案（吃血誓盟）等。

以上这些，既有物质文化艺术形态，又有非物质文化艺术形态，通过物化形态、时空形态和意识形态等方式来反映人类不忘本、求生存、求发展、求幸福美好的一种强烈心态。至于巴代的手诀文化、理念文化、围猎文化、农垦文化、生育文化、性爱文化、医药卫生文化、修造建筑文化、工艺文化、体育武术文化、饮食文化、器物文化、服饰文化、军事文化、规款制度文化、礼理交际文化、婚嫁喜庆红文化、丧葬白文化、礼仪交际文化、公平分配文化等方面的文化，由于篇幅有限，在此就不细表了。

四、巴代传承古代苗族的文化因子之作用、价值和意义

世界上每个民族都有属于本民族的文化因子，在这个因子上所形成的文化信念，建立起文化基因平台，以及所树立起来的文化品牌，成为这个民族区别于其他民族的独特文化。并以此来锻造民族精神，彰显民族气节，标识民族象征，展示民族风格，表明民族身份，支撑民族生生不息、发展壮大。

每个民族要想跨入世界先进民族之林的阵营，都必须要创建树立起自己先进文明以及高超独特、强势优越的核心文化，即能支撑造福人类的文化高点、亮点、精神、气节、符号和品牌。唯有如此，才能使本民族生生不息、不屈不挠、顽强拼搏、发展壮大、兴旺发达、繁荣富强，才能使本民族稳稳当当地屹立于世界先进民族之行列，才能称得上是一个先进的民族、一个文明的民族、一个复兴的民族、一个伟大的民族、一个永远立于不败之地的民族。

一个伟大的民族必须是一个有人性道德的民族，一个有文明素质的民族，一个有礼仪诚信的民族，一个有远大目标的民族，一个不忘根本、光前裕后的民族，一个崇敬英雄、维系大公的民族，一个有明智净慧、团结和睦的民族，一个有慈善博爱、高尚文化的民族，一个不屈不挠、不畏艰难、奋斗不息的民族。只有具备以上各个条件，才能算得上是一个伟大的民族。只有传承民族文化，发扬民族精神，坚守民族阵营，恪守民族道德，才能为中华民族伟大复兴创造条件、打下基础、贡献力量，助力实现中华民族伟大复兴的目标。

每个民族、每种宗教都有不同于其他民族、宗教的文化因子，比如佛家的因果轮回、慈善涅槃、佛国净土，道家的五行生克、长生久视、清净无为，

儒家的忠孝仁义、三纲五常、齐家治国，还有纳西族的"东巴"，羌族的"释比"，东北民族的"萨满"，土家族的"梯玛"等，无不都是严格区别于其他民族或教派的独特文化因子。

我们都说，苗族是个文明而古老的民族，作为古代在黄河中下游最先创建农耕文明、天道文明、冶炼文明、刑罚文明和宗教文明这五大文明的古老民族，她的文化因子是什么呢？她的文化的根在什么地方？她的精神支柱又是什么？其生生不息、顽强拼搏、发展壮大、兴旺繁荣的动力起搏点在哪里？这些难道不是摆在研究苗族文化的专家学者们面前的重要问题吗？

哪种文化才堪称苗族的文化因子呢？是"巴代"，是"巴代文化"。巴代文化的核心哲学思想就是人类真性的"自我不灭论"，从而形成了人类"自我崇拜"或"崇拜自我、维护自我、服务自我"的生存哲学体系。这种理论和实践体现在苗师"巴代雄"祭祀仪式的方方面面，比如上供时所说的"我吃你吃，我喝你喝"，讲过了还得将供品一滴不漏地吃进口中，意思为我吃就是我的祖先吃，我喝就是我的祖先喝，我就是我的祖先，我的祖先就是我，祖先虽亡，但他的血液却流淌在我的身上，他的基因附着在我的身上，祖先的化身就是当下的我，并且一直延续到永远，这个自我真性没有灭掉。同时，苗师"巴代雄"所祭祀的对象既不是木偶，也不是神像，更不是牌位，而是活人，是舅爷或德高望重的活人！这种祭祀不同于汉文化中的灵魂崇拜、鬼神崇拜或祖灵崇拜，而是实实在在的、活生生的自我崇拜。苗师没有三十六堂神、七十二庙鬼之说，是"自我崇拜或崇拜自我、维护自我、服务自我"的单神教。

人类的"自我"真性是永存的，是永恒的，从而形成"自我崇拜"或"崇拜自我"的核心信念文化因子，这就是苗族不同于其他民族的文化基因。这种作为苗族文化基因的因子，在不同层面、不同时段蕴含着不同的价值能量，实实在在、无处不在地存在并活跃于人类生存哲学阵营中，但从古到今，从国内到国际的哲学领域里，丝毫没有被触摸到，古今中外从未被提及过，怪哉乎？

"苗族巴代"于2016年8月获批为湖南省第四批非物质文化遗产保护项目名录，充分说明巴代文化也是苗族优秀的传统文化之一。

巴代在表面上是古代苗族三大仪式的主持者，而体现在这三大仪式中的艺道(技艺)有"写、画、雕、扎、剪，吹、打、舞、诵、唱，绝技医和功，诚善祈福康"。这是巴代外在所传承的15种艺道功法。然而，这15种功法仅仅是苗族二元文化结构中的显性文化表象罢了，而更为重要的是，巴代要传承苗族文化体系中的隐性文化实质，即传承民族的文化因子，这才是巴代的主要责任。

巴代实质上是古代苗族主流文化的传承者，其所传承的是"人类真性、自我不灭——这一苗族精神特质内在的文化因子"。在这个因子上所产生出来的文化信念，在内形成了苗族人特有的观念、性格、素质、气节和精神，在外形成了不同于其他民族的风格、习俗、形象、身份和标志，这就是由文化因子、文化信念所培育出来的根和所铸造出来的魂，从而形成了民族的灵魂。所以说，巴代所传承和践行民族的文化因子是"培根铸魂"的伟大事业和工程，这就是巴代传承古代苗族主流(因子)文化的内在实质和具体内容。

从生物学的角度来说，世界上一切有生命动植物的活动都是维护自我生存的活动，维护自我毋庸置疑。

从人类学的角度来说，人类的真性自我不生不灭，世间人类自身的一切活动都是围绕有利于自我生存和发展这个主旨来开展的，背离了这个主旨的一切活动都是没有任何价值和意义的。

从社会科学的角度来说，人类社会所有的科普项目、科学文化，无不都是维护有利于人类自我生存和发展这个主题来展开的，如果离开了这条主线，科普还有什么价值和意义？

从人类生存哲学的角度来说，其主要的逻辑范畴也是紧紧地把握人类这个大的自我群体的生存和发展目标去立论拓展的，自我生存就是最大的逻辑范畴。

从民族学的角度来说，每个要维护自己生生不息、发展壮大的民族，都要有自己强势优越、高超独特、先进文明的文化来支撑，而要得到这种文化支撑，其主体便是这个民族大的自我。

从维护小的生命个体的小自我到维护大的人类群体的大自我，是生物世界绕不开的总话题，因而，自我不灭、自我崇拜或崇拜自我、服务自我、维护自我，在历史上早就成为巴代文化的核心理念。

正是苗师"巴代雄"所奉行的这个"自我不灭论"宗旨教义，所行持的"自我崇拜"的教条教法，涵盖了极具广泛意义上的人类学、民族学、哲学文化领域中的人类求生存发展、求幸福美好的理想追求。也正是这种自我真性崇拜的文化因子，形成了我们的民族文化自信，锻造了民族的灵魂素质，成就了民族的精神气节，坚定了民族自生自存、自立自强的信念意识，产生出了民族生生不息、发展壮大的有生力量。这就充分说明，苗族的巴代文化既不是信鬼信神的巫鬼文化，也不是重巫尚鬼的巫傩文化，而是从基因实质的文化信念到灵魂素质、意识气魄的锻造殿堂，都是彻头彻尾的精神文化，这就是巴代文化和巫鬼、巫傩文化在根本上的区别所在。

乡土的草根文化是民族传统文化体系的基因库，只要正向、确切、适宜地打开这个基因库，我们就能找到民族的根和魂，感受到民族文化的神和命。巴代作为古代苗族主流文化的传承者，作为一个族群社会民众的集体意识，作为支撑古代苗族生存发展、生生不息的强大的精神支柱和崇高的文化图腾，作为苗族发展史、文明史曾经的符号，作为中华民族文化大一统中的靓丽一簇，从来未被较为全面系统、正向正位地披露过。如能洞察熟知巴代文化的完整体系，我们就能全面地了解和掌握苗族文化的根源脉络、神质形命了。

五、巴代传承人类仪式文化之作用、价值和意义

仪式与祭祀是人类传统文化的主要源头、根本和基础，其涉及人类生存发展中的政治、军事、生产、生活等各个领域，仪式文化是人类的本根文化。

仪式，用现代语言来说，也就是人类的各种社会活动如祭祀、婚丧、开业、奠基、乔迁、集会、庆典、出师、结盟、缔约、宣誓、咒断等各种礼节的程序程式、标准步骤。仪式规模大到皇帝登基、开国大典、国际结盟，小到平民百姓的婚丧嫁娶、建筑修造、开业乔迁等。在人类所举行的一切有分量、有主导价值的社会活动中，一般都要举行相关的仪式。

仪式文化的历史可追溯到人类的原始时期，比如在考古发现的甲骨文中就有关结盟、誓约等内容，这就是仪式文化的体现。在现代生活中，大到国家的政治军事活动，小到平民百姓的生产生活，都有仪式文化的贯穿与融合。比如在国家庆典集会活动中，要通过升国旗、敬礼、唱国歌、鸣礼炮等仪式来升华大家的爱国主义政治热情，以此达到凝聚人心，加强团结，形成合力，共同担负起建设祖国、维护尊严、保卫祖国之目的；在军事活动中要有升军旗、奏军乐、战前动员、誓师大会等仪式，以此达到整军容、壮军威、竖立起勇往直前、战无不胜的坚定信心之目的；在开业、奠基等活动中，要举行择好日、放礼炮，有的还要祭财神等，以此来扩大影响、笼络人际关系、树立起运筹发旺的决心和意志；在制订榔规寨款、缔约结盟时要举行鸣锣喊寨、聚众集会，过去曾有断香过火、杀花猫或雄鸡、喝血酒立誓约的仪式，以

此来营造庄严肃穆的神秘气氛，达到制约坏人坏事、制止反叛出现之目的；在婚姻庆典活动中，要举行结婚典礼，通过上花轿、出娘家、过火入宅、拜堂成亲等程序，营造出夫妇相亲相爱、同德同心、平等互敬、白头偕老的气氛和意志；在亲人过世时，要举行祭奠演礼、掩棺扫魂、哭丧伴葬、迎灵入祖等仪式，以此达到寄托哀思、自慰节哀、尊老尽孝之目的。如此等等，我们生产生活的方方面面，无不与仪式有着千丝万缕的密切关系。所以我们说，仪式文化是传统与现代文化的根、本、魂、命与实质，没有仪式文化的作用，人们的精神力量将难以得到集中，难以发挥和产生作用。仪式文化成为人类生存发展不可缺少的文化之一，其不光是人类传统文化的源头和根本，还将贯穿到今后人类生存发展中的各个环节。试问，如果没有仪式文化的作用，人类社会团结和谐与互助合作的精神支柱和力量源泉又怎能发挥得尽善尽美呢？

由此可以看出，仪式主持者一职，类似古希腊神庙里的祭司，又与中国古代官职"司礼"、现代活动主持"司仪"、各种会议的"主持"是一样的。无论是祭司、司礼、司仪还是主持，不仅要求担任者德高望重、充满公信力，还要求担任者掌握专门的技巧和法度程序，可见巴代在苗族三大仪式中所扮演的是一位多么重要的角色。

我们之所以提出这样一个看似幼稚可笑但又十分严肃重要的问题，只是想提醒当今的研究者，特别是重点研究人类学、民族学的专家学者们，请把重心和力量的一部分转移到研究仪式文化这个领域中来，从中找出其根本和逻辑，以至于全面地发现它的社会作用、价值和意义。

巴代是苗族三大仪式的主持者，更是苗族文化的传承者和人类仪式文化的践行者。我们除却其传承苗族文化这么一项重要的历史使命和任务不谈之外，光是践行人类的仪式文化这么一个重要职责，也足以体现出其重要的社会作用、高度的社会价值和深远的历史意义了。

在巴代所主持的三大仪式中的仪式结构、仪式程序、仪式形态、仪式音乐、仪式言辞中，包含了苗族的哲学如自然规律法则、行为准则、对立统一、质量互变、否定之否定等；易理如乾天坤地、阴阳刚柔、生克制化等；政治如规款制度、公平分配、血盟赌誓、自治规约等；军事如行兵布阵、进退攻守、战略战术等；礼仪如理、礼言行、和谐交际、婚丧贺悼、人格道德等；文学如各种古老话、礼理词、苗歌、苗辞等；生产如围猎捕捞、农耕种植、修筑建造、织绣染缝、发明创造等；生活如饮食服饰、起居住行、医药卫生等；文体如工艺美术、体育武术、声乐曲谱、舞蹈娱乐、鼓龙狮舞、玩年庆节等；繁衍如恋爱嫁娶、生育繁衍等有关苗族的生产生活、物质精神的从里到表各个领域的文化。

六、巴代传承与践行古代苗族祖先文化之作用、价值和意义

巴代文化最具代表性的文化元素之一就是祖先崇拜。

以色列著名的历史学家尤瓦尔·赫拉利在《人类简史》一书中说：大约在135亿年前，经过所谓的"大爆炸"之后，宇宙的物质、能量、时间和空间才成了现代的样子。宇宙的这些基本特征，就成了"物理学"。在这之后大约过了30亿年，物质和能量开始形成复杂的结构，称为"原子"，再进一步构成"分子"。至于这些原子和分子的故事以及它们如何互动，就成了"化学"。大约38亿年前，在这个叫作地球的行星上，有些分子结合起来，形成一种特别庞大而精细的结构，称为"有机体"，有机体的故事，就成了"生物学"。到了大约7万年前，一些属于"智人"（Homo sapiens）这一物种的生物，开始创造出更复杂的结构，称为"文化"。而这些人类文化继续发展，就成了"历史学"。以上的这些论述，在学术上都应划归祖先的范畴，都属于"根"的原点。

祖先崇拜在中华民族文化体系中又被称为祖先文化，而祖先文化的阵营中又可分为人性祖先、物性祖先和理性祖先三大板块。

（一）人性祖先

1. 家祖九族

家祖指的是本家祖先，一般是上到始祖、鼻祖，下到高祖、曾祖、祖父、父亲，这原则上都属于家祖的范畴。中国的传统观念认为，人有亲戚六眷之情，具体说来为人的九族。九族有几种说法：一般认为九族指的是父族四（姑之子即姑姑之子、姊妹之了即外甥、女儿之了即外孙、己之同族即父母兄弟姐妹儿女）、母族三（母之父即外祖父、母之母即外祖母、从母子即娘舅）、妻族二（岳父、岳母）。另一种说法是"高曾祖、父而身、自而子、自子孙、至玄曾"。即高祖、曾祖、祖父、父亲、己身、子、孙、曾孙、玄孙。关于九族还有一说，即鼻祖、远祖、太祖、烈祖、天祖、高祖、曾祖、祖父、父亲共上辈九祖，这些都是人生在世有着十分亲密的关系的祖宗。

2. 360 位行业祖师

如农业的后稷神农氏、裁缝业的轩辕氏、建筑业的鲁班、蚕丝业的嫘祖、教育业的孔子、商业的赵公明、酿酒业的仪狄和杜康、织布业的黄道婆、冶炼业的蚩尤、餐饮业的易牙、豆腐业的刘安等，在传统的说法中，这种行业祖师共有 360 位之多，这就是行业祖先的范畴。

3. 村宗寨祖

在苗乡，村寨的人都把安在村头寨尾古树丛中的当坊土地叫作"阿剖斗冬"，即"村宗寨祖"之意。苗族是一个在涿鹿之战中不断迁徙的民族，在边远闭塞的山地定居之后，一般都以单姓人为一村一寨而居住，直到近代才杂有极少量的杂姓。这种模式充分肯定了一种事实：即此村此寨的地盘是第一对夫妇先开发、先居住的。此村寨的人户都是这对夫妇发起来，都是他们的子孙，他们在生之时是这块地盘的业主，死后则成为管理这块地盘的神，即俗话中所称的"土地神"，又称"当坊土地"，意为管理这块地方、这块地盘的"土地神"。其实他们就是本村寨的"村宗寨祖"，也就是一寨人的祖先，苗语称为"阿剖"。这与汉文化中的土地、城隍的含义是不相同的。又，此村的第一双先人来到这里的时候，原始古木参天，荆棘丛林遍地，全是原始景象。当时不可能有木房来居住，只有用岩块砌墙，用岩板盖在上面遮风挡雨来居住。经过漫长的历史岁月，社会进步了，人类发展了，人户满村满寨了，原始古木没有了，人们住上木房子了，每家每户都把自己的"七代祖公、八代祖婆"安奉在地楼板上火炉边的中柱下，而把远古时期村寨的建造人安奉在村中古树丛中的岩板屋内，由全村寨的人来供奉。因而苗乡村寨的土地堂都得定位在古树丛中，又必须得用岩板起屋来安奉，用这种模式来保存他们远古时期的那种居住环境和状态，这就是真实意义上的原生态生活环境。同时也凸显出教育人们要保护好人类赖以生存的生态环境，人类才能良好地发展下去。这就是苗乡把当坊土地安奉在村头寨尾古树丛中的岩板屋的原因，也是远古时期人类居住环境的"活化石"。

苗家人认为，这村宗寨祖之所以能在远古时期那种虎狼成群、没有医药卫生、缺吃少穿的条件下生活下来并且不断地发展壮大，直到当今的满村满寨、幸福美满，正是因为他们有天生的自我保护能力、生存能力和掌控能力，用过去的话来说，叫作"神力"。这种神力能够掌控虎狼虫蛇，使其不伤人畜；这种神力能够抵制外侵，维护村寨的平安；这种神力能够控制瘟疫、火灾和是非口嘴，使村寨吉利；这种神力能够消疾去病，延年益寿；这种神力能够发达兴旺，使村寨能有顽强的生命力，并不断地发展和壮大；这种神力能够维护村寨团结和谐；等等。总之，这种神力能够驱瘟除灾、维护平安吉利。因此，一旦村寨中反复、多次出现了人畜瘟疫、虎狼伤人畜、火灾、与外界纠纷、因伤而亡、村内不团结等情况的时候，村中德高望重的人就会出面组织策划、捐集钱米、筹办供品并请巴代来举行敬奉村宗寨祖的祈福保安仪式活动。

4. 胎卵湿化四祖

胎卵湿化又叫作"四生动物"，即胎生动物、卵生动物、湿生动物和化生动物四种。凡是通过怀胎出生的叫作"胎生"类动物。通过卵生，即下蛋产卵而出生的动物叫作"卵生"类动物。凡是水域内的动物又可叫作"水生"类动物，比如鱼类虽然是产卵出生，但还是属于水生类动物。至于化生类动物，在某种程度上可以说成细菌化生，但细菌及其化生是有很多条件的，比如我们舀一瓢清水去太阳下晒个三五天，便会看到水中有很多的小红虫，这就是清水受热之后所化生出来的虫子，这就是"化生"类动物。凡是成就出生的类基因，原则上都属于祖先的范畴。

5. 基因组合

DNA 指的是成就"物种"的"类基因"，由于这种"类基因"有各种不同的组合方式，所成就出来的生命体便会从内到外呈现出不同的形态和作用。物种从"属"到"种类"再到"科"的划分，其基因都应是 DNA 的区别，这是当代科学所证实了的。比如驴和马，它们虽然有共同的祖先，也有许多类似的身体特征，还能够交配，但产出的下一代是骡，是不具有生育能力的，驴的DNA 突变不可能会传给马这个动物，而马的 DNA 也不可能传给驴。再比如猫科动物(狮子、猎豹、家猫)，犬科(狼、狐狸、豺)，象科(大象、长毛象、乳齿象)，等等。不管是家里的小猫或凶恶威武的狮子，都来自大约 2500 万年前的某头祖先。

(二) 物性祖先

物性祖先则包括物种类别以形状颜色、软硬韧碎、温凉寒热、生存方式、物理化变、功能作用等内容。在物性祖先问题上，所有的动植物、化合物的原本性质都严密地保持其基因和性能，这就是物性祖先的实质。

(三) 理性祖先

理性祖先如苗师"巴代雄"所主持的椎牛祭大祖神"林豆""林且"，即规律法则、行为准则神。还有在吃猪仪式中所敬奉的元祖神"拔囊祝林""浓囊祝共"这阴阳两性元素神，充分表明了道法自然、原点起搏、周期律循环、生老病死、繁衍生息、纲目主次、本根基因、理性祖先、其宗则然等内容。在理性祖先问题上，宇宙间所有的事物都是在规律法则控制下生存和运行的，无一例外，这个祖先至高无上。

人性祖先为基因、为原则，物性祖先为根本、为法则，理性祖先为理念、为规则。这原则、法则和规则三者都是人类生生不息、发展壮大、走向幸福美好所必须依附的条件，是人性道德、社会和谐所必须遵守、不可逾越的标准底线。因此，祖先文化是维系人类生息繁衍、发展壮大、走向幸福美好的根性文化，这就是苗族巴代文化体系中所包含的 37 种文化元素之一。

俗话说："民惟邦本，本固邦宁，民之根者，唯祖是源，祖先文化，恭敬先贤，德之深厚，无可替代，忘却根本，惹祸招灾。"这是总结了千百年以来的实践经验而得出的结论。

苗师"巴代雄"所主持的祭祖活动，是人类根性文化的发掘、传承、践行、保护和弘扬之举措，其目的是从人类"自我不灭"真性的意识及其实践中获得民族生生不息、发展壮大的精神支柱和强大动力，来为人类求生存、求发展、求幸福美好、求民族复兴的伟大事业服务。就当前来说，也是在传统文化领域中，在意识形态上积极配合脱贫攻坚以及振兴乡村战略服务。因为祖先分为人性祖先、物性祖先和理性祖先等多种类型，不管是哪种类型的祖先，其性质都是根性文化的范畴，其实质都是人性、物性和理性的因子，用白话文来说就是种子，是生生不息、发展壮大的起点。理性祖先为理之本真，物性祖先为物之本根，人性祖先为人之本原，本真是规则，本根是法则，本原是原则。三者都是不可违背、不可抗拒、不可改变的固有定律。从规则来说，自然如是；从法则来说，物性如是；从原则来说，基因如是。三者其然如是，其所以然亦复如是。由此可见，祖先文化是建立在规则、法则和原则基础上的根本文化，故而，我们将其称为人类的根性文化。"在人性祖先的问题上，中国人用祖先崇拜取代了宗教功能，认为自己的生命会在后代的生命中延续，在这个信念之上，中国形成了家庭本位或宗亲本位的文化体系。祖先崇拜、传宗接代、香火继承为中国人提供了人生意义，靠的就是世俗道德和行为的自觉约束"。

这种结论突破了此前人们所说巫鬼文化中的自然崇拜、鬼神崇拜的定义范围，也更进一步地、细致透彻地阐释了自然崇拜、人神崇拜的作用、价值和意义。树高千丈，叶落归根，量子纠缠，不可逾越。因此，尊重祖先，缅怀祖先，敬畏祖先，亲近祖先，就成为中华民族所公认的最起码的人性道德底线。

七、巴代传承手诀文化之作用、价值和意义

巴代在举行仪式的过程中，总是不时穿插各种手诀表演，不知其情者总是认为巴代在装神弄鬼，故弄玄虚，故意玩弄手段来骗人。其实不然，这是巴代在释放一种文化信息，下面我们将逐点予以说明。（演示）巴代在打手诀之时，总是先要拍几下掌壳，紧接着才打出相应的各种手势。拍几下掌壳这非常简单的动作，实质上充分展现了中华易经文化的深奥内涵，即上掌壳为天、为乾、为阳、为男、为刚、为动，下掌壳为地、为坤、为阴、为女、为柔、为顺、为静。这上下掌壳合拍几下，其意表示天地交泰，乾坤交合，男女婚配，刚柔相济，阴阳造化，紧接着所打出的手诀便是这阴阳所造化出来的万类万物，阴阳造化的《易经》文化核心理念就用这样非常简单的动作给淋漓尽致地展示了出来，这就是巴代文化玄妙精华。又，双掌壳的两大拇指为上方下方，余下的八根手指则为八方，总合而为十方。一只手五根手指有十四节，两只手的手指共有二十八节，代表着天上的二十八星宿。又如奇数为阳，偶数为阴。人的大拇指为阳，余下的四指为阴。大拇指虽然为阳，但其有两指节为阴。余下的四指虽然为阴，但每指却有三节为阳。这就是阳中有阴、阴中有阳、阴阳同体、共生共存、阴阳造化而生万物的基本原理。在巴代的"十二宫诀"中，（演示）这十二宫位，既是十二种动物的排列表格，又是宇宙人生各种密码信息和符号。其作用不仅是记录年月日时的代名词，更是阴阳、数码、颜色、高低、远近、方位、物性等信息符号。各宫之间既有规律性很强的相合相会、相生相助、相辅相成、相亲相近的一面，又有相冲相克、相刑相害、相抵相制、相仇相敌的一面。它们既有物质形状的表现，又有精神性能的内在。从微观、狭义上看，虽然只是十二种动物，可在宏观、广义上看来却是大千世界万物的信息库，巴代仅用十二指节纹线便将它们表现得相当完美与明晰。试想：一块电脑键盘尚有百余按键，可这十二宫掌诀却仅有十二个宫位（按键）而已，这与《易经》之太极阴阳生万物的核心理论吻合得天衣无缝。通过如实的解剖之后，我们不得不被这种高深莫测的哲理所折服。可见"神话—哲学—科学"这三者的内在关系是多么地密不可分。

拍了几下掌壳之后，接下来巴代便要做出相关的手势来表达宇宙世间千类万物的内容，（演示）如"大金刀、小金刀、天桥地桥、大炮小炮、大马小

马、宝剑钢叉、太阳月亮、风云雷电、山川土石、花草竹木、猪羊牛马、人物耳目、房屋门窗、碗筷瓢盆、书笔文印、高矮短长、数码颜色、工具武器"等千余种，笔者所搜集整理成书的就有1500余种之多，但这还远不是终极数字。这样庞大的手诀系统，在科学不发达的古代，是一组非常了不起的机体和数字。如此的上合天文，下符地理，中应人事，包罗万象，世间的万类万物无不含于其中。由此可见，这手诀在古代堪称宇宙世间千类万物的文化的精灵。

我们都知道，人类的初始阶段是没有语言的，人们用各种手势来进行沟通和交流，并示范各种物象。手语是人类最原始的语言，巴代的手诀实际上就是人类最原始语言的传承和延伸。从这层意义上来说，巴代的手诀也堪称人类语言之祖。

手诀是巴代在主持苗族三大仪式中用来表形、表意、表义的一种手语、捷径和方法，是巴代向外界传递信息、跨越语言障碍的一种符号，是一种与人、与心进行交际和沟通、塑化神境的一种方式。这种手语符号的方式和方法，体现了早期人类文明智慧和古代文化素质。其作为一种文化基因、元素和信息被巴代代复一代地传承了下来，直到今天仍然没有失去它的宗旨、作用、价值和意义。

八、巴代传承古代苗族哲学理念文化之作用、价值和意义

在苗师"巴代雄"所主持的椎牛祭大祖的仪式中，这大祖神的名号叫作"林豆林且"。这林豆林且是什么意思呢？首先说"林豆"：其"林"的意思为大、为最大、为无上、为主宰、为权力、为极端(苗语素有一词多义之说)。而"豆"则为世界、为宇宙、为不动、为不变、为不可拒、为永恒。综合二字，即为宇宙间最大的、不动移的、不可变的、不可拒的、永恒的主宰。这宇宙间究竟是什么东西使得苗族如此崇奉为最大之永恒的主宰神呢？这就是我们平常所说的"自然规律法则"，并且包括世间与出世间的法则在内。

关于这些规律。如人类乃至一切生物的生、老、病、死，即生旺死绝等，这都由不得主观愿望来掌控与主宰；再如天体运行的轨道、季节气候中的春夏秋冬、温凉寒暑等，都是自然规律，是人力不可左右的，而且又是永恒不

变的。因此，我们说，规律法则是宇宙间最大的、永恒的主宰。用苗族的语言来说，这就是"林豆"。

再讲这些性能。这性能是种极为玄妙的东西。如胎生类的动物一生下来在未经任何教导的情况下就会吸奶寻食，阴阳自行合和，男女自行爱慕，火的热与冰的寒，金的刚与水的柔，同性排斥异性吸引等，都是性能。这永恒不变、不动不移性就是宇宙间最大的、永恒的主宰。用苗语来说，这就是"林豆"。

其次说"林且"。这"林且"直译应该是大称。这称在今天来说是用来衡量物体重量的，在古代，特别是在苗族，这称除了衡量物重之外，还加上了"林"字，则有了另一个更为重要的含义：用来衡量一切事理的公平公正、公理公道、公条公律、公德公法，统称为天平天理（意为只有平衡才是天理），这就是"林且"。例如，在原始社会里，人们各尽所能，平均分配，共生共存就是林且；在人事交往中，礼义廉耻、忠诚守信就是林且；在人际关系中，敬老爱幼、孝顺忍让就是林且；在慈善事业中，积德博爱、施舍捐赠就林且；在环保问题上，保持生态平衡就是林且；在国家和集体中，宪法等法律、规章制度、条约条款就是林且；在共产主义社会，各尽所能、各取所需、没有侵犯、和平共存就是林且。"林且"从诸多方面具体体现了人类生存和社会发展所必须依附的公平公正、公道公德、公律公法这一天理准则，只有按照这一天理准则去做、去生活，才能达到幸福美好、优越圆满之目标。因此，"林且"这一术语又被称为世间人类的"行为准则"。无怪乎，人民法院有用天平图案作为公平公正的标志。

综上所述，林豆为先性的、生成的、固定不变的永恒法则。而林且则为后天性的、为世间生存和发展所必须依附的准则。林豆林且，二者互依互托，互补互存，这就是苗族椎牛祭祀所崇奉的理念性祖神，此神并非苗族之某神或者历史上之某人某地名，而是专司宇宙间之规、性、理的理念神，历代先祖之所以称其是大祖神，是因为这规律法则和行为准则都是不可抗拒和违背的。同时，椎牛是苗族祭祖仪式中规模最大、耗资最巨、参与人员最多、举行时间最长的，故巴代的历代祖师将其称为大祖。

椎牛是一本史书，是一串脚印，是一大哲理，是一种文化，是一幅古老的画卷，是远古的信息库，是苗族先祖用来记录与传承人类历史与文化的一种载体，是原生态的活化石。椎牛活动把人世间的哲理、逻辑、观念、意识、憨厚、地道、温顺、善良、隶役、服从、横行、霸道、欺凌、宰割、杀戮、凶残、血腥、侵犯、冤屈、祸害、悲惨、忍受、无奈、善恶、好坏交织在一起进行活生生的演绎，最终的解释权归"林豆、林且"所有。

苗师"巴代雄"所主持的"吃猪"仪式中所敬奉的元祖神，其神名号叫作"帕浪祝林，浓浪祝共。帕浪苟林，浓浪苟共"。意即最古的女、最老的男。古道的女、老路的男。这最古的女、最老的男，有的人认为是古老的男女。可是还有一个"最"字，还有古道的女、老路的男呢？该怎么解释？是从古道和老路走来的男女吗？其实，这最古的女、最老的男就是造化生成世间万类万物的阴元素和阳元素，也就是我们所看到太极图中的黑白鱼这两性元素，即阴阳神，万类万物都是由它们造化出来的，从两性元素生发走出来的，才有古道、老路这一说法。苗语中对阴阳没有专门的称谓，从古到今都是用女男来代替的，巴代的历代祖师们将其称为元祖神。巴代祖师爷们把苗族人的哲学易理、逻辑概念以祖先的格式给固定了下来，并通过祭祀的形式代复一代地流传至今。从苗师"巴代雄"所祭祀的这些祖神名号里，我们并没有看到鬼神的影子，没有触摸到丝毫鬼神的信息和元素，也没有提及鬼神的内容，所看到的全是苗族人心目中的自然哲理、逻辑观念，这些全是辩证唯物的实质内容，这哪里是讲鬼讲神、做鬼做神的灵魂崇拜和鬼神崇拜呢？

我们上面所讲到的苗族文化的二元结构格局，也就是显性文化表象和隐性文化实质，有的人根本不相信，有的人不理解，有的人不能认同和接受，通过巴代手诀是"人类语言之祖，易经文化之母和万类文化之精"这三大定义，以及椎牛所祭祀的"林豆林且"是宇宙的规律法则和人类赖以生存的行为准则，再到吃猪所祭祀的"最古的女、最老的男"这一阴阳元素神，我们能看到附着在做鬼做神、巫鬼文化框架下赤裸裸的辩证唯物逻辑概念和人类"自我不灭"的真性内容，这就是通过巴代仪式对苗族二元文化格局架构的最好的解释，是巴代文化体系中哲学理念在古代苗族社会中的作用、价值和意义。

九、巴代传承古代苗族水文化之作用、价值和意义

神秘的湘西流传有关苗族赶尸、巴代绝技、巴代法水等神话故事。其中的"巴代水"在花垣县大龙洞境内传说最为神奇：《山海经山经》第五卷（中山径·从山）记载：古时有一贵妇久病，名医遍访未愈。遂梦："得洞瀑上不沾天下不沾地之水饮之病除"。至瀑前，水急否近。夜宿瀑下。龙婆见问，何

人至此，龙太子曰：求水治疾也。龙婆曰：此水乃丙丁火方，谓帝旺之水，何以迫前？洞正向偏西壬癸水之方乃长生水乎。又道："从水出于其上、潜于其下、其中多鳖足、枝尾、食之无盅疫"，言毕循去。贵妇梦醒，即去，果见峭壁钟乳石兀突，生如鳖足，尾又若丫。水出于其上而不见其源，流于其下而从不见其口，大喜而用缸接。此时，苗族一个"巴代"至前曰："昨梦龙婆嘱之，当为有缘之人作法。"巴代即焚香作揖口念神咒化水，贵妇饮、病除。这个故事一传十、十传百，来接此水的络绎不绝。通过巴代全身心投入对水施以诀咒加持之后，有带回家作为镇宅之水者；有带回去作疗伤治病之水者；有带回去作取吓之水者；有带回商铺作为旺财之水者；有带回去放在洞房作接子之水者；有带回去夫妻和睦之水者；有带到官府衙门作为旺官之水者；有带回去放到书房作为金榜题名之水者；亦有带到田间地头作为五谷丰登之水，等等。

1949 年以后，全国上下破除封建传统，"巴代"也被列入"破四旧"之中，于是香火萧条。但是到了 1979 年和 1989 年"巴代水"神秘地走了两次穴。第一次是在雅西镇冬尾大队寨北的一口叫"了务乍"的"神仙井"显奇，也是大龙洞的龙神托梦云：舀水前须净口、洗手、送祭品 (一包糖或其他点心) 后，舀井内之水，吃了可治百病。当时湘、鄂、川、黔、粤、桂 6 省区 6 万余人来取此巴代水，虽然扑朔迷离，但却也治好了一些人。第二次是 1989 年 8 月在补抽乡的桃子村杨光明家后院的一口水井显灵，取水人数也达 3 万之多。这两口水井分别在大龙洞瀑布的附近，直线距离 2.5 公里；分别在南北两端。据传后来一位资深的巴代求神问，得知是大龙洞瀑布走穴造福于民而已。

水文化体现在巴代所主持的仪式以及为信众化水治病疗伤的法水之中。人们又将其称为"巴代水"。据目前为止的不完全的统计，有 108 碗之多。比如，具体常用的几碗水有"化刺水、消肿水、镇痛水、雪山水、合和水、吉祥水、旺财水、如意水、武打水、镇宅水、牛娘水、开智水、止血水、鸬鹚水、接骨水"等。这些法水针对人们平时生活中所发生的各种伤灾、病痛、心结、追求、欲望等各种需求，可以起到各种不同的作用。比如民国年间，在永绥厅 (今花垣县) 所发生的那场残酷的"城乡战争"中，有折骨、血流不止的伤兵集中在县城中山堂内，当时缺医少药。在《城乡战争》一书第 231 页中对巴代水有这样的描述：……治伤主要以张裕周化水为主要手段，他的治伤过程是这样的：化水缸设在中山堂讲台上，每晨明烛化纸，停立台前，用食、中两指指点水缸念念有词，这是化水的仪式。然后献筛净茶，用小碗盛满所经化之水，按伤兵安排顺序，逐一喷水点化伤兵伤处……接受治疗的 63 位伤者多数获得痊愈。

十、巴代传承古代苗族器物文化之作用、价值和意义

在本地苗族的信仰习俗中，布条视为非常庄严神圣之法物。比如：在巴代的祖坛里，就挂有三十三块各种不同颜色的小布条，象征着巴代祖坛中的"三千交钱祖师，三百度纸宗师"；在巴代主持祭祀仪式时所穿的紫色衣，所戴的马尾帽上也挂有很多小布条，俗称"紫色布条衣""马尾布条帽"；在椎牛、吃猪等仪式中，用来系魂保安的也是小布条；在巴代所用的"蚩尤铃"把上系的也是很多块小布条；等等。为什么这些破烂的小布条竟然成为本地苗族认同的神圣法物了呢？因为苗族在那远古时期的迁徙途中，扶老牵幼，携子带女，在那原始森林荆棘刺丛中探路南徙，前有虎狼，后有猛兽，地理环境凶险，气候恶劣，全身衣服被挂破成为无数的烂布条，弄得遍体鳞伤，浑身肌肤被鲜血及乌刺泡染成了紫色，后来巴代在祭祖仪式中所穿的紫色衣、披布条衣，戴布条帽便是古代迁徙途中苗族先人形象活生生的真实写照。在登越坡坎、过悬崖处，"女人接起一段一段的布条，男人连那野藤，扶老牵幼，兄领弟、父带子，沿着布条连起来的路，顺着野藤牵起来的道，最后才来到这块地方，建立家园，生息繁衍。来到了湘西之后，开垦荒地，建立家园，终日与深山老林、荆棘刺丛打交道，挂烂衣服、刺挂破肌肤也是常事。由此看来，这布条不仅象征了迁徙途中苗族先人的形象，而且还象征着苗族迁徙而来的路线。它成为苗族先人战胜千难万险的法宝，成为苗族先民从老家园迁徙到新家园的生命线，成为维系苗族团结的纽带。它拯救了苗族的危亡，牵引着苗族求得了生存，走向了幸福——所以古老话说：我们是顺着布条而来，牵着葛藤而来，穿着烂布条衣而来，戴着布条帽而来，系着布条带子而来，裹着布条裹脚而来……从古到今，从头到脚，从生到死，从小到大，从外表到观念，从穿着习俗到宗教信仰，苗族人皆与这布条结下了不解之缘，布条也由此成为湘西苗族人们心中一致认同的神圣珍宝。

再如"巴代雄"所用的蚩尤铃，把蚩尤的头像铸造在巴代的铜铃把上，其含义有三：

其一，因为蚩尤是苗族巴代雄这一原始宗教文化的创始人，后人为了在形式上永久地纪念这苗族部落的领头人，便在巴代所常用的铜铃把上铸造了

蚩尤头像，其宗教术语叫作"棍空棍得"，其汉语名称则叫作蚩尤铃，以铭其意。

其二，"巴代雄"之所以将蚩尤的头像铸造于铜铃把上，其目的在于使用蚩尤的威力来镇压一切危害人类的鬼魅妖魔、魑魅魍魉、凶神恶煞。凡是苗族人本身都知道，苗族并非历代史书典籍、文人墨客所说的那样"重巫尚鬼"、苗族文化是"巫鬼文化"等，苗族实际上是个崇祖恨鬼、敬祖赶鬼的民族。对于鬼魅妖魔、魑魅魍魉、凶神恶煞，巴代在仪式中总是"驱赶再驱赶，隔除再隔除。斩草不留根，斩杀不留命"，将其置于死地而后快的。因为苗族人在边远闭塞的深山老林、边陲塞地的恶劣环境中受尽了鬼魅的欺凌（如传说中的"己嘎加狞"或"假嘎假狞"等），对鬼恨之入骨，在苗族人的心目中，鬼是卑痞恶劣、低贱邪恶、阴险毒辣、灾难祸害的化身。事实证明，苗族人并非重巫尚鬼，而是忌鬼恨鬼的。蚩尤有威神之力，在铜铃把上铸造蚩尤头像，使之振动，响声所到之处充满神力，使鬼魅闻风丧胆、逃之夭夭，在精神上形成强大而有力的支柱，使苗族人能在边陲塞地、深山老林这险恶的环境中生存壮大和发展。

其三，蚩尤有智慧，有号召力，有凝聚力，有向心力，有团结之力。摇动蚩尤铃，铃声所到之处，就充满号召力、凝聚力，能使苗族人团结一致，增强克服困难、战胜艰险的决心和斗志。

巴代的法器道具约有159件套（其中法器47件、道具112件），以枑为例：枑，苗语叫作"熊"。竹枑是用竹筒为材料制成的。有单节枑、双节枑、三节枑乃至多节枑等，有单枑一体、双枑连体、三枑共体等多种规格。长短不等、大小不一。敲击起来能发出细、彻、深、扬、悠、柔、沉、弱、清、亮、碎、昂、啼、鸣、奔、突等音响。听其枑音，大可使人产生悲、愤、哀、伤、兴、激、思、忆、漂、浮、荡、流、飞、旋、怀、舒等感受。再去配合巴代那始韵古腔的吟唱赞诵，其效果大可达到人心复活、枯木回春、啼笑立时、诗情画意、百感交集之效果。再如师刀，它乃法器与道具、饰物和武器和多种用途为一体的物件。在法器作用上可摇可舞、可振可奏。在武器功用上可砍可刺、可杀可戳、可套可圈、可链可铐、可绑可系、可恐可吓、可镇可制、可训可化。物虽一件，用途多广，代表性强，含意深远。还有竹筶，翻则象征阳，人事为女，事意为开，本卦为坤。扑则象征阴，人事为男，事意为阻，本卦为乾。一翻一扑则象征阴阳相通，阳盛生阴、阴盛生阳、阳中有阴、阴中有阳、刚柔兼并、阴阳和合，在两仪中生存、在矛盾中发展，事意为顺，为下乾上坤之吉祥卦。物虽两块，可以沟通阴阳，是为物质与精神之融合体，激发意识潜能，从而可达"以心转物"的强大效果。再如牛角这一原生灵物，经过煮、削、磨、通等几道工序，便可吹出厚实、低沉、浑雄、清脆、高昂、明亮等声音。有如龙吟虎啸、狂飙行空、高山奔泉、万马奔腾、汹涌澎湃一般。这些角号、锣鼓、刀剑、旗幡等法器和道具，把我们一次次带回古代战争、围猎、喜庆、迁徙等场面的感受之中。

在巴代所使用的一百多件套道具法器里，每件每套都有其独特的历史典故，都有其无可替代的作用、价值和意义。

十一、巴代传承古代苗族规款制度文化之
作用、价值和意义

我们常说，要想了解一个民族的文化，首先必须要了解这个民族的历史，因为民族文化是在历史的锻造中产生的，是从历史的故事堆里形成而爬出来的，文化是在历史中发展成熟起来的。

涿鹿之战的结果和苗族频繁迁徙的历程，成就了苗族的七大民族特点。其一，这是一个在涿鹿之战后频繁迁徙的民族；其二，这是一个由于频繁迁徙而没有充分时间积淀而没有形成统一全民族文字的民族；其三，这是一个由于长期而且频繁的迁徙致使造成几乎与世隔绝而形成遗留有浓厚的母系社会风范、尊重女性的民族；其四，这是一个由于长期分散迁徙而没有官府、不属王化、以村寨为社会板块的散居民族；其五，这是一个被战后所迫、长期频繁迁徙的历史环境与条件下所束缚而形成性格内向、内敛而不张扬、低调生活、封闭保守、谦虚谨慎的民族；其六，这是一个在极其特殊的历史时期致使苗族形成了具有显性文化表象和隐性文化实质这二元文化结构同时并存的民族；其七，这是一个由于没有统一全民族的文字和其他因素而使巴代自然而然地成为传承和守护苗族主流文化、传统文化和因子文化的民族。

综上所述，在长期频繁的迁徙、散居且没有官府、没有文字等情况下，苗族的村寨自安、社会稳定靠什么来维持呢？是什么因素把苗族从远古带到了近代？答案非常简单，是巴代所组织、所主持的定规立款仪式所形成的榔规寨款，即村规民约，来维持村寨自安和社会稳定的，这是民族发展与社会自安不可或缺的基本因素和首要条件。

过去，一村一寨或一方一处的人们为了保护本境之内的社会治安、维护

本地的公平正义与人文道德的时候，在没有官府的情况下，往往都是由苗师"巴代雄"去组织并主持商议制约条款、举行请神鉴盟的仪式，通过村民共同议出具体的条约规款，然后凭神凭人，凭天凭地，宰猫杀鸡，吃血酒缔结誓盟共同遵守，这种神秘而庄严的方式，加重了规款的分量、加强和巩固了榔规寨款条约的约束力。这种请神见证、凭神议款、烧香缔结、吃血赌誓、三界纠察、人神共鉴的仪式，把条款议在明处，把精神吃进口中，放在心里，印在脑海中，顶戴在头上(举头三尺有神灵)，如影随形，无时无刻不在制约着村民的一举一动、一言一行。人在做，天在看，神在鉴，人在督，众在察，阴在管，阳在守，手在做，心在怕。这种规款条约，无须检察，也无须法院，约束在违犯之先，制裁在违犯之前，这种自治的主体是当事人的自治，是建立在人们的思想意识、观念思维基础上的自治。俗话说："应观法界性，一切由心造。"意思就是说，人类所有的举动言行都是从心里想出来的，把人心定位好了，一切言行举止也就好了，把心给控制住了，一切行为也就控制住了。问题是怎样才能把心给控制住，给定位好，巴代用的是这种仪式给把握住了，人们的起心动念都给定位、控制在诚、善、美的基点上，社会环境、治安环境、生活环境也就好了。可见，过去苗师"巴代雄"所组织、所主持的制订村规寨款、自治条约仪式是治本治根、治心治念，治里治源、治义治仁、治善治美的根本仪式。无怪乎，古代苗族社会尽管没有官府，而人与人之间、户与户之间，一般都没有什么大的波折与动荡，虽然同处在封建王朝不断更新换代的时期，苗族社会却发展得井然有序，苗族人民和平共处。

再若村民发生纠纷，互不相让，则会请巴代来给主持吃血赌咒的仪式，让理亏者恐惧。古代的苗族是一个没有王化、没有官府的民族，其维护社会治安、民间的公平公正与和解纠纷多是由巴代所主持的缔约结盟、发誓赌咒仪式来实施的，条款规约、协议制度、理礼公断也就成为保护本境安全、维护治安与公平的有力举措了。

规款制度与礼仪文化是人类发展壮大不可或缺的文化之一，因为它是治心的文化，是治根治源的文化和治本治里的文化。

苗师"巴代雄"所组织、所主持的制订村规寨款、村寨条约有村寨环境治理类、生活水火治理类、田产土地管理类、团结和睦礼仪类、纠纷不明公断类、农林牧业管理类、修造婚丧互助类、争讼口舌伤害类及祭祀规约类等十多种类别，尚不包括各种誓盟缔约条款在内。由此可见，巴代所主持的议定规款制度仪式中的礼理文化，其作用、价值和意义也是巨大而深远的。

十二、巴代传承古代苗族婚姻丧葬文化之作用、价值和意义

婚丧嫁娶是中华民族的主要民俗，其礼仪成为民族生存发展的重要活动之一，是人们日常生活中十分重要的一个文化符号。人类的繁衍生息、发展壮大与幸福美好离不开婚姻；文明道德、和谐稳定社会的构建离不开婚姻；人一生的幸福美好离不开婚姻。因而，婚姻也就成为人类社会离不开、绕不过的总话题。

苗族婚姻习俗礼仪是巴代文化体系中的一个很小的支系。婚姻习俗中的卜择、合婚、请媒人、讨谷种(求亲)、三媒六证、许口允嫁、订婚告族、认亲告祖、接亲过礼、发亲出闺、过火进门、新娘进屋、定凳入座、香火隔邪、水碗防煞、婚姻仪席、古歌古话、民族迁徙、姓氏定居、古代三媒、当代六证、娘亲舅大、吉席敬祖、礼品互谢、担丁财水、回门接福等一套烦琐而完整的礼仪习俗，打牢了苗家人婚姻的基础，筑就了苗族人婚姻幸福美满的殿堂，夯实了男女双方互敬互爱、白头偕老的平台。过去时代苗区的离婚率几乎为零，偶尔发生的离婚案件也有"十反命案九反妻"之说法和做法，不像当代这样"十结五离"，甚至结婚未满一月就离婚的怪象乱象。

过去时代成就一对青年男女的婚姻，必须要通过正媒、介媒、明媒俗称"三媒"和见证、闻证、礼证、时证、乡证、确证俗称"六证"(三媒六证各地说法不一)，去和娘家讨求，起码要吃过"七鼎八锅"饭菜，喝过"七坛八罐"甜酒才能说合，绝对不像当今这样随便成婚。比如，过去的认亲过礼习俗，先要媒人打听对方的房族叔伯兄弟看有多少家，男方要给对方每家准备一担礼品，而男方也要喊完本宗本族叔伯兄弟，每家要帮一担礼物。到时二三十人上路，到女方家中后，要由媒人引见双方亲戚六眷、房族人等，双方互致礼仪，各有歌话对说对唱，十分亲热。并且要给女方房族各户逐一送礼，放喜炮，而女方房族也要各当一餐酒饭，对话唱歌三天两日，互敬互赞。这种做法叫作"开亲开满寨、结义结满门"，一家开亲，一寨人也成为亲戚了。这种礼仪造就了邻里之间、乡村之间相亲相爱、团结和谐的浓厚氛围，打牢了社会和谐、家庭和睦的基础和平台。不像当今出现的现象，认亲过礼之时，举倾家之财抬去女方家中，进门把担子一放，大家就忙着打麻将、玩纸牌，若

剩下两三个不够一桌的，就低头玩手机，上网聊天，什么亲戚六眷、叔伯兄弟、房族人等概不理会，全然不顾。待主家把饭菜做好后，一哄而起，上桌就吃，酒醉饭饱，立即上车上马，一溜烟消失得无影无踪。过了之后，在社会上相逢，稍有磕碰，便拳脚相见，如仇似敌，哪里知道什么亲戚六眷、联亲共义，从而造成了只认钱财不认亲情人情的麻木不仁的人际关系和不稳定的因素，这就是缺少传统文化支撑所带来的不良后果。

在丧葬文化领域中，道师"巴代年"的仪式有祭灵、打绕棺、掩棺、论火把、择日、看地、发表出柩、留福隔死神、入井下葬、寻灵归祖、谢墓安龙等。通过这些仪式把人世间的人情、亲情、恩情、乡情、德情演绎得淋漓尽致，入心钻肺。不像当今的丧葬形式那样，家中或村寨的人过世了，大家去伴葬，也是忙着打麻将、玩纸牌、玩手机、吃花生、嗑瓜子等，似乎忙得不可开交，根本不去理会亡者氛围。现代化的娱乐情趣和方式完全取代了传统的习俗人情，待玩到天亮，请人抬去埋葬了事。记得前几年媒体曾有报道：西双版纳在修高速路时不慎死了一头小象，母象赶来用象鼻对着死去的小象左扶右钩，不断地围绕小象旋转，一直转了一昼夜才万般无奈、依依不舍地离去。动物尚且如此，何况人类。殊不知，死后停尸卧在堂屋棺木中的是自己的父亲母亲，或是爷爷奶奶，又或是岳父岳母，总之都是亲人，这是令人十分心痛的事，万般无奈之下，过去是请道师"巴代年"打绕棺，通过这种地戏、这种特殊的仪式，整天整夜带领孝子们披麻戴孝，悲哀哭泣，以泪洗面，以丧堂为戏台，以棺木为中心，以哀悼亡者为主要内容，以恸念留恋为情怀，以围绕棺木行走跪拜为形式来沉痛悼念，寄托哀思。因为卧在棺木中的亡者是自己的亲人、恩人，对于孝子来说，是今生今世最亲最近的人，如今过世了，千呼万唤回不转，万般无奈挽不回，只有跟着道师"巴代年"整日整夜围绕棺木旋转跪拜，这也是一种特殊的遗体告别方式。用这种特殊的方式、特殊的办法来寄托哀思，来悼念亲人，虽然是无奈之举，但起码也说明人类是有亲情、有人情、有感情的啊！可是如今，还有几个孝子绕棺跪拜？他们做什么去了？他们忙着打麻将、玩纸牌、用手机上网聊天、吃花生、嗑瓜子去了。大象这野生动物尚且知道围绕死去的小象旋转一昼夜，而人呢？人的亲情、人情、乡情、恩情、感情到哪里去了？这还是人吗？所以，民族传统文化的淡化与消亡，会带来传统道德的滑坡，会带来人性底线的泯灭，会带来忠孝仁义的缺失，会带来人类和谐基因的崩溃，社会安定团结基石的动摇，社会环境肌肤的溃烂，理想目标追求的破灭。总之，这绝对不是一件好事。有人说这是危言耸听，唯恐天下不乱。试想，一个没有根基，没有灵魂，没有人性道德，没有人情、亲情、乡情、恩情、感情的民族，唯利是图，只认钱不认人，各自为政，这样的结果是多么令人担忧和可怕。

巴代文化在婚丧嫁娶领域中所守护和传承的是人类起码的道德底线和人性中亲情、乡情、恩情、人情这些文化基因和文化符号，文化传统在古代苗族社会发展史中，一直都起着支撑民族生生不息、发展壮大的巨大的作用。

十三、巴代传承古代苗族公平分配文化之作用、价值和意义

公平分配是维持人类社会稳定、和谐发展、兴旺繁荣的主要措施和法宝。如果分配不公，利益不均，贫富不济，麻木不仁，将会拉大贫富之间的差距，加大高低之间的悬殊，扩大社会阶层之间的分离，激化各阶级之间的矛盾，从而带来人类社会混乱不堪、动荡不安、生活不稳、灾祸泛滥的局面，这样的社会还会发展吗？民族还会兴旺吗？国运还会昌盛吗？生活还会幸福美满吗？显然是不可能的。因此，公平分配，维持社会各阶层间的基本利益是社会和谐发展的主要因素之一。

巴代在主持仪式的时候，不论亲疏，凡是在场的人员一律平等对待，特别是上供进食的时候，同用一鼎饭，同吃一锅菜，同喝一壶酒，同享一席宴，亲热共饮，平等共食，没有上下尊卑，不分三班老少。在分配祭祀供品的时候，原则上是在场的人每人一份，绝不缺少。具体包括供牲的肠肝肚肺、心肾脾胃、前胸后膀样样俱全，每人一串（用竹签穿串），样样俱足，绝不亏待任何一人，这就是人们常说的蚩尤串，充分体现出原始部落时期公平分配的原则和方式。正是这些原则和方式，充分地尊重了所有人的人格和道德。

人们之所以说巴代传承与记录了苗族文化的原生基因、本根元素和全准信息而成为苗族文化的大乘载体、百科全书及活态化石，正是因为在巴代文化里包含了以上所述的方方面面。要想深入细致、全面系统地挖掘、整理和研究苗族文化，不从巴代文化入手是难以周全的。

巴代文化体现出苗族博大精深、源远流长、优秀高超的文化内涵和艺术价值。以上为巴代仪式中所传承的苗族文化的一部分内容，也是其在古代苗族社会中的作用、价值和意义的具体体现。

十四、巴代文化在近代社会中的作用、价值和意义

关于巴代文化在近代社会中的作用、价值和意义，由于篇幅制约的关系，也只能略举几例，以作代表性的说明。

1.创建社会和谐的基因

谈到苗族社会的和谐基因，其最突出的一个问题是民族观念中的做人标准和道德底线。关于这个问题，在巴代文化体系中可一分为二也可合二为一。一分为二则做人标准与道德底线分而述之，合二为一则是因为做人标准与道德底线本来就是一回事。

我们先说做人标准。在巴代文化体系中，做人的标准是起码的要求。比如在巴代所主持的聚众议款，制订村规寨款、族规家法中就有具体要求。因为古代苗族不通王化、没有官府，同时又是以村寨为其社会板块，其大多村寨又都是单姓聚居的，因而村约寨款、族规家法就成为苗寨最高的政治了。如村寨治安、各种社会秩序的维护、人们辈分的权利与义务、村寨公益、失盗公断、是非纠纷等问题，绝大多数是以巴代通过立款定约的仪式来实施的，村寨中的每个人都必须遵守，这就是做人的标准。谁若违背了这些标准，轻则遭到众斥处罚，重则在思想意识上触犯天规神律，形成不易解脱的思想包袱，搞得不好还会殃及数代。

再说道德底线。在巴代文化体系中，道德底线最突出地反映是在敬奉雷神祭祀中的"十二差十二错"，这是苗族道德底线具体划定的一部分。比如不孝及虐待父母、偷抢财物、移罪栽赃、秽污侵害、大进小出、见死不救、恶口诽谤、拐骗人妻等共有十二大罪，这十二大罪又叫作十二条道德底线，这是超越不得的，谁若超越这些道德底线，轻则会遭到雷劈其家树木以示警告，重则将会遭到天打雷劈，不得好死！

在古代苗族的传统观念中，这做人的标准与道德底线被以巴代仪式为载体的巴代文化持续地传承了下来，并在苗族人群中形成共识，共同遵守。无怪乎，古代苗族不通王化、没有官府，但其民族在远古的部落纷争及历次迁徙中虽然几遭灭顶之灾，在历史上受到封建王朝的歧视排挤，却能够生存发展下来，直到解放。其中，巴代文化不能不说是起到了支撑维系的很大作用，这就是巴代文化体系中的和谐基因。

2. 民族团结的纽带

民族团结是社会发展的基础和力量。古代苗族在涿鹿之战后一直是一个不断迁徙而最后散居于边远深山沟壑的民族。民族团结是该民族能够在种种逆境下生存发展下来的主要因素。

在巴代文化体系中，民族团结因素体现在其仪式及法物上。比如，在巴代的祖坛里，就挂有三十三块各种不同颜色的小布条，在巴代主持祭祀仪式时所穿的紫色布条衣，所戴的马尾帽上也挂有很多小布条；在椎牛、吃猪等仪式中，用来系魂保安的也是小布条；在巴代所用的"蚩尤铃"把上系的也是很多块小布条；等等。正如上文所说的那样，这布条不仅象征了迁徙途中苗族先人的形象，而且还象征着苗族迁徙而来的路线。它成为苗族先人战胜千难万险的法宝，成为苗族先民从老家园迁徙到新家园的生命线，成为维系苗族团结的纽带。

又，在祭祀中，家人族人聚在一起熏沐祖神气氛，共同敬祖，共同用餐进食，冥冥之中感觉到祖先的身影就在眼前，在场人等不禁恍然大悟：啊！原来我们都是同祖所生，一脉相承，是一家人呀！大家应该是相亲相爱、互相尊重、互相包容的，于是平日生活里的是非纠纷、矛盾隔阂也就烟消云散了。通过祭祀活动，不仅化解了平时的矛盾，而且从此以后更加团结友爱了。这就是巴代文化所起到的化解矛盾、增强团结的价值与作用。

3. 战胜艰难的信心和力量

若问苗族人的精神支柱是什么，答案之一恐怕就是祖先的庇护了。巴代所祭祀的祖神是传统观念中的"理念性祖神"和"人性化祖神"。其观念中的所谓"祖神"实质上便是"自我"，这个自我大到我们人类、我们国家、我们民族，小到我们家、我身、我心和我形。在祭祀时可以理解为我即我的祖先、我的祖先即我，因为当今的我便是过去祖先的化身。所以在敬献供品时巴代总是说"我喝你喝、我吃你吃"，说后还必须让坐坛受供的活人动口吃喝，而不像其他民族献供那样的将酒食泼洒奠祭于地下。还有，苗师"巴代雄"的祭祀实质为活人祭祀活人，不像客师"巴代扎"那样的祭祀木偶、神像或牌位。比如在椎牛、吃猪祭祀中有舅爷坐坛领供，在接龙祭祀中有活人龙公龙婆坐坛领供，在祭村宗寨祖、当坊土地时有村寨中德高望重的人坐坛领供等，这些都是活人接受供奉的，是活人祭祀活人的做法。"巴代雄"的祭祖与汉文化定义中的祖先崇拜、灵魂崇拜是有区别的，究其实质是自我崇拜、精神崇拜，是"自我不灭论""自我解脱"的具体体现。只是借助于祭祖的气氛与形式来树立起一种战胜病魔灾害、克服困难的决心和意志，一切追求和愿望都是通过自我奋斗去实现的。

还有，在抵制外侵或防止瘟疫时有开土地门请求村宗寨祖于阴间(精神上的)庇护助阵、隔挡瘟疫的仪式，据说这种仪式在乾嘉苗民起义时各村寨都曾举行过，通过这些仪式，增强了战胜困难的信心与力量。

4.公平公正的法宝

民族的生存与发展是建立在很多基础和条件之上的，如公平公正就是其中之一。古代苗族虽然不通王化、没有官府，但其公平公正是依附在巴代文化体系中的。比如椎牛所祭祀的大祖神名号叫作"林豆林且"，正如上文所说，"林豆"是先天性的、生成的、固定不变的永恒法则，而"林且"则是后天性的，世间万类生存和发展所必须依附的准则。二者互依互托、互补互存，在最大的程度上起到主导、维系、影响、传承苗族公平公正、和谐相处的作用。

又，在巴代仪式里，供品总是穿串在竹签上的，其供牲的肠肝肚肺、心肾脾胃都要分切均匀，每串都有，样样俱全，祭祀中分配供品的时候，原则上在场的人每人一份，绝不缺少，绝不亏待任何一人，这就是人们常说的蚩尤串，这就是巴代文化体系中公平分配原则方式，这种方式充分地尊重了在场每个人的人格，也说明古代苗族没有贫富贵贱之区别，彼此之间情同手足，亲如兄弟。

5.怀旧的功用

缅怀先人以及怀念旧时旧物，通称怀旧，而巴代祭祀最大的通性之一就是怀旧。古代苗族与犹太族同是世界上多灾多难的民族，其灾难的频繁与压力足以使人们难以喘气，种种压力之大可想而知。怀旧是苗族人最后的减压方式，这种减压方式既是抵御心灵萎缩的武器，又是自我陷落时的自我拯救的方法之一。人类的减压有刺激减压、发泄减压、怀旧减压等多种方式，通过减压来平静一下悲伤恐惧的心态，借以达到增强信心、坚定意志、从而达到战胜艰难险阻之目的。

6.感恩的功用

感恩是人性的基础底线，是人格的基本要求，是人类社会起码的道德底线，是社会和谐的基础因素。感恩是中华民族的优良传统和为人的基本品德。

感恩于我们的祖先，给我们留下一个民族；感恩于我们的先贤，给我们树立了优良的典范；感恩于我们的父母，给我们留下了一个身家；感恩于农民，给我们生产了粮食；感恩于工人，给我们制造了产品；感恩于军人，给我们带来安定与和平；等等。这些都是我们的亲人，为我们留下了深厚的亲情、友情、国情、族情、爱情、恩情和乡情，这种恩情像风浪中的港湾，似黑夜中的北斗，如沙漠中的绿洲、天上的太阳、冰雪中的炭火、饥渴时的清泉与食物，无时无处不在滋养着我们的身心，维系着我们的生命。通过巴代仪式祭祀有恩于我们的先人，一来是寄托一种内心的感恩与怀念，二来是给予内心的一种安抚与给力。感恩怀念在自己的脑海里，安抚在自己的心田里，其结果都是我们活人自己在享受，故有活人祭祀活人的说法。这种感恩的方式不仅能烙印先人的形象与品德，又能使自己树立起战胜艰险、克服困难、排除灾祸的决心和意志，成为强大的精神支柱。

7. 技艺功用

巴代的技艺展演是巴代文化的具体体现，是实现巴代文化价值的主要举措和渠道。技艺展演大体上为写、画、雕、扎、剪，吹、打、舞、诵、唱，自然绝技功，世出世间法等。比如剪功就有100多种花纹图案，写功就有5模9体，扎功就有8类百样，吹功就有30多种角号曲牌，打功就有50多种名称打法，唱功就有70余种腔调，舞功就有30多种姿态，诵功就有396余章7968多节的神辞，绝技有上刀梯、端铧口、摸油锅、吞竹签、滚刺床、赶尸等，出世间法有隐身法、搬运物体、飞云走雾等。除了出世间法少有之外，这些都是作为一个巴代大师应拥有的技能技巧。将科仪演教录制成声形动态记录的电教片，拍摄成静态记录的幻灯图片，将巴代的唱腔和打击乐谱成曲牌科典，将之记录上书等。通过教仪展演，丰富了人们的精神文化生活，充实了民族风情旅游的内容情趣，可创造出更高更好的社会效益和社会价值。

8. 年节文化娱乐中的支撑

在苗族地区，每逢过节，特别是正月初一到十五期间、四月初八、六月初六以及赶秋节期间，各地都有巴代仪式技艺展演活动的习俗，届时，四方八面、远近地区的苗民蜂拥而至，人山人海，震天动地，热闹非凡。例如2013年农历正月初八日在花垣县董马库乡卧大召村杨柳塘举办的2013年首届巴代文化艺术节，除了湘西州花垣县的苗族同胞观看之外，贵州、四川、湖北等周边地区的苗民也都闻讯赶来，有10万余人，是解放以来所举办的苗族民间文化展演场合最大、观众最多且次序最好的一次大型活动，反映了苗族人民对传统文化的强烈渴望和喜爱。

关于巴代文化在近代社会的价值、意义和作用，当然远远不止这些，由于篇幅的限制，这里就不再赘述。

十五、巴代的传承方式、阻力和影响

(一) 巴代的传承方式

要想成为一个名副其实的巴代，首先要有诚实本分、慈悲善良的人品，天资聪慧的才智，渴求爱好的欲望，吃苦耐劳、勤学苦练的精神，虔诚地去尊师重教，一句一句地跟着师父学习，心授口传。据不完全的统计，巴代神辞约有396章(堂)7968节、咒语300余宗、法水100余碗、手诀1800余种、仪式坛场300余种等巨大知识库。在古代没有文字的情况下，形成口口相传的传承习惯，加上历代以来一直将其作为价值很高的艺道而严禁外泄，直到现在，很多的巴代坛班还不准用文字记录，过去曾有"外姓不传、六耳不传(凡有三人六耳在场者)、轻浮不传、文字不传"等说法。这样庞大的知识库，靠巴代代复一代的口口相传，实非易事。一般要学5~7年甚至9年，待其全面掌握、系统熟练之后，师父认为其人在人品、艺道等皆优之后，才为其择期择日举行穿街、上刀梯法，获社会大众认可之后方才成为一个名副其实的巴代。去世的时候，还要举行"开天门、度亡师"升天仪式，在玉皇大堂老君大殿名列神班，在人们的传统观念中成神成仙，而并非如历代史典所说的巴代是巫师由神授或公举出来的，这也是巴代不能称为巫师的重要佐证之一。

(二) 巴代在传承中的阻力和影响

苗族的巴代文化，除了在历代封建社会历史上受到歧视、排挤、贬责之外，到了近代更是雪上加霜，甚至被列为封建迷信、残渣余孽、牛鬼蛇神而遭封禁、打击甚至取缔，加上这种文化的神秘、庞杂等因素，给这种文化带来了濒临灭绝的灾难，比如：

1.体系的复杂性(庞大多杂)

巴代文化的庞大多杂主要表现在以下几个方面。

(1)祭词多杂。据不完全统计，巴代祭词共有396章(堂)7968节。其唱、念、赞、诵、申、吟、道、白应有尽有，很难熟习掌握。

(2)仪规多式。在巴代这396堂(章)的祭祀仪式中，除了只有极少几堂的仪式大体相同之外，其余绝大部分都各有不同，如有的要学动物叫，有的模仿动物行为，有的要老妇人上供等，全都需模仿原生动作，各有特色，很不相同。

（3）符咒诀水多类。巴代神符有 100 余道、咒语 300 余宗、手诀千余种、法水 100 余碗。内容太多，很难熟练。

（4）功能多种。巴代要具备写、画、雕、扎、剪、吹、打、舞、诵、唱、技、幻等 10 余种功法，很难全面具备，熟练精湛。

（5）场地多处、时间不一。场地有堂、炉、门、关、檐、坪、荒野、桥梁路道、井、溪、湖、坑等。时间有几分钟乃至四昼五夜不等。以上五点，足以说明巴代文化体系庞大多杂这一复杂性。

2. 传承的民间性

巴代文化有史以来的流传都是在民间，她很少甚至于完全没有成套完整的文字记载，是没有形成有文字经典的民间宗教，因而被误定为信仰自然物象人格神化或一种图腾信奉的巫教巫法而遭到历史的歧视践踏、唾骂鄙弃，极易变异、消失。

3. 传承的保守性

巴代素有传内不传外、传男不传女、传单不传多、传多不传全、传话不传文、传表不传里、传轻不传重等说法与做法。认为外族不能超过本族，本族不能超过本家，外姓不能超过本姓，徒弟不能超过师父。故有外姓人在场不传、六耳不传（多一个人不传）、非重要时刻不传、非特殊时段不传（年节传神名）等。保守性的传承给全面、系统、正宗、规范的传承造成了极大的阻碍与困扰。

4. 传承的局限性

巴代作为一种祭祖仪式的传承者，在历史中被贬义定性为巫教巫法、鬼教鬼主而受到歧视污蔑，在某种特别的历史时段被定为封建迷信而遭受制止。特别是在 1966 年下半年以后的"文化大革命"期间被尽数列为"四旧""牛鬼蛇神"及"残渣余孽"而遭批斗，打、砸、抄、没、毁，被取缔。其传人、文物、道具法器皆遭受了毁灭性的打击，其传承活动彻底绝迹，给巴代文化的传承在原来巫法巫教、鬼教鬼主的历史歧视中更添了一层阻碍与损失。好不容易熬到近年的改革开放之后，巴代活动虽然没被打击制止，可在政令中也没被中肯和开放，巴代们虽有活动却惊魂未定，活动虽有却都缩小了规模，缩短了法事、减少了章（堂）节，简化了仪式，改变了做法。加上在市场经济效益的诱惑下，在现代科技、医疗技术发达的作用下，传人弃艺从商，再也无暇行艺传艺，对此不屑一顾了。从1949年到现在这近70年的漫长时间里，老一辈的传人几乎已经死光，而新一辈的人又没学，即使有学，也是断断续续、躲躲藏藏、零零碎碎地学，得头不得尾，得节不得章，得段不得全，得外不得内的，给巴代文化的全部传承带来了极大的困难与阻碍。（仅限于天生爱好者）

5.传承的流失性

（1）老传人流失。1949年以来，上了30岁（30岁以上方成熟，全面掌握）的传人至今至少也有90岁以上，几乎已经死光了。这批人的离世，无疑是一种根本上的流失。

（2）新传人流失。在特别的历史时期乃至"文化大革命"中，无人敢学，即使有学也是极少数。至今又受市场经济的诱惑以及科技医疗之影响，除了极少数天生爱好者来学之外，再也无人问津，这无疑是一种后继传承上的流失。

（3）科仪流失。经过不断的收缴、上交及"文化大革命"时期的大破四旧、抄家、没收、捣毁、焚烧等一系列洗劫，致使巴代科仪、法器、道具流失了近三分之二以上，形成了坛班越来越少、科仪越来越少、神辞章节越来越少、法事越来越少等局面，这也是一个不可忽视的事实。

（4）原生态流失。由于以上种种原因，原汁原味的生态文化不见了，人们出于某种需要，把原生态歌舞转化为现代艺术的营养加以提炼和升华，将之从原生地搬到城市舞台之后就把原生态的根本给抛开丢弃了。比如苗师祭祖椎牛的场合中出现吹牛角、穿红衣、舞绺巾的文化杂交现象，在苗族的祭日轮神（车神太阳神）的祭祀中出现观音菩萨，在披棕树片驱魔的祭祀中穿皮鞋，等等。这些情况的出现，不能不说是一种原生态的流失。原本几天几夜的时间现在只要个把小时就够了，原来一百多堂的祭仪现在只有寥寥几堂了，原来千余种手诀现在只有十几种了，原来手工剪扎雕刻现在改用机械操作而洋化了，甚至于原来口头念诵赞唱、人手打击乐伴奏现在也改用磁带影碟了。

6.传承的欺骗性

巴代传承基于上述之庞杂性、民间性、保守性、局限性、流失性、变异性及神秘性等，给予了一些不法之徒（别有用心、不学无术之人）、无奈之徒（断传而学不到真传的人）得以造假掺假的机会，他们打着巴代的幌子，学着巴代的样子，唱着巴代的调子，坐着巴代的场子去随心所欲（没有传统的标准）地胡编乱造（骗财骗物），因为外行人不懂而倚仗些小聪明去胡作非为，这也给巴代的传承带来了极大的负面影响。

十六、巫鬼、巫傩与苗族巴代文化

上述巴代文化的实质事理表明，苗族巴代所主持的三大仪式绝对不是历史上所定义以及此前人们所说的巫鬼、巫傩这样一种单纯的崇巫尚鬼或者单纯的驱鬼保安的文化，而是在某种特定的历史条件下，苗族先民机智地用来传承民族文化的一种特殊方式、举措与方法。

人类社会的发展大体经历了蒙昧、野蛮到文明这么三个大的阶段，从而导致其文化也由巫鬼、巫傩到儒家再到后来的科学文化的形成。我们的祖先通过"四用"的方式，即用脚走路、用手做事、用嘴说话、用脑想事之后，便从动物群体中分划出了"人科"，成为高级动物——人类。由于当时四用尚在始初形成之中，人们观察到风起树动、打雷下雨等现象时，认为万物都有灵神支配着，于是就产生了"万物有灵"的概念思维，从而形成了崇拜灵神的"巫鬼"文化，于是巫鬼文化也就成了人类蒙昧时期代表性的文化。

对于巫，《辞海》所载：西方人认为是"幻想借助于超自然的力量对客体施加影响或控制而产生的一种行为"。英国学者詹·乔·弗雷泽在《金枝》一书将巫术分为交感巫术（交感律）、接触巫术（接触律或触染律）和顺势巫术（顺势律）。而中国历代的工具书则认为其泛指"装神弄鬼欺骗钱财"。比如：

（一）《说文解字》卷六之《巫部》：巫，祝也。女能事无形，以舞降神者也，像人两袖舞形，与工同意。

（二）《新华字典》第 473 页：巫，旧社会中专以祈祷求神骗取财物的人。

（三）《新编字典》第 517 页：巫，装神弄鬼替人消灾、驱邪、祈祷治病等为生的人，巫师。

（四）《现代汉语词典》第 1200 页："巫，古代所谓能以舞蹈降神的人，后演变成专门装神弄鬼替人祈福为职业的人，巫师，巫术等。"

以上为巫的含义与解释，尚有鬼之含义的也略列举如下：

（一）鬼，人所归为鬼：鬼魂等。

（二）鬼，阴暗，不光明：鬼话、鬼黠、心怀鬼胎、心里有鬼等。

（三）鬼，险恶，凶毒：鬼魅、鬼怪、猖鬼、厉鬼、魔鬼等。

（四）鬼，恶劣，糟糕：鬼天气、活见鬼、鬼怪等。

（五）鬼，对人的蔑称或憎称：酒鬼、烟鬼、鬼子、吝啬鬼、死鬼、老鬼等。

（六）鬼，祸害：鬼杀鬼打、鬼灭等。

以上略举六条皆为卑劣、阴暗、险恶、凶毒、憎蔑、低贱、祸害之义。

"巫鬼"文化是人类在蒙昧时期共同的原始文化，其所代表和象征的是愚昧、野蛮与欺骗。

"巫鬼"文化是人类早期自发产生的一种文化，全人类也就自然而然地成为信仰者，信仰内容与整个社会意识形态浑然一体，有巨大的社会整合功效，承担着社会的全部广义文化功能，成为原始社会的精神主宰，我们将其称为人类原始型文化，这种文化并非苗族所独有。

巴代文化是从人类原始型文化剥离出来的社会进化型文明发展的文化，它由巫鬼文化直接进化到巴代文化（苗师），在此基础上后来又掺入了一些客师所带来的傩文化成分，但客师不是主体，而是客体，是伴生产物。由于上文所提到的苗族七大特点的作用而使其必须以巴代所主持的三大仪式为本民族的显性文化表象，以其为载体来记录与传承苗族的生存发展史与社会道德文明史等这些历史与文化，这些名正言顺的文化反过来成为苗族的隐性文化。我们此前在研究苗族文化的时候，是以显性文化表象和客师科仪形态神辞为蓝本依据的，而对于这些关键性的隐性文化和苗师却从未提及过。

谈到显性文化，当然包括苗族的鼓文化、歌文化、酒文化、工艺美术文化等，但这些都是单一的、表象的甚至是当今的商业性的文化，甚至可以说，这些商业文化有的只是一种浅层的快感消费，是一种快餐式的文化与瞬间的乐趣，至于人们的精神家园、灵魂栖息的港湾，也就是文化的根、魂、神、质、形、命是什么，恐非巴代文化莫属。

谈到隐性文化，则是巴代仪式中所传承的苗族 37 大种类文化元素，这些文化有力地支撑苗民族渡过了灾难深重的历史长河，发展壮大直到近代。这些文化由于受到古代历史背景及生存环境和条件的局限和制约，不能公开显露而不得不借助于三大仪式这些载体来传承。这三大仪式也就成为传承苗族文化的一种非常特殊的、与众不同的方式、途径和渠道，这种方式、途径和渠道非常人能从直观上得以理解和认识，这就是隐性文化的特征。这种特征体现出了苗族先人的文明与智慧，成为支撑苗族在种种逆境中能够顽强地生存与发展下来的法宝。研究这种隐性文化，在神辞内容中去找线索、在仪式形态中去考古找印证、在民俗作为中去找遗存、去发现苗族隐性文化及内在实质，这在研究人类学、民族学、民族宗教学中的作用、价值和意义非同一般。这是与众不同的声音，也是几千年以来第一次发出的声音，出现不同的声音总比过去"无杂音"要好，这种声音至少可以激发思维方式的改变，增添百花齐放的艳丽，增加社会的宽容度而成为对民主意识的一种洗礼。

谈到苗族的巴代文化，在一般人的印象中会认为是专门从事做鬼做神的，而在学术界的印象则是巫鬼文化，这些认识总的来说无非就是封建迷信。近代以来，则被认为是骗财骗物、装神弄鬼、愚昧落后的腐朽文化。通过时代的冲刷，巫鬼或巫傩几乎已成为巴代文化的代名词，人们用巫师或鬼师作为巴代的称谓。长期以来，人们总是对其投以白眼，抱以蔑视，不屑一顾。同时，也成为社会上非常敏感的一根筋脉，人们不敢触及、害怕谈及，唯恐引火烧身，危及自身，下不了台。于是，冷漠、蔑视、不理不睬成为这些人的基本态度。人们还没有从歧视和白眼的历史观的圈子里解脱出来，还没有从扫荡、揪斗、批判、打击、打砸抢抄抓、没收取缔、惊恐、惧怕的重重剿杀的阴影中解脱出来。

每谈及此，有人有话要说了：现在不是在小块地域内被列为"非遗"名录给予保护了吗？但应注意，虽然在省、州级有了名录保护，但我们必须明白，巴代文化的保护与传承活动是在一片巴代文化信仰的土壤遭到严重破坏的基础上恢复起来的，此前很长一段时间内，随着传统文化遭到来自内外各种力量的冲击和破坏，传统文化被说成是封建迷信、四旧、残渣余孽、装神弄鬼、骗财骗物、愚昧落后而被制止、取缔，其文化传人也被安上巫鬼分子、迷信职业者、牛鬼蛇神、欺骗分子等罪名而将其打倒在地，再踏上一只脚。

过去偏颇地将苗族文化定格为巫鬼文化，是对苗族文化的污染，这种做法无非等同于说苗族是个愚昧野蛮、欺诈落后的民族，说明苗族仍然停留在人类的蒙昧与野蛮的阶段，没有进步与文明，这是对苗族文化过去的污染源。这些污染如同有关湘西剿匪的电视剧中所说的"湘西无处不山，无山不洞，无洞不匪"对湘西土匪的渲染一样，把湘西人几乎都说成了土匪，湘西人一旦走出湘西，就会招来质疑、议论与白眼，也造成了现代地域文化的污染源。简单地说，以前的苗族文化污染源就是巫鬼、愚昧，现在湘西地域文化污染源就是土匪、野蛮。如果过去与现代的这些污染源不加以澄清和杜绝，那么也必定会出现将来的污染源。有了污染必定会遭到白眼与歧视，这是必然的，这就是被人歧视、白眼、非议甚至于诽谤、排挤的根源。对于这些污染，苗族人、湘西人是不能认可的。曾有现代人试图美化巫鬼是美好高尚的，但他们却偏偏缺乏了两个最起码、最基本的条件：一是他们要有能力改写当今的文字工具书；二是他们要有权力改写这些文字工具书。既然这两个基本条件他们都不具备，这种美化又有什么意义？又有的人说，古代的巫鬼含义是好的，对此我们要问，当今的巫鬼已经不是过去的巫鬼了吗？它们本质上的区别又在哪里？更何况巴代文化的本质不是巫鬼，而是一种文化传承、文化本觉、文化自觉与文化先觉。对于巴代文化的认识，我们除了谈巫鬼之外难道就没有其他言辞了吗？

将巴代文化单纯地定性为巫鬼文化或巫傩文化，从某种角度来说，也就把苗族定位在人类的蒙昧时期或野蛮时期，无形中也就会产生出民族歧视的思维与言论，何况巴代的三大仪式中所传承的隐性文化毕竟与当今的辩证唯物论、特色社会主义哲学逻辑、近代文明、优秀的传统文化、核心价值观不谋而合，几乎是天衣无缝。

巴代是古代苗族特有的原始名词，是苗族三大仪式的主持者，更是苗族文化的传承者。但却被单一地称为祭师、法师、老司甚至于巫师和鬼师，这种称谓与做法是极不科学也不全面的，因为在汉文词汇中没有任何一词能概括它的全部，根据名词不能翻译的学术惯例和原则，巴代只能被称为巴代。

十七、关于古代苗族历史文化的污染源

关于苗族文化的污染源问题，较明显的还有"鬼母犬父盘瓠"的传说，关于这个问题，在石源澄所著的《湘西苗族与历代王朝》(2005 年 9 月远方出版社出版)一书中，除了列举历代王朝对苗族的武力剿杀之外，还列举了文化剿杀的一些事例，如在此书的第 72 页、第六章第五节之标题为"应劭拟造'盘瓠论'污辱苗民"一文中是这样说的：

东汉时期，一个名叫应劭(又名仲远)的文人，其祖宗四代都当大官，从他的高祖顺、曾祖叠当河南尹及江夏太守，祖父郴、父应奉都当武陵太守，且积极配合冯绲平剿苗民而受大奖。这给应劭仇视苗民种下坏种，在汉献帝初平二年(191 年)，他曾参与大杀黄巾军。他毕生善写驳议文，著述一百三十六篇。相传他的《南蛮西南夷列传》一文是从《风俗通义》搜集而混入这部名著里的，他不惜捏造出一个名叫"盘瓠"的狗与帝喾之女交配而生苗人的故事，来侮辱正在被剿杀的苗族人，开启了封建王朝用武力围剿苗民到用文化围剿苗民的双重围剿。

应劭的文章说：昔高辛氏时，北方有犬戎之寇，帝患其侵暴，而征伐不克，乃访募天下，有能得犬戎之将吴将军头者，赐黄金千镒，邑万家，又妻以少女。时帝有畜狗，其毛五彩，名曰盘瓠，下令之后，盘瓠遂衔人头造阙下，群臣怪诊之，乃吴将军首也，帝大喜。而计盘瓠，不可妻之以女，又无封爵之道，议欲有报而未知所宜。女闻之，以帝王下令，不可违信，因请行。帝不得已，乃以女配盘瓠。盘瓠得女，负而走入南山，止石室中，所处险绝，人迹不至。于是女解去衣裳，为仆鉴之结，着独立之衣……经三年生子一十二人，六男六女，盘瓠死后，因自相夫妻，织绩木皮，染以草实，好五色衣服，制裁皆有尾形。其母后归，以状白帝，于是始迎至诸子。衣裳斑斓，语言侏离，好入山壑，不乐平旷。帝顺其意，赐以名山广泽。其后滋蔓，号曰蛮夷……

这些文字，延至晋，被干宝看中了，采作题材，改写成《盘瓠子孙》一文，将之编入《搜神记》中，其文字与篇幅略有差异，但思想内容与目的是一致的，都是无根据地丑化漫骂所谓的"蛮夷"，即现在的苗族人。读者到《搜神记》一书中阅读便知。

从人之常理来说，盘瓠是只狗，怎么能负帝女，轻易行至南山来？即使是帝女解衣裳，迎狗就范，诚心地跟盘瓠登高山，穿深谷，住在石室里，并且前后只有三年的时间，他们就越黄河、跨长江、过洞庭、溯沅水，这对于东汉当时镇压苗民的刽子手刘尚、马援、冯绲都有困难，而氏族时代帝喾之女与狗就能乘风破浪，披荆斩棘一跃而至吗？

盘瓠是只狗，它与帝女交配三年生六胎，这可能吗？而两者的血缘皆与苗族无关，所生的子女为何不叫狗族或高辛族，反而叫作"蛮夷"，并以此暗指"苗族"呢？高辛氏乃帝喾之女，盘瓠乃帝喾之狗，帝喾之女与帝喾之狗相交配而生出来的子女，本就与苗族的血缘不相通，没有关系，怎么反倒变成了"蛮夷"而暗指苗族人了呢？这难道不是自欺欺人的说法与做法吗？

可悲的是，对于这些无稽之谈，历代封建王朝统治者们不惜重金，在平定湘西苗族前沿阵地的一些地方，拟有辛女洞、辛女溪、辛女岩，还建有"盘瓠庙"用来丑化辱骂苗族人，应劭和干宝没有想到和做到的，他们都想到和做到了。

几千年的封建王朝，什么"巫鬼文化""崇巫尚鬼""野蛮愚昧""粗鲁落后"甚至"鬼母狗父"等污名都往苗族人的头上扣，并且形成了一种历史文化现象和定论，连同苗族人自身的一些专家学者们都难以拔除，人云亦云，这是何等的可悲。苗族人民盼星星盼月亮，盼阳光盼雨露，好不容易才盼到1949年得了解放，在党和政府的民族平等、民族大团结的英明政策的指引下，苗族人才真正享受到民族平等的福利，才开始人模人样地活在世上。

民族文化的根在基因、文化的本在原生、文化的魂在气节、文化的质在精神、文化的形在习俗、文化的命在传承。如果离开了这些根本要素，文化也就彻底变质了。

人的意识形态都是文化基因的反映，而文化又是在人类生存发展过程中成型的。科学的作用还原了物性的实质，而根性文化的作用则是帮助我们还原心性的实质。由于历史上对苗族文化的偏见所形成的观念，给我们戴上了层层的枷锁，封锁了其文化的实质和本原，我们只能触摸到外表所带来的风影。根性文化是实质性的东西，而实质性的东西又往往容易惹出很多的麻烦，正如人的隐私一样，毕竟大多数人都是很要面子的啊！

人类从一开始就一直在"求生存、求发展、求幸福美好"这三求的道路上行走，形成了丰富多彩的"利生"文化。也就是说，这三求的核心就是两个字，叫作"利生"，也就是有利于人类生存和发展。"利生"二字看似简单却又很复杂，在这两字里面包含了人类生存发展方方面面的诸多因素。反过来看，利生文化产生于人们对有利于生存和发展中的欲望、追求、目标、理想的理念向往，于是便产生了各种类别的信仰，比如宗教信仰、主义信仰、人文信仰等。在信仰的基础上，又产生了相应的仪式，相应的仪式产生出相应的动力、凝聚力、穿透力、影响力、感召力及与之延续的生命力，由于动力和生命力的作用而创造出丰富的精神财富和物质财富来为"利生"服务，反映在这些各个环节中的亮点和光环应该就是我们所说的优秀文化了。单纯的巫鬼文化、巫傩文化，是没有能耐和资格登上优秀文化的大雅之堂的。

十八、苗族巴代阵营的艰辛守护

从 1986 年至 2013 年这近 30 年以来，笔者在本家祖上 32 代所积累的丰厚巴代文化资料的基础上，又先后走访了贵州、四川、湖北、湖南、重庆等五省市周边的数十个县市乡村内的有名望的巴代坛班，行程达 10 多万公里，耗资 40 余万，已整编译注了 2500 多万字、118 本、273 册、4000 余幅彩图的《巴代文化系列丛书》有待出版；拍摄、制作有关巴代仪式影像 5000 余分钟；搜集巴代历史文献（历代手抄本）200 余册；收藏与巴代文化有关已出版的各种书籍 300 余册；收藏有关巴代实物 230 余件套；发表有关论文 40 余篇；出版发行《苗族道场科仪汇编》《苗师通书诠释》《湘西苗族古老歌话》《湘西苗族巴代古歌》《湘西苗族巴代揭秘》《清代巴代手抄本扫描》等书籍6本。2018年获国家出版资助基金资助在中南大学出版社出版《湘西苗族传统文化丛书》第一批10本，2019年获国家出版资助基金资助在中南大学出版社出版《湘西苗族传统文化丛书》第二批22本，余下的44本以后将分别再由中南大学出版社分四批或五批继续申报，直至将这76本出完；演播巴代苗语电视节目30余期。截至2016年，笔者获得国家级曲艺展演三等奖，省、州、县优秀论文奖和文学创作文化贡献奖、研究会先进个人奖、政协先进个人奖、先进传承人奖、花垣县首届十大人物奖等奖项24次。目前，笔者创办的巴代文化研究基地已建立起巴代文化的三大仪式、两大体系、八大板块、三十七种类苗族文化数据库，成为全国乃至海内外唯一的一家苗族巴代文化的优势资源与亮点、热点和制高点，笔者也成为有史以来首次提出巴代文化名词并建立起系统翔实有关理论体系和资料体系的第一人。

十九、苗族巴代文化的未来和希望

民族文化的挖掘搜集、整编译注、研究传承要紧扣民族复兴这个伟大的目标来进行，如果脱离这一目标去研究民族文化，还有什么价值和意义？民族要复兴，首先要有自己独特的光环和亮点，要有自己出彩的地方，要有能够排除竞争和干扰的硬件、把握和实力，这是最起码的前提和条件，也是常说的文化自信之基础。如果没有这些硬件，文化自信将是悬空的、模糊的、空谈的。如不重视自家独特而出彩的优势，却去从事一些庸庸碌碌的、一般化的、竞争力大的且别人都已经做得烂熟的琐事，将是一件费力不讨好且又事倍功半的低俗烂事，这怎么能为民族复兴的伟大事业服务？我们要从根本上，从实质上，从基因上，从精神上找到着力点，找到本民族独有的硬件设施，这才是最根本的研究方向、目标和方法。儒家之所以能够成为国学，长久地立足于中华世界，正是因为它有忠孝仁义、三纲五常、齐家治国的独特文化因子。道家也一样，五行生克、长生久视、道法自然就是它出彩的硬件。再看佛家，如果没有因果轮回、涅槃寂静这一文化因子作为硬件，佛教还能兴盛到今天吗？民族文化与宗教文化一样，有因子才有种子，有基因才有基础，有基础才有信仰，有信仰才有目标，有目标才有追求，有追求才有活力，有活力才有生命，才有把握，才有能量，才有生生不息、发展壮大的精神特质和强大动力，这就是文化因子这一具备远大目标、重大作用、时代意义和高超价值硬件设施的巨大作用。

人类从有史以来，一直都在求生存、求发展、求幸福美好的道路上行走，千百万年以来，形成了强势优越而高超独特的利生文化，在利生文化这一广义的包含下，各民族、各教派又有其与众不同的文化因子，在这个因子所形成的文化信念中所产生出来的精神特质和强大动力，支撑起自己民族或教派生生不息、发展壮大。

要做好这项工作，文化自觉、文化自信是主要因素，因为文化自信的基础条件和前提是要先了解文化的体系，熟知它的性质，洞悉它的组织，把握它的脉搏，体会它的动力，然后才能发现它的价值，看到它的作用，理性地认识到它的意义，感觉到它的重要性，这就是常说的文化自觉。如果没有自觉，又怎么会有自信，该如何自信，怎样自信，自信些什么？没有自信，又何谈文化自立、文化自强？这就是在文化传承中要求我们既知其然，更要知其所以然的地方，也是我们研讨的理念，探讨的实质，研究的方向、动力和方法。只有这样，才能从根本上做好民族文化的挖掘、整理、研究、保护、传承和弘扬工作。

苗族的巴代文化是经过历史长河的积淀、数千年以来潜移默化的培育和教化，经过数万代以来苗族人民的努力和打磨而形成的一种文化符号和文化品牌，她既是苗族的一种历史社会现象，又是苗族人民生活中的一种文化实存；是古代苗族文化经济价值与精神价值的双重凝聚；是一种浓缩的心理与社会内涵的符号系统。她具有文化的主体性、集中性、权威性、严谨性、科学性、有机性、前瞻性和持续性，在历史上具有深远强大、无可替代的影响力、穿透力、竞争力、生命力、震慑力、辐射力和说服力，得到了历史、社会及广大民众的认同，是具有苗族代表性的一种文化符号和文化品牌。

民族文化如果不正名、不归口、不定位、不文明，这便是该民族的一种遗憾和缺失，甚至于悲哀和耻辱。因为这个问题是一个关系到民族的地位、尊严与人格的大是大非且极为严肃的问题。不文明的甚至恶劣低下的原始落后、愚昧野蛮的民族文化最后结局必定是走向死胡同，将是没有出路、被淘汰、被取代、被同化而彻底灭绝的。如果我们只看到单一的表象文化、商业文化而看不到甚至于抛弃民族文化的根本元神性命，这种文化即使再神秘、再风光、再荣盛，也只是一种单一的表象，而绝对不是文化的全部与实质。

苗族的巴代文化是一个新兴而古老的原生名词，它被历史长河所淹没和误解、被历代封建王朝所鄙视甚至贬低。幸逢现在的大好盛世和大好机遇，我们应该整体而系统地了解和认识巴代文化。事实上，不了解苗族的巴代文化，也就相当于只了解了苗族文化的一些枝节和单一的表象而已，无法洞悉苗族文化的根本、文化的魂魄、文化的实质与精神。如果苗族的巴代没有了，巴代文化也就只能束之高阁，苗族文化的灭绝也将不远矣。

我们诚恳地要求并殷切地希望，大家在今后要多了解和关注苗族的巴代文化，确信巴代文化也是中华民族文化体系中的一种品牌，已纳入文化整体大发展、大繁荣战略，以及苗族生态文化保护规划，通过政府财政预算给予扶持，其研究活动能从个人行为转为官方主持，形成长期有效的机制。同时还希望不要再把巴代文化称为巫鬼文化或者巫傩文化，因为这些都不是苗族文化的本原与实质，这是苗族人民的心声，也关系到苗族的文化归口、正名、定位以及文化属性所体现出的民族人格与个性等这些极为严肃的问题。

通过今后不断地挖掘搜集、整编译注、研究传承，巴代文化将基本形成具有广泛性、系统性、综合性、代表性、权威性的能被世界公认、能被历史记录的正统资料，从全方位、多视角、深层次地充分体现出苗族博大精深、源远流长、优秀高超、道德文明的文化内涵和艺术价值，这将是苗族文化得以确切正名、汇集归口、科学定位的了不起的大事。让我们携起手来，团结一致，形成合力，以服从党和政府的统一领导，遵纪守法，从政治上、思想上和行动上同党中央保持一致为原则，以维护和利于各民族大团结为前提，以深厚的民族情感为基础，以热爱民族文化、弘扬民族精神为己任，以反对邪教、抵制邪说、维护正统、去除糟粕、崇尚文明、行持正道为宗旨，牢牢地把握住国家大搞文化建设这个有利的时机，充分利用《湘西苗族民间传统文化丛书》出版这个高大厚实的大好平台。我们要统一认识，统一方向，统一目标，统一模式，以大谋大略、大智大慧、大行大力来传承、保护、弘扬、研究巴代文化，跳出"巫鬼文化"的圈子，摘掉"苗蛮重巫尚鬼"的帽子，抛开"做鬼做神"的路子，去掉"巫师鬼师、鬼教鬼主"的名字，还先祖秀气英俊的本来面目，还始祖道德文明的洁净之身。我们要吸纳聪明人的聪明，凝聚智慧者的智慧，将其打造成为神秘湘西、生态文化湘西、湘西旅游文化乃至苗族的代表性文化符号和品牌，在传承中创新，在创新中发展。我们要为苗族文化的文明定位与升华，为民族团结、道德文明和社会和谐发展，为建设特色社会主义文化大发展、大繁荣事业，为实现中华民族复兴的中国梦，更加努力地去弘扬民族传统巴代文化，让中华民族乃至世界文化大花园从此增添新的知名文化品种，更加靓丽多彩、花香盈溢！

后　记

　　笔者在本家 32 代祖传的丰厚资料的基础上，通过 50 多年来对湖南、贵州、四川、湖北、重庆等五省市及周边各地苗族巴代文化资料挖掘、搜集、整理和译注，最终完成了这套《湘西苗族民间传统文化丛书》。

　　本套丛书共 7 大类 76 本 2500 多万字及 4000 余幅仪式彩图，这在学术界可谓鸿篇巨制。如此成就的取得，除了本宗本祖、本家本人、本师本徒、本亲本眷之人力、财力、物力的投入外，还离不开政界、学术界以及其他社会各界热爱苗族文化的仁人志士的大力支持。首先，要感谢湖南省民族宗教事务委员会、湘西州政府、湘西州人大、湘西州政协、湘西州文化旅游广电局、花垣县委、花垣县民族宗教事务和旅游文化广电新闻出版局、吉首大学历史文化学院、吉首大学音乐舞蹈学院、湖南省社科联等各级领导和有关工作人员的大力支持；其次，要感谢中南大学出版社积极申报国家出版基金，使本套丛书顺利出版；再次，要感谢整套丛书的苗文录入者石国慧、石国福先生以及龙银兰、王小丽、龙春燕、石金津女士；最后，还要感谢苗族文化研究者、爱好者的大力推崇。他们的支持与鼓励，将为苗族巴代文化迈入新时代打下牢固的基础、搭建良好的平台；他们的功绩，将铭刻于苗族文化发展的里程碑，将载入史册。《湘西苗族民间传统文化丛书》会记住他们，苗族文化阵营会记住他们，苗族的文明史会记住他们，苗族的子子孙孙也会永远记住他们。

浩浩宇宙，莽莽苍穹，茫茫大地，悠悠岁月，古往今来，曾有我者，一闪而过，何失何得？我们匆匆忙忙地从苍穹走来，还将促促急急地回到碧落去，当下只不过是到人世间这个驿站小驻一下。人生虽然只是一闪而过，但我们总该为这个驿站做点什么或留点什么，瞬间的灵光，留下这一丝丝印记，那是供人们记忆的，最后还是得从容地走，而且要走得自然、安详、果断和干脆，消失得无影无踪……

编　者

2020 年 11 月

图书在版编目(CIP)数据

湘西苗族民间传统文化丛书通读本 / 石寿贵编. ——
长沙：中南大学出版社，2020.12
（湘西苗族民间传统文化丛书. 二）
ISBN 978-7-5487-4312-5

Ⅰ.①湘… Ⅱ.①石… Ⅲ.①苗族－民族文化－研究
－湘西土家族苗族自治州 Ⅳ.①K281.6

中国版本图书馆 CIP 数据核字(2020)第 262119 号

湘西苗族民间传统文化丛书通读本
XIANGXI MIAOZU MINJIAN CHUANTONG WENHUA CONGSHU TONGDUBEN

石寿贵　编

□责任编辑	陈应征	
□责任印制	易红卫	
□出版发行	中南大学出版社	
	社址：长沙市麓山南路	邮编：410083
	发行科电话：0731-88876770	传真：0731-88710482
□印　　装	湖南省众鑫印务有限公司	

□开　　本	710 mm×1000 mm 1/16　□印张 19.75　□字数 394 千字
□版　　次	2020 年 12 月第 1 版　□2020 年 12 月第 1 次印刷
□书　　号	ISBN 978-7-5487-4312-5
□定　　价	198.00 元

图书出现印装问题，请与经销商调换